KB052499

누구나
배울 수 있는
메타버스&NFT

공 저   정다금 김재영 김선정 김윤희 안진영 오미영
윤형숙 이송하 이수현 임영주 조은희

감 수   김진선

미디어북

누구나 배울 수 있는 메타버스&NFT

초 판 인 쇄	2022년 7월 04일	
초 판 발 행	2022년 7월 12일	
공 저 자	정다금 김재영 김선정 김윤희 안진영 오미영	
	윤형숙 이송하 이수현 임영주 조은희	
발 행 인	정상훈	
디 자 인	신아름	
펴 낸 곳	미디어북	

서울특별시 관악구 봉천로 472
코업레지던스 B1층 102호 고시계사

대 표 02-817-2400　　팩 스 02-817-8998
考試界 · 고시계사 · 미디어북 02-817-0418~9
www.gosi-law.com
E-mail : goshigye@chollian.net

판 매 처	미디어북 · 고시계사	
주 문 전 화	817-2400	
주 문 팩 스	817-8998	

파본은 바꿔드립니다. 본서의 무단복제행위를 금합니다.
저자와 협의하여 인지는 생략합니다.

정가 22,000원　　　ISBN　979-11-89888-30-5　　03320

미디어북은 고시계사 자매회사입니다

누구에게나 쉽게!

「누구나 배울 수 있는 메타버스&NFT」

Preface

메타버스는 가상과 현실이 융합된 공간에서 사람과 사물이 상호작용하며 경제·사회·문화적 가치를 창출하는 세계로 정의될 수 있다. 글로벌 빅테크 기업들은 메타버스 시장선점을 통한 경쟁우위를 확보하기 위해 적극적인 투자를 하고 있고, 주요국들은 메타버스가 경제의 새로운 원동력이 될 것이라 전망하며 적극적으로 지원하고 있다.

저자는 메타버스의 발전방향을 살펴보고 메타버스를 기반으로 하는 비즈니스 모델이 어떻게 나타날 수 있는지 알아보고자 한다. 그리고 메타버스의 정의, 메타버스의 주요 기술의 발전, 다양한 메타버스 비즈니스 모델들을 살펴보며, 현재까지 기업들이 메타버스를 활용한 사례들을 기반으로 앞으로 발전 방향에 대해서 실감하고 동참하는 기회를 여러분들도 가져보길 권한다.

가상세계를 활용한 경제활동들, XR 기술의 발전, 디지털 화폐의 적용 확대에 따라 향후 새로운 비즈니스 모델이 등장할 가능성은 아주 크다. 메타버스의 기술은 거의 모든 산업과 관련이 있고, 모든 산업에 공통적으로 영향을 미치는 만큼 일하는 방식의 혁신 또한 가져오고 있다.

같은 공간, 같은 시간대에 일해야 하는 필요성이 낮아지고, 광범위한 지역의 다양한 파트너와 협업하거나, 개인화되며 최적화된 환경의 가상 오피스에서 집중도와 생산성을 가진 업무로의 도약이 일어나고 있기 때문이다. 가상의 사무실로 이동하면서 가상의 부동산 가치가 크게 성장하고 있고, 가상의 부동산 내에서도 현실 지구에서 일어나는 똑같은 경제 생태계가 구현되고 있다. 그리고 연결의 힘이 개인에게 주어지면서 힘을 갖게 된 개인의 시대로 이미 접어들었다.

그렇다면 시대의 변함에 따라 개인의 시대가 요구하는 인재상은 무엇일까? 산업화 시대에는 'IQ'를 중요시했고, 정보화시대에는 'EQ(감성지수)'를 더 중요시했다. 인공지능(AI) 시대에는 인재의 'AIQ'가 중요시될 것이다. 스마트교육 시대라는 거대한 물결 속에서 학생들의 AIQ를 키워주는 일이 시급한 과제로 떠오르고 있는 만큼 국가적 차원에서의 교육적 접근과 법제화의 속도도 가시화되어야 할 것이다.

2030년쯤엔 메타버스 시장규모가 약 1,700조 원 수준으로 성장할 것으로 예측한다고 한다. 그 곳에서 나의 몫은 얼마나 될까? 이제는 여러분들도 가상공간을 넘나들며 게임과 재미를 넘어 거대한 미래 산업의 주체가 되어보길 바란다.

이 책은 먼저 한국메타버스협회의 지도교수와 연구원들이 모여 대한민국 국민 모두가 메타버스 세상에서 나의 몫을 누릴 수 있도록 하고, 두 번째 지구 메타버스 세상에서 새로운 경제 생태계가 살아 움직이고 있음을 알게 하기 위한 목적으로 기본 개념부터 실전까지의 과정을 담았다.

사전적인 의미만으로 이해가 어려웠던 메타버스를 보다 쉽게 이해할 수 있도록 개념정리에 심려를 기울였고 다양한 사례들로 이해를 돕고자 했다. 그리고 국민바우처사업으로까지 확대 예정인 NFT시장에 합류할 수 있도록 NFT에 대한 이해와 직접 작가가 되어볼 수 있도록 민팅의 과정도 자세히 실었다.

무엇보다 실제로 참여가 가능하도록 실전편에서는 아바타의 아이템을 손쉽게 뚝딱 만들어 볼수 있는 크리에이터과정과 이프랜드에서 행사를 방송처럼 진행해 볼 수 있도록 안내했다. 게더타운으로 가상 사무실공간을 자유자재로 구현할 수 있도록 3D 맵 구현까지 담았다. 제페토에서 홍보공간으로 활용할 수 있도록 빌더를 제작하는 방법과 실제로 수익화 할 수 있는 ZEP 제작 과정도 꼼꼼히 활용해보길 바란다.

한 가지 더 간과할 수 없는 중요한 부분은 메타버스가 가치를 가지려면 다양한 소수가 함께 공존·상생할 수 있는 세계여야 한다는 것이다. 저자 또한 메타버스의 긍정적인 부분보다 부정적인 부분이 더 크게 보여 우려의 시선을 거둘 수 없을 때가 있었다. 하지만 거꾸로 현실에서 소외되고 도태된 이들에겐 오히려 사회적 문제를 대비하고 해소할 수 있는 통로로 역할을 할 수 있다는 많은 사례들을 몸소 경험했다. 밤과 낮이 공존할 수 없듯이 개인정보노출, 성문제, 금융사기 등에 대비해야하는 문제들도 분명 있지만 건전한 생태계를 위한 예방 및 보호법률규정, 상담 등 여러 영역에서 확대 성장할 것이라 생각한다.

그러하기에 메타버스에서 다수와 소수가 나뉘지 않게 하려면 어떻게 해야 할지, 메타버스가 가치를 지니기 위해 현실 사회에서 해결해야 하는 부분은 무엇일지 고민해 볼 문제다. 그 고민의 중심에 한국메타버스협회의 이념과 교육과정은 전국민으로 확대되어질 메타버스 교육을 위한 전문가양성과 플랫폼제작, 컨설팅 등 대학과 기관, 기업과 협업하여 일자리창출을 위한 사회적 역할에 책임을 나누고 공존·상생할 수 있도록 유익을 끼치는 교육으로 나아가고자 한다.

또한 이해는 능력에 가깝고 공감은 태도에 가깝다고 하였다. 이 책을 통해 메타버스를 새로운 사업의 기회로 준비하는 공감형 혁신가들이 생겨나길 바라며, 기존의 사업에서 혁신하고자 하는 이들이 확신을 갖게 되길 바란다.

끝으로 한국메타버스협회의 교육을 믿고 전과정을 위탁하여 맡겨주신 여러 대학과 기관 및 기업 관계자들에게 감사하며 대한민국 메타버스 교육의 중심으로써 더 도약하는 계기가 되겠다는 다짐의 말씀을 전한다. 그리고 이 책의 감수를 맡아 수고해주신 파이낸스투데이 전문위원이신 김진선 교수님께 감사드리며 미디어북 임직원 여러분들께도 감사의 말씀을 전한다.

2022년 7월

한국메타버스협회교육원 정 다 금 원장

공저자 소개

정 다 금

한국메타버스협회 교육원 원장, 한국메타버스협회 수석부회장으로 전국의 기관 및 기업과 대학에서 메타버스 교육을 진행하며 메타버스, NFT 전문가를 500명이상 양성하고 있다. (주)아트NFT갤러리:스타의 대표로 아트컨설팅을 진행하며 메타버스 산업군의 다양한 활용방안을 기획 자문하고 있다.

(dagum72@naver.com)

한국메타버스협회 회장, 한국메타버스협회교육원 대표, (사)한국NFT협회 대외협력위원장, 대구가톨릭대학교 산학협력교수로 활동 중이다. 2021년 한국메타버스협회를 설립해 매월 메타버스와 NFT 전문가를 양성하고 메타버스를 알리고 있다.

(pos3880@naver.com)

김 재 영

김 선 정

차의과학대학교 통합의학대학원 석사졸업 후 바디밸런스대표로 있으면서 한국메타버스협회 지도교수로 활발한 강의와 인재양성에 힘쓰고 있으며 메타버스와 NFT전문가 1급 자격증을 보유하고 다양한 플랫폼의 맵제작도 진행 중이다. 한국메타버스협회 경기지회장과 NFT아트 컨설턴트로도 활동 중이다.

(ksj5796@naver.com)

김 윤 희

한국메타버스협회 수석연구원이며 한국메타버스협회 서울지회장이다. 또한 종합광고대행사 ㈜케이커뮤니케이션 대표이사로서 활약하고 있다.

(ceo@k-comm.co.kr)

안 진 영

한국메타버스협회 책임연구원, 4차 산업 교육 및 교구 제작업체 '메타랩' 대표이며, 3D모델링 책을(3D프린터 수업을 위한 틴커캐드 디자인) 출판했다. 4차 산업 관련 교육과 어린 학생들부터 성인 대상까지 메타버스 플랫폼 활용 및 메타버스를 활용한 취·창업 교육을 하고 있다. 3D 및 2D를 활용한 메타버스 맵도 제작 중이다.

(meta_lab@naver.com)

오 미 영

Soft Skills AHA, Korea의 대표이자 메타미래교육연구소의 공동대표로 강의와 연구활동에 매진하고 있다. 메타버스와 NFT 전문가 1급 자격증을 보유하고 있으며 글로벌 리더양성과 미래역량교육에 많은 관심을 갖고 활동 중에 있다.

(ohjm0918@gmail.com)

공저자 소개

윤 형 숙

1992년 서울교육대학 졸업 후 1998년 이화여대 미술교육대학원을 졸업했다. 1998년 8월 동작 교원미전 창립전, 1999년 2월 도드리전, 2011년 2월 국립현대미술관 컬렉션에 참여했다. 초등교사 경력28년(부장경력 5년)을 바탕으로 한국메타버스협회 전문가과정 6기를 수료하고 활동 중에 있다.   (hsyoon1988@naver.com)

한국메타버스협회 책임연구원, 올메이커에듀 대표로 4차 산업관련 강의와 교구 및 커리큘럼을 개발 중이며 3D프린터 도서를 출판한 저자이다. 4차 산업관련 메이커 교육운영과 디자인, 모델링, 메타버스 전문 강의로 활동 중이다.

(polo32323@naver.com)

이 송 하

이 수 현

메타인에듀 대표, 한국메타버스협회 지도교수, 한국메타버스협회 광주지회장으로서 활발한 강의와 유튜브, 블로그 운영하고 있다. 또한 우리마음연구심리상담센터 소장으로 13년 동안 부모교육과 상담 및 초등부에서 청소년까지 다양한 아이들의 심리치료를 진행하고 있다.

(greenfield1225@hanmail.net)

임 영 주

한국메타버스협회 책임연구원이자 서하 ENC 이사이며 메타버스를 만나 제 2의 인생을 살고 있는 사람이다. 여러분들도 메타버스 세상에서 또 다른 자신을 만나보시길 응원한다.

(dudwn1378@gmail.com)

조 은 희

한국메타버스협회 책임연구원, 미디어콘텐츠 교육서비스 '스마트 팩토리' 대표이다. 지구인의 미래를 생각하는 '세계시민교육연구회' 강사로도 활동하고 있다.

(cseh1224@hanmail.net)

감수자
김 진 선

'i-MBC 하나더 TV 매거진' 발행인, 세종 대학교 세종 CEO 문학포럼 지도교수를 거쳐 현재 한국메타버스연구원 부원장, 파이낸스투데이 전문위원/이사, 불교공뉴스 메타버스 자문위원으로 활동 중이다. 또한 30여 년간 기자로서의 활동을 바탕으로 출판 및 뉴스크리에이터 과정을 진행하고 있다.

Contents

CHAPTER 2

메타버스로 학교가기

Contents

CHAPTER 5

NFT 다양한 민팅하기와 판매하기

Contents

PART 2
실 전

CHAPTER 1
이프랜드에서 행사장 만들기

CHAPTER 2

제페토 크리에이터(아바타 옷 만들기) 도전!

Contents

CHAPTER 4
게더타운 2.5D 맵 구현하기

CHAPTER 5
ZEP 사용법 A에서 Z 까지

Contents

CHAPTER 6

제페토 빌드잇 만들기

PART
01

이 론

PART 01.

이 론

메타버스 이렇게 시작하자

정 다 금

메타버스 이렇게 시작하자

[Prologue]

이미 살아온 메타버스

매일 아침 설정해 놓은 알람에 맞춰 기상하고, 기상 후에는 블루투스를 켠다. 저장된 음악이 흘러나오는 동안 메신저와 카카오톡을 확인한다. 네이버에서 뉴스를 검색하며 며칠 동안 살까 말까 고민하며 몇 번이고 들여다본 제품들이 계속해서 광고 창에 뜨는 걸 볼 수 있다. 참 희한하다. 쿠팡에서 아이의 학교 준비물을 빠른 배송으로 주문한다. 그리고 약속 장소까지 티맵 내비게이션을 열어 운전한다. 늦은 귀가 덕분에 오늘은 배달의 민족에서 한 끼를 해결한다. 인스타그램으로 나의 일과를 공유하기도 하고, 블로그에 일상을 남기기도 하면서 말이다.

아마 별반 다르지 않은 대부분 우리 일상의 모습일 것이다. 우리는 언제부터 일상의 모습을 카메라가 아닌 스마트폰으로 사진을 찍고, 탁상시계 대신 스마트폰의 알람으로 하루를 열기 시작했을까? 통화보다 카카오톡이 더 익숙해지고, 발품 파는 쇼핑보다 손품 파는 쇼핑이 더 일상이 되어 가고 있다.

코로나19 시대를 맞이한 지난 2년은 더 말할 것도 없다. 원하지 않는 광고를 보지 않기 위해 돈을 지출하는 것도, 종일 얼마나 걸었는지 설치한 만보기 앱을 이용해서 걸은 걸음만큼 보상을 받는 시스템도 이젠 익숙하다.

그런데 이미 이런 세상을 살아 온 많은 이들이 메타버스가 뭐냐고 묻는다. 사실 우리는 이미 오래전부터 메타버스 세상에 살고 있었다. 정확히는 메타버스에 준하는 세상이라고 하는 게 더 맞을지도 모르겠다.

그렇다면 메타버스라는 말은 언제부터 쓰인 용어일까? 신기하게도 메타버스라는 용어는 과학자도, 수학자도, 미래학자도 아닌 소설가의 상상으로 탄생된 용어이다. 1992년 닐 스티븐슨의 '스노우 크래쉬'라는 소설에서 처음 등장한 메타버스는 지금 우리의 모습과 미래로 연결될 세상에 아주 근접한 이야기를 그려냈다.

30년 전에 어떻게 이런 세상을 예측할 수 있었을까? 상상하는 모든 것이 이뤄지는 세상이 있다면 어른이나 아이 할 것 없이 그곳이 지상 낙원일지도 모르겠다. 2018년도 극장 개봉작인 스티븐 스필버그의 '레디 플레이어 원'이라는 영화에서 보여주듯이 가고 싶은 곳은 어디든 갈 수 있고, 하고 싶은 것은 무엇이든 할 수 있으며, 남자가 될 수도, 여자가 될 수도 있는 그곳! 아바타로 살아가는 세상으로 함께 들어가 보자.

🚍 아는 만큼 보이는 메타버스 세상

메타버스란 가상, 초월을 의미하는 메타와 현실 우주를 뜻하는 유니버스의 합성어로 3차원 가상세계를 뜻한다는 사전적 의미는 이미 많은 이들이 알고 있다. 그렇다고 사전적 의미만으로 메타버스라는 의미를 이해하기에는 그래도 생소한 여러분들에게 2007년 미국의 비영리 기술 연구 단체 ASF(Acceleration Studies Foundation)가 네 가지 범주로 분류한 메타버스 로드맵 프로젝트에 기인해 설명해보도록 하겠다.

중요한 건 이 도표는 세상에 막 스마트폰이 등장한 시점과 맞물려 지금의 인터넷 환경과는 비교할 수 없는 시대에 만들어진 도표이다. 어찌 보면 선견지명에 놀랍고, 어찌 보면 다소 이 도표로 메타버스를 단정하기엔 부족함이 있다는 말을 미리 하고 싶다.

인터넷 혁명의 시대를 지나 스마트폰 혁명의 시대로의 진입도 아이폰의 등장 시점을 기준으로 한다면 2007년 6월 29일은 첫 번째 아이폰 판매를 시작한 날이다. 우리나라에는 2009년 11월 28일 아이폰3GS가 최초로 출시됐다.

삼성은 2010년에 갤럭시 S를 발표했다. 스마트폰이 등장하기도 전 시대에 어떻게 메타버스 세상을 상상할 수 있었을까? 메타버스를 정의하는 데 있어 가장 중요한 요소는 사회적 상호작용을 통해서 경제활동이 일어나는 가상공간이라는 점이다. 우리는 앞으로 경제활동과 연관된 어떤 규제가 일어나고, 어떻게 흘러가느냐에 따라 세계적인 판도가 바뀌는 역사를 경험하게 될 것이다. 그 역사 속에 여러분들은 방관자나 시청자가 아닌 참여자로서, 생산자로서, 경제생태계의 일원이 되는 준비를 하는 데 도움이 되기를 바란다.

[그림1] 기술 구현 방식에 따른 메타버스 4가지 유형
(ASF 내용을 바탕으로 자체 정리. 출처 : 네이버 이미지)

1) 증강현실(Augmented Reality)

'증강현실'은 사용자가 눈으로 보는 현실 세계에 2D 또는 3D로 표현한 가상의 물체를 겹쳐 보여주는 기술이다. 현실세계에 실시간으로 부가정보를 갖는 가상세계를 합쳐서 하나의 영상으로 보여주기 때문에 '혼합현실(mixed reality, MR)'이라고도 한다. 즉, 증강현실은 현실공간에 가상이 보이도록 연출하는 것이다. 증강현실의 예로는 포켓몬 게임, 자동차 앞 유리에 장착된 HUD 기능과 이케아의 AR 구현 앱을 통해 이해를 도울 수 있다.

2) 라이프로깅(Lifelogging)

'라이프로깅'은 삶을 뜻하는 Life와 Logging의 합성어이다. 현실에서 발생하는 개인의 삶을 가상공간에 기록·공유하는 형태를 라이프로깅이라고 한다. 사물과 사람에 대한 일상적인 경험과 일상생활에서 일어나는 모든 순간을 텍스트, 영상, 사운드 등으로 캡처하고, 그 내용을 서버에 저장해 다른 사용자들과 공유하는 등의 행위가 일상기록이며 라이프로깅이라고 분류하고 있다. 라이프로깅의 예는 다양하게 많다. 대표적으로 SNS 소셜미디어 영역과 스마트워치 등이 있다.

3) 거울세계(Mirror Worlds)

실제 세계의 모습, 구조, 정보 등을 복사하듯이 만든 영역으로 오프라인에서 했던 행동을 온라인으로 옮겨 놓아 현실세계가 가상세계로 이동하는 것을 말한다. 거울세계는 실제세계를 가능한 한 사실적으로 있는 그대로 반영하되 정보적으로 확장된 가상세계를 말한다. 대표적인 예로 세계 전역의 위성사진으로 시시각각 변화하는 현실세계의 모습을 그대로 반영하고 있는 구글 어스(Google Earth)를 들 수 있다. 거울 세계의 예로는 지도 앱, 배달 앱, 당근마켓, 에어비앤비 등이 있다.

4) 가상현실(Virtual Worlds)

가상세계는 우리에게 가장 친숙한 형태의, 컴퓨터 화면, 스마트폰 화면 또는 VR 기기를 통한 가상공간에 가상의 내용이 보이는 것을 의미한다. 가상현실(VR)은 '실제와 유사하지만 실제가 아닌 인공 환경'이다. 그 의미는 사람들이 일상적으로 경험하기 어려운 환경을 직접 체험하지 않고서도 그 환경에 들어와 있는 것처럼 보여주고 조작할 수 있게 해주는 것이다. 3차원 컴퓨터 그래픽 환경에서 구현되는 커뮤니티를 총칭하는 개념이기도 하다.

❷ 메타버스를 이해하는 준비 단계 요소들

인간은 눈을 통해 정보의 80%를 수집하며 인간의 감각기관 중 가장 많이 사용한다. 시각적 반응세계에 밀접하다고 할 수 있는 메타버스 기술 또한 시각적인 반응의 부응이라 해도 과언이 아니겠다. 메타버스에는 VR, AR, MR, XR, 인공지능, 빅 데이터, IOT(Internet of Things), 전자상거래 등 다양한 기술들이 포함돼 있다. VR, AR, MR, XR이 메타버스에 활용되기는 하지만 그런 기술을 메타버스라고 칭하지는 않는다. 그렇다면 앞서 설명한 대로 가상현실(VR)과 증강현실(AR)을 기반으로 확장현실(XR)의 의미는 무엇인지 살펴보겠다.

1) 확장현실(eXtended Reality)

'확장현실(XR)'은 가상현실과 증강현실, 혼합현실을 포괄적으로 표현한 개념으로 혼합현실의 상위 개념이라고 볼 수 있다. '가상현실(VR)'이 360도 영상을 바탕으로 새로운 현실을 경험하도록 하는 기술이라면, '증강현실(AR)'은 실제 사물 위에 컴퓨터그래픽(CG)을 통해 정보와 콘텐츠를 표시한다. 가상현실(VR)은 눈 전체를 가리는 헤드셋 형(HMD) 단말기가 필요하고, 증강현실(AR)은 구글 글래스와 같은 안경으로 표현이 가능하다.

마이크로소프트(MS)가 개발한 홀로 렌즈는 안경 형태의 기기지만 현실공간과 사물정보를 파악해 최적화된 3D 홀로그램을 표시한다는 점에서 확장현실(XR)의 한 형태로 볼 수 있다. 확장현실(XR) 기술이 진화하면 평소에는 투명한 안경이지만, 증강현실(AR)이 필요할 때는 안경 위에 정보를 표시하고, 가상현실(VR)이 필요할 때는 안경이 불투명해지면서 시야 전체를 통해 정보를 표시하는 것이 가능해진다.

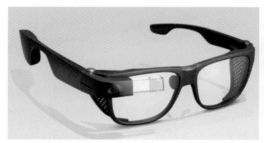

[그림2] 증강현실이 가능한 구글글래스2
(출처 : 구글 글래스2)

[그림3] 증강현실이 가능한 애플 글라스
(출처 : 애플글라스)

2) 혼합현실(Mixed Reality)

현실세계와 가상세계 정보를 결합해 두 세계를 융합시키는 공간을 만들어내는 기술을 '혼합현실(MR)'이라고 한다. 증강현실(AR)과 가상현실(VR)의 장점을 따온 기술이다. 혼합현실(MR)은 현실세계와 가상 정보를 결합한 게 특징이다. 대표적으로 스마트폰 카메라를 통해 주위 공간을 비추면 지하철이나 버스정류장, 커피숍 위치 등을 보여주는 증강현실 앱도 혼합현실(MR)의 일부로 볼 수 있다.

3) 인공지능(AI-Artificial Intelligence)

'인공지능(AI)'은 기계가 경험을 통해 학습하고, 새로운 입력내용에 따라 기존 지식을 조정하며, 사람과 같은 방식으로 과제를 수행할 수 있도록 지원하는 기술이다. 이러한 기술들을 통해 반복적인 대량의 데이터를 처리하고, 데이터에서 패턴을 인식함으로써 특정한 과제를 수행하도록 컴퓨터를 훈련할 수 있다. 인공지능(AI)은 기존 제품에 지능을 더한다. 그리고 스스로를 개선하고, 프로그래밍을 수행하도록 지원하는 데이터의 활용도를 극대화해 놀랍도록 향상된 정확도를 제공한다.

4) 블록체인(Blockchain)

'블록체인'은 '공공 거래 장부'로 불리는 데이터 분산처리 기술을 말한다. 즉, 네트워크에 참여하는 모든 사용자가 모든 거래내역 등의 데이터를 분산 저장하는 기술을 지칭하는 말이다. 블록체인에서 블록은 개인과 개인의 거래(P2P) 데이터가 기록되는 장부가 된다. '공공 거래 장부' 또는 '분산 거래 장부'로도 불리는 이유는 블록들이 형성된 후 시간의 흐름에 따라 순차적으로 '사슬(체인) 형태의 구조를 갖게 되는데, 모든 사용자가 거래내역을 보유하고 있어서 거래 내역을 확인할 때는 모든 사용자가 보유한 장부를 대조하고 확인해야 하기 때문이다.

그렇다면 기존의 거래방식은 어떠했나? 기존의 거래방식은 은행이 모든 거래내역을 갖고 있었다. 예를 들어 A가 B에게 10만 원을 송금한다면, 현재 금융시스템에서는 은행이 중간역할을 한다. 두 사람이 안전하게 거래할 수 있도록 증명의 중간역할을 하는 것이다. 블록체인도 거래내역을 저장하고 증명한다. 그러나 거래내역을 은행이 아닌 여러 명이 나눠서 저장한다. 블록체인은 분산 저장을 한다는 특징이 있다. 블록체인은 여러 명이 데이터를 나눠서 저장하기 때문에 위·변조가 어렵고 해킹의 불안에서도 자유로울 수 있다.

또한 중앙관리자가 필요 없다는 특징이 있다. 다시 설명하자면 은행이나 정부 등 중앙기관이나 중앙관리자가 필요했던 이유는 공식적인 증명, 등기, 인증 등이 필요했기 때문이다. 그러나 블록체인은 다수가 데이터를 저장 증명하기 때문에 중앙관리자가 존재하지 않는다. 블록체인을 사용하게 되면 중앙은행이 없더라도 화폐발행이 가능하다. 비트코인과 같은 '가상화폐'가 등장하게 된 것도 블록체인 덕분이라고 할 수 있겠다.

군이 블록체인에 대해 길게 설명하는 이유는 메타버스 세상에서 가상화폐는 아주 중요한 부분이며 블록체인을 이해해야 하는 이유이기도 하다. 그리고 메타버스 세상에서 우리는 그들만의 공동화폐 즉 약속한 '암호화폐'를 이해하지 못하면 제대로 그 세상을 즐기기 어려울지도 모른다.

5) 웹 3.0과 암호화폐

미국 '뉴욕타임스' 보도에 따르면 지난해 미국에서 암호화폐와 블록체인 기술 관련 비즈니스에 몰린 투자금은 약 270억 달러(한화 약 34조 원)에 달한다고 한다. 이 같은 투자자의 관심은 올해도 계속되고 있고 그 이유는 블록체인 기술을 활용한 토큰 이코노미, 디파이(DeFi: 탈중앙화 금융시스템), NFT(대체 불가능한 토큰), DAO(탈중앙화 자율조직) 등 다양한 비즈니스가 암호화폐의 활용가치를 창출하고 있기 때문이다.

그렇다면 웹 3.0으로 가기까지의 웹 1.0부터 살펴보겠다. '웹 1.0'은 '서버-클라이언트 방식'이었다. 인터넷 홈페이지 운영자마다 서버를 갖추고 웹 호스팅 업체로부터 서버를 임차하는 웹 운영형태이다 보니 서버나 시스템 설비에 많은 비용이 드는 것이 한계였다. 뒤이은 '웹 2.0'은 '클라우드 기술'을 바탕으로 인터넷 운영시스템을 통합적으로 운영하는 것이 핵심이다. 유튜브, 페이스북 등 다양한 소셜네트워크서비스(SNS)가 등장하면서 인터넷 이용자의 다자 간 소통이 가능해졌지만, 데이터 '중앙집권화'라는 문제점이 있었다. 인터넷 플랫폼 기업이 데이터를 독점했고, 이용자는 그들이 제공하는 서비스를 일방적으로 소비하는 것에 불과했다.

그러나 '웹 3.0'은 빅 테크 기업이 주도한 플랫폼 중심의 기존 웹에 대한 반작용으로, 특정 기업에 의존하지 않는 '탈중앙화 된 인터넷 공간'을 지향한다. 특정 서비스에 종속되지 않고 웹 공간 어디에서든 이용 가능하다는 것이 웹 3.0의 특징이다. 기존 플랫폼 중심의 인터넷 생태계에서는 공유경제나 구독경제 같은 비즈니스모델이 주목받았다. 웹 3.0 시대에도 웹 공간 특성에 맞는 새로운 '가상경제'가 부상할 것으로 보인다.

이처럼 새로운 경제생태계를 구성하는 핵심기술 키워드가 바로 '토큰, 디파이, NFT, DAO'이다. 이처럼 다양한 영역에서 블록체인 기술을 활용해 웹 3.0의 탈중앙화 가치를 따르는 서비스를 'DApp'(디앱 : 탈중앙화 애플리케이션)이라고 한다. 미래 인터넷 생태계는 탈중앙화로 대표되는 새로운 가치를 필요로 한다. 이러한 요구와 기대가 응축된 것이 웹 3.0이다.

6) 빅 데이터(Big data)

오늘날에는 빅 데이터가 자본이 됐다. 세계에서 가장 큰 기술 회사를 생각해 보자. 이들이 제공하는 가치 대부분은 데이터에서 나오고 있으며, 효율성을 높이고 신제품을 개발하기 위해 데이터를 지속적으로 분석하고 있다. 빅 데이터에서 가치를 찾는 것은 단순히 데이터를 분석하는 그 이상의 프로세스이다. 빅 데이터란 '양(volume)'이 매우 많고, 데이터가 얼마나 빨리 수신되고 처리되는지의 '증가속도(velocity)'와 '다양한 종류(variety)', '내재적 가치의 값(value)', 그리고 데이터가 얼마나 진실하며 얼마나 신뢰할 수 있는가 하는 '정확성(veracity)'을 말하며 이것을 '5V'라고도 한다.

7) IOT(Internet of Things)

다른 사물과 데이터를 송수신할 수 있는 센서와 소프트웨어, 기타 기술을 장착하고 서로 연결된 물체와 기기(사물)로 정의된다. 사물인터넷은 사물에 센서를 부착해서 실시간으로 데이터를 인터넷으로 주고받는 기술이나 환경을 의미한다. 사물인터넷 시대가 열리면 인터넷에 연결된 기기는 사람의 도움 없이 서로 알아서 정보를 주고받으며 대화를 나눌 수 있다.

지금까지 메타버스의 기술영역들을 알아보았다.

하지만 메타버스는 기술영역 그 이상을 포함하고 있고, 메타버스는 세상과 소통하는 새로운 방식을 다양하게 구축하고 있다. 그리고 나 대신 나의 모습을 투영한 아바타가 살아가는 디지털 세상 또는 디지털 지구 메타버스는 단순한 가상공간이 아닌 또 다른 현실이다. 그렇다면 우리는 메타버스 세상에서 어떤 모습으로 살아가게 될까?

③ 앞으로 살아갈 메타버스 세상

얼마 전 뉴스에 네이버가 4,900억 원을 들여 사옥을 지었는데 정작 직원들은 재택근무를 원한다는 뉴스를 보았다. 우리는 2년 전 갑작스러운 코로나19의 등장으로 상당수 많은 부분 생활의 변화를 감내했어야 했다. 아이들은 학교에서 직장인은 직장에서 각계각층에서 살아남기 위한 변화의 몸부림이 시작됐다.

우리는 서서히 강제 적응을 당하며, 이제는 제법 비대면 생활권으로의 생활방식이 정착됐다고 해도 과언이 아닐 것이다. 그런데 코로나19 거리두기 해제로 인해 이제는 다시 2019년의 대면 생활권으로 돌아가야 하는 불편한(?) 현실과 마주하고 있다. 어쩌면 코로나19로 인해 재택근무를 선택했어야만 하는 그때보다 재택근무를 줄이거나 출장·회식 제한규정을 해제하고 출퇴근을 해야 하는 대면 생활로의 전환이 많은 사람들에게 더 불편한 생활이 될지도 모르겠다.

그동안 저녁이 있는 삶을 로망하던 이들에게 코로나19, 2년은 과연 나쁘기만 한 시간이었을까? 물론 그 덕분에 수많은 자영업자는 삶의 터전을 잃었다. 그리고 사회적인 문제로 대두되었다. 저녁이 있는 삶은 어느덧 진정으로 가족들과 오롯이 집에서 보내는 시간으로 축약되며, 오히려 집콕 제품과 사업은 급성장했다. 대표적으로 온라인 유통시장과 배달업, 인테리어, 반려동물시장이라 하겠다.

한 치 앞도 내다보지 못했던 일상의 우리는 코로나19로 인해, 30년 전 등장하는 소설 속 메타버스를 이해하고, 영화 속 메타버스에 공감하며, 각자에게 어울리는 메타버스 옷들을 차려입을 차례다. 시공간의 제약을 극복하고 유연하게 근무하고 탐색할 수 있는 메타버스의 특징을 앞으로는 더 많은 기업과 개인이 경험하게 될 것이다. 지금부터는 아직도 탐색전을 하고 있는 이들을 위해 다양한 메타버스 플랫폼들을 소개해 보겠다.

1) 로블록스(RBLX)

▲ 실제 현물 거래가 가장 활발한 미국의 메타버스 플랫폼 ▲ 플랫폼 중에서 가장 메타버스에 가깝다는 평을 받는 이유는 게임, SNS, VR 기능 탑재 ▲ 이용자가 직접 게임을 개발하고, 공유하며, 함께 플레이할 수 있는 플랫폼 ▲ 월간 이용자 1억 9,000만 명(2021년 3월 기준) ▲ 기업가치 52조 이상(2021년 7월 기준) ▲ 미국 9~12세 어린이의 2/3 가량이 사용 ▲ 로벅스

(Robux)라는 게임 내의 가상화폐 판매를 통해 수익 창출 ▲ 개발자 스토어 5,000만 개 이상 게임 개발자 수는 800만 명 이상

2) 제페토(Zepeto)

▲ 네이버 제트(Z)가 운영하는 증강현실(AR) 아바타 서비스로, 국내 대표적인 메타버스 플랫폼 ▲ AR 콘텐츠와 게임, SNS 기능 탑재 ▲ 200개 국가 가입자 수 3억 명(2022년 3월 기준) ▲ 해외 이용자 비율 90%. 10대 비율 80% ▲ 아이템 누적판매량 23억 개 이상

3) 젭(ZEP)

▲ '바람의 나라 : 연'을 개발한 게임사 슈퍼캣과 네이버 제트의 합작법인 ▲ 웹 기반 설치 없이 참여 ▲ 최대 5만 명 한 공간 동시 접속 가능 ▲ 미니게임 기능 보유 ▲ 실제 구매 페이지로 연결을 통해 매출 확대

4) 이프랜드(ifland)

▲ SK텔레콤의 메타버스 플랫폼 ▲ 2021년 7월 출시 ▲ 커뮤니티 기능 중심 ▲ 아이템 무료 제공 ▲ 최대 131명까지 행사 참여 가능

5) 더 샌드박스(The Sandbox)

▲ 2011년 설립/2012년 IOS 기반 애플이 선정한 '올해 최고의 게임' 선정 ▲ 최소 20억 달러의 디지털 '토지'를 판매한 블록체인 기반 가상세계 ▲ 210만 사용자 중 1만 9,000명(전년 대비 375% 증가한 수치)이 새로운 세계의 일부를 소유 ▲ 35개 이상 콘텐츠 무료 체험 ▲ 2022년 3분기 최초의 가상 콘서트(Deadmau5, Richie Hawtin) 및 'The Walking Dead 게임' 출시 예정 ▲ 2022년 4분기 모바일 버전 출시 예정 ▲ 한국은 미국에 이어 두 번째로 큰 시장

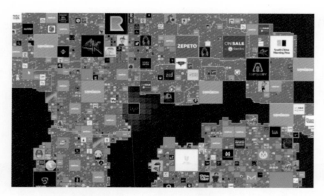

[그림4] 더 샌드박스 이미지(출처 : 더 샌드박스)

6) 게더타운(Gather town)

▲ 크롬 브라우저에 최적화 ▲ 오피스, 사무 공간, 상호작용 설계 최적화 ▲ 25인 이상 사용 시 유료 ▲ 협업 툴 및 멀티미디어 연동 ▲ 자유로운 커스터마이징(Customizing)

7) 디센트럴랜드(Decentraland)

▲ 가상현실 부동산 프로젝트 플랫폼 ▲ 가격은 1만 달러부터 시작 ▲ 9만 필지의 토지로 나 뉨 ▲ 탈중앙화 플랫폼으로 콘텐츠로 발생한 수익은 수수료 없이 콘텐츠 제작자가 가져감 ▲ 모든 토지와 아이템은 'MANA 토큰'으로 결제 구매 가능 ▲ 가상화폐를 통해 게임 내의 땅인 랜드를 사고팔 수 있고, 자신의 랜드에서 공연 및 광고물을 게시 후 발생한 수익 창출 가능

8) 포트 나이트(Fortnite)

▲ 3.5억 명의 사용자가 이용하는 슈팅 생존게임 ▲ 웹브라우저를 통해 TV, 스마트폰, 랩톱, 태블릿 등 어떤 기기에서도 게임 가능 ▲ 파티 로열에서 열린 힙합 가수 트래비스 스캇의 콘서트에는 1,230만 명이 접속, 게임 내 상품 판매 수익은 2,000만 달러(한화 약 221억 원)

9) 마인크래프트(Minecraft)

▲ 제조사가 아닌 사용자가 게임 세계를 확장하고 새로운 콘텐츠를 생성 ▲ 마이크로소프트는 2014년 마인크래프트 개발사 모장(Mojang) 스튜디오를 25억 달러(한화 약 2조 8,700억 원)에 인수 ▲ 높은 자유도와 더불어 게임을 즐기며 코딩을 쉽게 익힐 수 있어 프로그래밍 교재로 사용

10) 어스2(Earth2)

▲ 2020년 말 호주에서 출시 ▲ 현실의 지구를 그대로 복사한 메타버스 플랫폼 ▲ 맵 박스 (mapbox) 지도 시스템을 기반으로 가로 10m, 세로 10m 크기의 약 30평이 1타일 ▲ 1타일 당 0.1불로 최초 판매 ▲ 이 타일을 사용자가 구매하면 사용자끼리 사고팔면서 임대 수익과 시세 차익을 발생 ▲ 폴리곤 코인 도입

[그림5] 구매자의 국적이 표시되어 있는 어스2(출처 : 어스2)

▌ 4 메타버스로 향하는 선 진입 산업군

1) 금융

금융이라 하면 대표적으로 은행을 떠올리는 사람들이 많을 것이다. 저축을 미덕으로 국가적으로 장려하던 시절엔 길거리 어디에서도 은행은 흔하게 보였다. 그것도 요지의 땅 위에 말이다. 하지만 언젠가부터 저축이 미덕이 아닌 소비를 장려하는 시대에 들어서면서 하나둘 은행들이 문을 닫거나 1층이 아닌 2층으로 이동을 하더니, 급기야 이젠 개개인의 핸드폰 속으로 찾아 들어가고 있다.

인터넷은행들이 속속 설립되며 핀테크가 본격적으로 대중들에게 인지 되기 시작하면서이다. 간편하고 직관적인 이용방식의 토스 경우 MZ 세대라는 절대적인 지지층을 가질 수 있었던 것도 토스 이전, 금융 어플은 보수적이고 어려운 이미지였다. 하지만 토스는 친숙하고 공감되는 재미적인 콘텐츠를 통해 금융 앱의 접근성을 낮추면서 안정성도 놓치지 않았다는 평가를 받으며, 대중들에게 안전이 보장된 어플이라는 것을 인식시키고, 24시간 고객 상담 서비스를 제공

한 것도 성장의 비법이라 하겠다. 이렇듯 전통은행과의 거리가 점점 멀어지는 세대들에 대한 고민은 어떻게 해결 할 수 있을까?

전통은행 입장에서 MZ 세대들에게 외면 받는다는 것은 보통 일이 아닐 것이다. 그들은 소비의 주축들이며 5~10년 후엔 우리 경제 주축의 45%는 그들이 될 것이기 때문이다. 이미 전자금융업자로 등록돼 선불 충전 카드를 운용하는 카카오페이, 네이버페이와 같은 IT 기업이 간편 결제 시스템을 장착해 금융을 IT와 연결하고 있다. 은행의 고유권한이라고 여겨졌던 결제시스템의 변화가 IT 기업의 성장을 한 층 더 이끌어냈다.

은행이 아님에도 그들은 네이버페이, 카카오페이로 고객에게 편의성을 제공하고 있고, 스타벅스의 경우 이자도 지불하지 않는 선불카드로 고객의 충전금을 보유하고 있다. 작년 한 해 국내 간편 결제 사업자인 네이버 파이낸셜과 카카오페이, 토스에서 결제된 금액이 64조 원에 육박한다는 보도를 발표했다. 이들 3개 기업이 작년에 결제된 금액은 63조 6,702억 원으로 2020년 결제금액 42조 7,824억 원보다 48.8% 증가했다. 토스는 2조 1,978억 원, 8,600만 건이나 결제됐다.

스타벅스코리아 '선불 충전금 및 미사용 선불 충전금 규모' 자료를 보면, 지난 5년간 선불 충전 건수는 총 3,454만 건에 선불 충전금액도 총 8,769억 원에 달한다고 한다. 스타벅스는 이자 한 푼 내지 않아도 되는 충전금이 쌓여 있는 셈이다. 네이버페이, 카카오페이, 토스, 스타벅스 선불카드를 주로 쓰는 고객층은 누구일까? 그들을 IT 기업이라고 정의 내리는 데는 아무도 이의를 달지 않을 것이다.

그리고 은행권들은 그들의 영역을 IT기업들과 나눠 갖고 있다. 내 지갑이 핸드폰 속으로 그리고 핸드폰 속 IT 기업들이 각종 편의성과 다양한 정보들을 제공하고 있기에 은행권으로써는 메타버스 세상 속으로 선 진입만큼은 놓칠 수 없는 과제일 것이다. 그러다 보니 각 은행은 인터넷 은행·빅테크와의 경쟁에서 우위를 차지하기 위해 본업을 넘어 신사업을 발굴하는 데 있어 더 이상 예전의 보수적인 자세가 아니다.

무엇보다 메타버스의 가장 중요한 특징은 가상세계 속 화폐가 그 플랫폼을 통해 현금화가 된다는 점이다. 싸이월드의 도토리와 같은 개념이다. 로블록스의 경우 이미 메타버스에서 벌어들인 가상화폐 로벅스를 현금으로 바꿔 사용할 수 있다. 국내법은 아직 게임 자산의 현금화를 불법으로 규정하고 있지만 추후 메타버스 가상세계에 또 다른 금융시장이 열리게 될 가능성은 아주 농후하다. 데이터 및 신기술 활용역량으로 변화하고 있기 때문이다.

이제 원하기만 하면 누구나 다 금융을 할 수 있는 세상이 왔다. 이것이 바로 금융이 메타버스 세상으로의 진입을 서두르는 이유가 아닐까! 첫째, MZ 세대가 일반적인 금융 투자보다 암호화폐와 대체불가능토큰(NFT) 투자에 관심이 많다는 것을 알기 때문에 디지털 자산투자 서비스를 추가하기 위한 노력을 기울이고 있다.

둘째, 전화, 이메일, 통화보다 메타버스 공간 안에서 정보를 간편하게 전달할 수 있다는 점이다. 그리고 가상공간 안에서 아바타의 모습으로 고객을 응대하는 방식이 도입되면서 직접적인 대면 소통보다 심리적인 편의성 또한 고객의 입장에서는 우선시 되는 중요한 사항이 됐다.

셋째, 현실 세계에서 자금중개 역할을 하는 금융권으로써는 메타버스가 주목받을수록 플랫폼 스스로 재화 관리가 힘들어질 가능성이 크기 때문에 새로운 수익처를 발굴할 기회의 땅이기도 하다는 점이다. 해외 금융권에서도 고객에게 AR(증강현실)로 투자 포트폴리오, 부동산 등을 시각적으로 구현하고, 오프라인 상담까지 병행해서 서비스를 제공하고 있다고 하니 우리도 다 변화된 금융권의 서비스를 누릴 수 있기를 기대해본다.

바로 이런 세상까지는 먼 이야기일까? 우크라이나의 언론인이자 현지 매체 키이우 인디펜던트 편집자 올가 루덴코가 자신의 소셜미디어(SNS)에 올린 사진을 공개한 뉴스를 본 적이 있을 것이다. 러시아의 우크라이나 침공이 계속되는 가운데 우크라이나 국민들이 선 결제 쪽지를 이용해 현역 군인들과 여성들에게 음료와 디저트를 무료로 제공하는 사연이 소개됐다. 루덴코는 "우크라이나 수도 키이우의 많은 카페엔 분홍색 포스트잇(Pink post-its·쪽지)이 붙어 있다"라며 "쪽지는 카페 손님들이 군인들이나 우크라이나 국토를 수호하는 사람들을 위해 선물로 요금을 지불한 것"이라고 소개했다.

그리고 그 게시물엔 해외에서 소식을 접한 많은 이들이 우크라이나 군인들을 위해 본인들도 음료와 케이크를 사주고 싶다는 댓글을 남겼다. 어쩌면 지구인이 하나로 연결된 지금의 시대에서 한 발 더 앞서 이젠 신용거래까지도 전 세계의 개인 대 개인이 직접 운영할 수 있다면 우크라이나 키이우 카페에 군인들을 위해 음료와 케이크를 결제해 줄 사람들은 무수히 많을 것이다. 이것 또한 금융권이 메타버스로 향하는 비전 중 하나가 아닐까!

[그림6] 우크라이나 키이우의 한 카페 모습(출처 : 올가 루덴코의 SNS캡쳐)

(1) KB금융

▲ KB손해보험 메타버스 기반 연수원 '인재니움 메타'오픈 ▲ 블록체인 서비스 플랫폼 플레이댑과 업무 협약을 통해 '리브메이트 메타버스 서비스'를 올해 하반기에 출시, 10~20대 초반 고객에게 다양한 혜택과 서비스를 미니게임 등의 형태로 구현 제공할 계획 ▲ 게더타운을 활용해 'KB금융타운' 구축/ 회의와 재택근무자 사이의 협업 진행 ▲ 로블록스에 국민은행 홍보관 입점

[그림7] 로블록스 내 국민은행 홍보관 모습(출처 : KB국민은행)

(2) 하나은행

▲ 메타버스 전담조직 '디지털 혁신 TFT'를 신설 ▲ PB 손님을 위한 세미나·강연 및 상담 서비스 ▲ MZ 세대 손님과 소통을 위한 체험 공간(컬처 뱅크, 클럽원, 하나드림타운 등) 구축 ▲ 하나카드가 제페토에서 만든 가상의 세계(야외콘서트장, 캠핑장, 한옥마을, 하나카드 사옥, 하나카드 박물관, 워터파크 등 총 6개의 공간)

[그림8] 제페토에서의 하나카드 월드(출처 : 제페토-하나카드)

(3) 신한금융

▲ 신한 플러스에 'NFT 갤러리' 오픈 ▲ KBO 선수를 대상으로 한 NFT 발급 이벤트 시작 ▲ '제페토'와의 MOU를 통해 메타버스 특화카드 출시 ▲ '신한 솔버스 메타금융스토리' 시행해 초등학생 대상으로 메타버스 플랫폼 제공 ▲ 신한 라이프 광고모델 로지. 우리 나라 최초 가상 인플루언서 유튜브 조회 수 977만 3,036회(4월 24일 기준)

[그림9] 신한라이프 모델 로지(출처 : 싸이더스 스튜디오엑스 로지 인스타그램)

(4) DGB 금융그룹

　▲ 한국에서 금융권 최초로 지난 1월 어스2를 통해 대구 북구 칠성동 DGB대구은행 제2 본사 건물을 매입 ▲ 제페토에서 계열사 최고경영자(CEO)들과 메타버스를 활용해 경영현안회의 진행 ▲ 이프랜드에서 2022년 시무식 진행

[그림10] 제페토에서 경영현안회의 진행(출처 : 제페토-DGB금융지주)

(5) NH농협은행

　▲ 핀테크 기업 '핑거'와 서비스 제휴를 맺고 개발한 메타버스 플랫폼 '독도버스' 1차 오픈/ 2022년 8월 15일 서비스를 정식 오픈할 예정 ▲ 독도버스를 MZ 세대들과 소통하고 금융상품과 서비스 등을 홍보하는 마케팅 채널로 활용할 계획 ▲ 이프랜드에서 '2022 NH 패널 메타버스 발대식' 개최

[그림11] '핑거'와 서비스 제휴를 맺고 개발한 메타버스 플랫폼(출처 : 독도버스 플랫폼)

2) 교 육

코로나19의 갑작스러운 등장으로 대부분 사람의 생활 패턴은 예전과 많이 달라졌다. 그중에서도 단연 교육계의 지각변동은 실로 가장 큰 변화라 하겠다. 2020년 본격적인 코로나19의 대유행 시기에 2년제 대학에 입학한 친구들은 2022년 졸업을 한 올해 초까지도 감염병 등급 1단계를 유지한 상태에서 졸업을 맞이했다. 단절되고 차단된 코로나19 학번 친구들의 대학생활은 과연 어떤 모습이었을까?

그들은 2년간 원격수업으로 학교생활을 제대로 즐기지 못한 학번이다. 대학 생활의 꽃이라 하는 축제는 물론이거니와 OT도 치러보지 못했다. 늘 마스크를 하고 다니던 탓에 동기들 선후배, 교수님들 얼굴까지도 알쏭달쏭할 지경이다. 꿈꿨던 일상을 보낼 수 없는 아쉬움 또한 온라인공간에서 발산하며 교육계의 메타버스 탑승은 어쩔 수 없는 선택이지 않았을까? 하지만 그 어쩔 수 없는 선택이었던 비대면 온라인수업이 지역적 특성이나 환경적 요인으로 접근이 어려운 학생들에게 기회를 제공했다는데 의미가 크다는 평가다.

공교육은 물론 다양한 많은 교육이 서울 수도권 중심의 오프라인 교육장에서 온라인 교육장으로 옮겨 왔다. 양질의 교육을 받기 위해서는 서울 행을 택해야만 했던 과거와는 달리 지방 작은 시골 마을에서도 온라인 수업을 통해 교육의 기회와 질은 더 좋아졌다는 평가다. 하지만 줌 화상 교육은 교수자가 학습자의 동선을 꼼꼼하게 관리할 수 없다는 단점으로 어린 친구들 특히 초등 저학년의 친구들에게는 다소 아쉬운 부분이 없지 않았다.

특히 실습형 수업의 경우 현장실습이라는 말이 무색하게 실습도 비대면으로 진행되다 보니 현장감도 떨어지고, 현장에 투입되더라도 실무능력이 현저히 떨어진다고 학생들은 입을 모았다. 2년간 줌 화상 교육으로 달라진 학교들은 지금 다시 어떤 모습으로 도약하고 있을까? 메타버스 교육장의 출현이 어떻게 우리 교육에 적용되고 있는지 알아보자.

(1) 서울 시설 공단

서울시는 로블록스 내에 MZ 세대에 친숙한 메타버스를 활용해 안전의식 강화를 유도하고 직접 주행체험과 따릉이를 통한 탄소절감을 보여주며, 재미를 제공하는 '서울시 공공 자전거 따릉이 안전 교육' 공간인 '따릉이 월드'를 만들었다고 한다. 아바타로 입장해 자전거 이용 안전 의식을 습득할 수 있도록 전시 교육 게임 체험이 어우러진 공간으로 구성돼 있다.

[그림12] 메타버스 따릉이 안전 교육장(출처 : 로블록스 내 서울 시설 공단)

(2) 부산시교육청

부산시교육청은 초등학교 3학년 학생들을 대상으로 개발한 메타버스 기반의 사회과 학습용 콘텐츠를 부산지역 초등학교에 보급한다. 콘텐츠는 학생들이 우리 지역의 문화와 환경에 대해 쉽게 이해할 수 있도록 서부의 영도 할매 전설과 몰운대 이야기, 남부의 황령산 봉수대와 오륙도 이야기, 북부의 백양산 운수사 문화유산, 동래의 금정산 금샘·금어 이야기, 해운대의 수영사적공원 탐험과 관광명소 찾기 등의 내용으로 구성했다.

학생들은 이 콘텐츠를 통해 주어진 미션과 게임을 실행하면서 학습요소를 자연스럽게 익히게 된다. 과학 수업에는 학생들이 자신의 아바타로 메타버스 우주공간으로 입장하고 게임을 하듯 가상공간을 돌아다니며 퀴즈를 풀고 대화도 나누며 자연스레 과학 과제를 수행한다. 사회수업에는 가상공간 속 국회에서 민주주의를 몸소 체험하기도 한다.

(3) LG유플러스

LG유플러스는 서강대학교와 함께 '메타버스 대학'을 만든다. LG유플러스는 서강대 메타버스 전문대학원과 메타버스 가상오피스, 화상강의 등 서비스를 대학 강의에 활용할 수 있도록 개량하고 교육효과를 실증할 예정이다. 서강대는 메타버스전문대학원 내 메타버스 기술 R&D 랩을 설치하고 관련 연구를 진행한다.

(4) 중앙대

중앙대는 메타버스 플랫폼을 활용해 50개 기업이 참여하는 '2022 상반기 채용 박람회'를 개최했다. 이번 박람회는 중앙대를 비롯해 경희대·고려대·서강대·서울대·성균관대·연세대·한양대 등 서울 소재 8개 대학이 공동 주최하는 행사다.

3) 의 료

코로나19의 영향으로 다양한 분야에서 전 세계적으로 패러다임이 바뀌고 있다. 그중에서도 의료 패러다임이 '예방'으로 바뀌고 있고, 원격 모니터링을 하지 않고는 미래 의료로 갈 수 없다는 의료계의 목소리가 흘러나오고 있다. 따라서 미래 의료를 대비하기 위해선 비대면 진료의 제도화가 반드시 필요하다는 데도 이의가 없어 보인다. 더군다나 윤석열 대통령이 규제 혁신을 통해 원격진료를 실현하겠다고 약속하기도 했다. 이렇게 의료계는 다른 어떤 산업군보다 메타버스 세상으로 우리를 빨리 데려가 줄 것이라는 짐작을 해본다. 이미 우리가 알고 있는 것보다 많은 기업의 움직임이 활발하다. 그중 눈에 띄는 대표적인 기업들을 소개하겠다.

(1) 닥터나우

국내 최초 비대면 진료와 처방 약 배달서비스를 제공하는 닥터나우는 원격 진료 플랫폼이다.

(2) 룩시드랩스

메타버스 기반 사용자 멘탈 헬스케어 솔루션을 개발하는 스타트업이다. VR 기반 인지 건강 관리 코치 '루시(LUCY)'를 통해 5분 동안 간단한 게임을 마치면 치매 가능성을 검사할 수 있다. 특히 루시는 거동이 불편한 노인들이 쉽게 사용할 수 있도록 버스에 시스템을 장착해서 찾아가는 서비스를 제공한다.

[그림13] 찾아가는 가상현실(VR) 헬스케어 '루시 버스'에 탑승해
VR 기반 인지 건강관리 코치 '루시(LUCY)'를 체험(출처 : 연합뉴스)

(3) 메디컬아이피

서울대병원 1호 벤처기업 메디컬아이피는 의료영상 기반 디지털 트윈 기술과 해부학 구조물

을 AR·VR·XR 기술로 확장한 환자 수술 내비게이션용 플랫폼, 해부학 실습 교육용 XR 콘텐츠, 메타버스 교육 플랫폼을 보유하고 있다. 지난해 서울대학교 의과대학에 교육용 메타버스 커리큘럼을 구현했다. 환자의 인체 장기와 병변을 구현해 수술 시 내비게이션으로 활용할 수 있는 '메딥프로 AR'로, AR 기술이 적용된 의료기기로는 국내 최초로 식약처 인증을 받았다.

[그림14]의 참고 영상화면은 감마나이프 방사선 수술에서 증강현실을 적용해 본 것이다. 의료진들이 뇌종양 환자를 수술하기 전, 증강현실로 환자의 머릿속을 구현하고, 최적의 수술 경로를 찾는다.

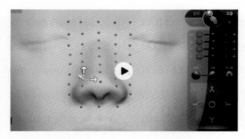

[그림14] 메디컬아이피 영상이미지(출처 : 메디컬아이피)

(4) 매니아마인드

VR 기반 승마 재활 치료 프로그램으로 5세~13세 지체 장애 어린이를 대상으로 개발했다. 지루하고 힘든 승마운동이 아닌 VR 게임을 통해 재미있는 놀이 기구로 인식하게 한다. 승마 훈련 항목 중 상체운동 2가지 항목을 적용해 과일채집을 통한 팔 스트레칭과 유해물질 피하기를 통한 상체균형 훈련을 유도한다.

[그림15] VR 기반 지체 장애 어린이 재활 게임 플랫폼(출처 : 매니아마인드 홈페이지)

(5) 서지컬 마인드

VR 기반 온라인·모바일 게임 소프트웨어 개발업체인 매니아마인드의 자회사다. 이 회사는 VR을 바탕으로 진입장벽이 높은 수술용 시뮬레이터를 개발하고 있다. VR기기를 쓰면 수술실에 누워있는 환자 얼굴이 모형에 겹쳐진다. 의사는 손앞에 고정된 얼굴 모형에 주사기를 삽입한다. 컴퓨터 모니터는 의사가 모형에 삽입한 주사기 각도와 깊이를 측정해 위험도를 알려준다. 국내 최초 'VR 기반 수술 시뮬레이터'를 만들었다. 통상 시신 한 구로 훈련할 수 있는 필러 실습은 한 번에 그치는 반면, 소프트웨어로 이뤄진 이 솔루션을 활용하면 훈련 양에 제한이 없다.

(6) 분당서울대병원

지난 5월 '아시아 심장혈관흉부외과학회(ASCVTS) 온라인 학술대회'에서는 가상 강의실에서 수술기법 강의를 받는 메타버스 수술실을 선보였다. 참석자들은 본인의 아바타를 설정한 후 가상 강의실에 입장해 폐암수술기법 강의를 수강하고 수술과정을 참관했다. 수술은 분당서울대병원 스마트수술실에서 360도 8K 3D 카메라를 통해 중계됐다.

(7) 한림대의료원

메타버스 플랫폼 게더타운에 '메타버스 어린이 화상병원'을 개원했다. 메타버스 병원에서는 진료과목, 진료시간표, 병원위치, 주차안내 등 다양한 정보를 찾을 수 있고 진료의뢰와 예약도 가능하다. 클래스 룸에서는 소아 화상환자들을 위한 학업지원 심리치료 프로그램이 운영된다. 한림대의료원은 향후 전체 임상과로 확대하고, 차세대 메타버스 플랫폼에서 원격진료, 교육, 헬스 케어 서비스 등을 제공할 계획이다.

4) 국방

군사 훈련용 가상현실(VR) 소프트웨어를 개발하는 기업 중 네비웍스를 소개한다. 2000년 설립된 이 회사는 다용도 전술 시뮬레이터와 기능성 게임, 지리정보 응용시스템, 선박 관제 시스템 등을 개발하고 있다. 2010년부터 VR 기술을 기반으로 군사훈련용 소프트웨어와 시뮬레이터를 개발해 국방 메타버스 환경을 구현했다. 그동안 해외 소프트웨어에 의존하던 것을 국산화한 것이다. 네비웍스가 개발한 지휘 통제 시스템과 가상 전술훈련 프로그램 등은 한국의 육·해군에서 사용되고 있다. 한화 시스템, 방위사업청, 현대중공업 등도 주요 고객이다.

대표적인 제품은 전략 시뮬레이션 게임 형태의 전술훈련용 소프트웨어 '리얼BX'다. 중대급 병사와 지휘관이 함께 시뮬레이션 안에서 실전과 비슷한 훈련을 받으며 임무 수행 능력을 높일 수 있다. K1A1 전차와 장갑차, 헬기 등도 실제 무기의 제원을 바탕으로 구현해 가상 합동 전술 훈련을 할 수 있으며, 인공지능(AI) 기술로 학습된 대항군을 만들어 전투를 벌일 수도 있다.

이 같은 가상훈련은 실제 군사 훈련 시 발생할 수 있는 기물 파손, 소음 문제 등을 유발하지 않고 지역 주민의 불편함을 줄일 수 있어 호응을 얻고 있다.

5) 행 정

(1) 서울시

'메타버스 서울'이라는 메타버스 플랫폼을 통해 2022년부터 2026년까지 추진되는 5개년 사업으로 경제, 문화, 교육 등 시정 전 분야에 메타버스 기술을 단계적으로 적용한다. '메타버스 서울시청' 모바일 앱으로 접속하면 아바타 생성 후 3D 가상공간으로 조성된 서울시청 로비와 시장실을 방문할 수 있다. 시민 의견수렴 공간이 마련돼 있어 서울시정에 대한 의견을 제안할 수 있다.

[그림16] 메타버스 서울 시청 모습(출처 : 서울시 제공)

(2) 경기도

경기도는 확장현실(XR)과 메타버스 기술의 유통산업 분야 접목을 지원하기로 하고, 가상 인테리어와 쇼핑몰 등 유통산업 분야에 메타버스를 도입하는 기업들에 대해 최대 1억 원을 지원하는 행정을 펼친다. '2022 확장현실(XR)·메타버스 유통특화 실증지원' 사업은 유통산업과 확장현실·메타버스 기술의 융합 서비스를 발굴하고, 실제 판매현장에서의 실증을 지원하는 사업이다.

(3) 부산시

부산시와 한글과컴퓨터그룹이 함께 메타버스 산업 육성에 나선다. 부산시는 메타버스, 아바타 & NFT 포럼 '메타게이트'의 부산 사무국을 설치하고, 한컴그룹과 함께 메타버스·NFT 분야의 기업, 대학, 연구기관, 협회, 단체 등을 아우르는 생태계를 조성하고 있다. 또한 부산시설공단이 메타버스 가상공간을 활용해 '2030 부산 월드 엑스포' 유치홍보에 박차를 가한다. '2030 부산세계박람회'를 메타버스 공간을 통해 널리 알리기 위해 오픈한 '비스코 제페토 월드'(BISCO ZEPETO WORLD)에는 부산의 대표 시설인 부산 시민공원과 광안대교를 가상공간으로 실사화하고 점프게임, 미로 찾기 등 다양한 이벤트 존도 가미했다.

(4) 경상북도

경북은 가상부동산 플랫폼 어스2에서 경북도청 건물을 구매했다. 또한 포스코가 지은 포항의 명소 'Park 1538'이 메타버스 플랫폼 제페토(ZEPETO)에서 구현된다.

(5) 통일부

정부 부처 가운데 최초로 메타버스 플랫폼을 활용한 DMZ 관련 정보 대국민 서비스를 가상공간에서 체험할 수 있는 서비스를 시작했다. 메타버스 플랫폼은 통일부 홈페이지(universe.go.kr)를 통해 접속할 수 있다.

[그림17] DMZ 관련 정보 대국민 서비스(출처 : 통일부 universe.go.kr)

⑤ 평행선 위에서 누리는 문화와 예술 그 기회의 땅!

1) 문화/관광

(1) 에버랜드

튤립 축제 30주년을 기념해 4월 2일부터 6일까지 '튤립 NFT'를 발행했다. 에버랜드 디자이너들도 NFT 제작에 참여해 네온 조명, 블록, 타임랩스, 3D 영상 등 재미있고 다양한 형태의 튤립 NFT 아트를 선보였다.

(2) 한국예술인복지재단

문화체육관광부 산하 한국예술인복지재단은 2022 예술인 파견지원 사업 예술로의 '만남의 광장' 행사를 메타버스 플랫폼 '게더타운'을 통해 진행했다.

(3) 문화체육관광부

한국관광공사와 함께 '2022년 지능형(스마트) 관광도시 사업' 대상지로 경북 경주시를 비롯해 전북 남원시, 강원 양양군, 울산광역시 남구, 충북 청주시, 경남 하동군을 최종 선정했다. '천년고도'로 불리는 경주시는 메타버스 등 실감기술을 활용해 경험형 디지털 역사·문화 콘텐츠를 개발한다. 신라의 옛 유물을 증강현실(AR)로 구경하고, 확장 가상세계(메타버스)로 구현한 황리단길을 걸을 수 있을 전망이다.

2) 아트/예술

경량화된 AR 글라스, 고성능의 VR 기기가 출시되고 관련 콘텐츠에 대한 투자가 확대되면서 메타버스의 실감형 콘텐츠는 우리와 계속 가까워질 전망이다. 이런 상황에서 현재의 NFT 전시는 대대적인 변화를 맞이하게 될 것이다.

어떤 변화들이 있을지 예측해 보자면 메타버스 룸에서 다양한 전시가 열리면서 NFT 작품 소유자가 작품 대여료를 받을 수도 있고, 본인이 직접 NFT 작품 컬렉션을 기획해 브랜드와 콜라보레이션하거나 전시회 관람료를 받는 등 수익을 창출할 수도 있다. 더 나아가 인공지능 기술로 되살린 작고한 작가와 함께 전시장을 거닐며 작품에 관해 이야기를 나눌 수 있다고 상상해보자 그 얼마나 가슴 설레는 경험인가!

현실 세계에선 물리적으로 구현 불가능한 환상적인 작품을 감상할 수 있는 경험 또한 메타버스 세상이기에 가능하게 된다. 이처럼 무궁무진한 즐거움이 기존의 갤러리문화에서 접할 수 없는 것들로 넘쳐나리라 짐작해본다.

(1) 에르미타주 미술관

2021년 상반기 미술계 최대 화두는 'NFT(Non-Fungible Token)'였다. 지난해 세계 3대 미술관 중 하나인 러시아의 국립 '에르미타주 미술관'이 바이낸스 NFT 마켓플레이스를 통해 세계 5대 걸작(△레오나르도 다빈치의 '마돈나 리타' △조르조네의 '주디스' △빈센트 반 고흐의 '라일락 부시' △바실리 칸딘스키의 '구성6' △클로드 모네의 '몽즈롱 정원의 한 귀퉁이')의 디지털 사본을 NFT로 경매 진행했다.

(2) 간송 미술관

국보 제 70호 '훈민정음 해례본'의 NFT를 제작해 개당 1억 원에 100개 한정 판매했다.

(3) LG전자

지난해 12월 오픈한 온라인 전시 공간 'LG 시그니처 아트갤러리'에는 각종 시그니처 제품을 형상화한 예술적 퍼포먼스가 펼쳐졌다. 국내외 작가의 작품을 소개하는 특별 전시가 열리고, 가상공간에서 펼쳐진 전시임에도 LG 시그니처 아트갤러리는 6개월 동안 150여만 명의 방문객을 이끄는 괄목할 만한 성과를 기록했다. 이는 더는 가상세계에서 미술을 즐기는 일이 낯선 광경이 아님을 보여주는 사례이다.

(4) 2021 부산국제아트페어

출품 작품을 메타버스로 감상할 기회를 제공해 접촉이 아닌 접속의 시대로써 전 세계 미술 작가와 소비자가 직거래할 기회의 장을 열었다.

6 아는 만큼 보이고 아는 만큼 누리는 메타버스 세상

플랫폼이나 유통의 구조뿐 아니라 고객의 소비패턴까지도 메타버스에 얹고 있다. 스타트업 프로그라운드는 올 3·4분기 중 M2E 서비스 코인워크를 내놓는다. P2E가 게임을 하며 돈을 버는 것처럼 M2E는 움직일 때 돈을 벌 수 있는 모델이다. 코인워크는 걷기만 하면 코인을 받을 수 있는 블록체인 기반 리워드 애플리케이션(앱)이다.

NFT로 된 운동화를 구매하면 리워드를 받을 수 있는 조건이 된다. 운동화마다 등급이 달라 리워드 규모도 달라질 수 있다. 각각의 NFT 운동화는 단 한 개씩만 내놓아 희소성을 부여할 방침이다. MZ 세대들의 또 다른 디지털 자산이며 재테크 수단으로 각광받을 모델이 되지 않을까 싶다.

1) 쇼핑/유통

(1) 스타필드

신세계그룹의 복합 쇼핑몰 브랜드 스타필드가 네이버의 메타버스 서비스 제페토에 입점했다. 신세계 프라퍼티는 '스타필드 제페토점'을 통해 오프라인과 가상현실을 잇는 차별화된 서비스를 제공한다는 계획이다. 스타필드 제페토점은 오후 10시 영업 종료 후 불 꺼진 쇼핑몰을 돌아다니는 콘셉트로 기획됐다.

(2) GS리테일

GS리테일은 메타버스 플랫폼 게더타운에서 채용설명회를 열었다. 라이브 채용설명회에 참여하는 지원자는 맵 안의 4가지 섹션에 따라 채용정보 확인, GS리테일의 가치체계 확인, 채용설명회 참여, 질의응답 등 다양한 정보를 얻고, 채용과 관련된 궁금증도 실시간으로 해소했다. 그리고 대체불가토큰(NFT)회사 (주)메타콩즈와 업무 협약을 맺고 온·오프라인 협업에 나선다.

(3) SSG닷컴

SSG닷컴은 메타버스 플랫폼 게더타운에서 디자인 공모전 수상작 전시회 '쓱카소전'을 열었다. 총 21개 작품이 전시됐고, 대체불가토큰(NFT)에 이어 메타버스 기술을 접목한 회사 마케팅 일환으로 활용됐다.

(4) 현대백화점

현대백화점은 휴대전화기로 판교점 지하 1층부터 10층 50여 곳의 매장을 360도로 둘러 볼 수 있는 'VR 판교랜드'를 선보인 바 있다. 발망, 오프화이트, 알렉산더맥퀸 등 14개 매장의 경우 더현대닷컴의 'VR 쇼룸'과 연계해 인기상품을 구매하거나 매장직원과 카카오톡을 통해 상담할 수 있도록 했다.

[그림18] 판교 VR랜드(출처 : 현대백화점)

2) 의류/패션

글로벌 컨설팅 기업 PwC의 최근 보고서에 따르면 가상패션 시장은 올해 약 9조 원 규모로 성장할 전망이다. '마이클코어스', '게스', '뉴발란스', '리복X아디다스'는 '패스커'의 3D 모델링, 360도 촬영기술을 활용해 '3D 쇼룸'을 제작했다. 실물과 흡사한 디지털 제품을 이리저리 둘러 보며 구경할 수 있고, 가상기술을 활용해 착용한 효과를 낼 수도 있다.

고객들은 패스커가 만든 디지털 스토어에서 제품을 구경하거나 착용해보고 이를 구매 사이트로 연결해 바로 구매할 수 있다. 경험은 디지털로, 구매는 현실에서 실행함으로써 O2O의 버전업 모델을 개발했다. 패스커처럼 디지털 패션 웹진, 디지털 쇼룸, 디지털 스토어 등을 통해 탄소 배출 0%에 도전하는 친환경 패션을 실천하는 기업의 등장이 많아질 것이라 예상한다.

※O2O : 단어 그대로 온라인이 오프라인으로 옮겨온다는 뜻이다. 정보 유통 비용이 저렴한 온라인과 실제 소비가 일어나는 오프라인의 장점을 접목해 새로운 시장을 만들어 보자는 데서 나왔다.

에이아이바는 2019년 인공지능(AI) 기반의 의류 가상피팅 솔루션 '마이핏 3D'를 선보인 패션 테크 스타트업이다. 최근에는 혼합현실(XR) 패션쇼 플랫폼 '비어(VEER) VR' 베타 버전도 출시했다. 비어 VR는 오큘러스와 같은 VR 장비만 있으면 누구나 런웨이쇼의 맨 앞줄에 앉는 경험을 제공해준다. 아바타 모델을 선택하고 모델의 착장 순서와 런웨이 배경 등 여러 가지 옵션을 사용자가 직접 설정해 패션쇼를 현실처럼 만끽할 수 있다.

에이아이바의 '마이핏 3D'는 스마트폰으로 자신의 정면, 측면을 촬영하면 목둘레, 가슴둘레, 허리둘레, 어깨 길이, 위팔·아래팔 둘레, 팔 길이, 엉덩이둘레, 허벅지 둘레, 다리 길이, 종아리 둘레 등 신체 50곳의 치수를 도출해 실제 모습과 같은 아바타를 만들어준다.

패션 테크 기업 투자 유치 현황(2022년 1분기 기준)

회사명	주요 사업 영역	투자금
에프앤에스홀딩스	패션 메타버스몰 '패스커' 운영, AR 룩북, VR 팝업 스토어 개발	150억
스토어링크	빅데이터 마케팅 솔루션	90억
이스트엔드	브랜드 인큐베이팅 콘텐츠	
오스카퓨처라	메타버스 플랫폼 '오브오티디' 운영	시리즈A 투자 유치
골라라	동대문 종합 서비스 플랫폼	33억
알타바그룹	메타버스 플랫폼 '알타바' 운영, NFT 마켓 서비스, 메타버스 솔루션 B2B서비스	110억
인사이더	디지털 마케팅 솔루션	600억
크리스틴컴퍼니	신발 제조 생태계에 빅데이터와 인공지능 접목	15억
에이아이바	AI 기반 의류 가상 피팅 솔루션 '마이핏', XR 쇼룸 플랫폼 'VEER' 운영	미공개
팬딩	크리에이터 위한 팬덤 비즈니스 플랫폼 '팬딩' 운영	20억
아이스크리에이티브	뷰티, 패션 크리에이터 IP와 제조 기반 브랜드 사업 전개	95억(누적)
에스제이클로	메타버스 디자이너 클루 '디자인피터스', 메타버스 패션 '웨어앤히어' 운영	5월 확정
더블미	메타버스 플랫폼 스타트업	300억
스와치온	글로벌 원단 마켓 플랫폼	120억
룰루랩	AI 뷰티 솔루션	30억
오오티디	패션 SNS 플랫폼 '오오티디' 운영	4억
데이터라이즈	이커머스 데이터 솔루션	115억
리얼리	명품 패션 메타 서치 엔진 '리얼리' 운영	프리 A 투자 유치
마크비전	인공지능 기반 위조 상품 모니터링 서비스	60억(누적)
오드컨셉	AI 개인화 솔루션 '픽셀' 운영	120억(누적)

[그림19] 패션 테크 기업 투자 유치 현황(출처 : 어패럴뉴스)

(1) 랄프로렌

파트리스 루베 최고경영자(CEO)는 "젊은 소비층을 공략하는 것이 우리의 전략"이라며 메타버스 사업 확대 계획을 밝혔다. 랄프로렌은 메타버스 게임 플랫폼 로블록스와 제페토에 참여하고 있다. 랄프로렌이 제페토에 합류한 지 불과 몇 주 만에 10만 개 이상의 제품이 팔리는 등 메타버스 사업 수익성을 확인했다며 NFT(대체불가능 토큰) 출시 가능성도 시사했다.

(2) 나이키

나이키는 지난해 11월 가상공간에서의 운동화·의류판매 계획을 예고하는 상표 출원서를 제출했고, 12월에는 디지털 운동화 판매 스타트업 'RTFKT'를 인수했다. 아울러 로블록스 내에 '나이키랜드'에서 나이키 운동화를 신고 마라톤을 할 수 있는 게임을 제공하는데, 이곳에 지난 3월 말까지 700만 명이 넘는 인원이 방문했다.

최근에는 운동화 실물이 아닌 '디지털 운동화'를 소유하는 일종의 투자 상품이지만 나이키의 첫 NFT 운동화인 만큼 관심을 끌고 있다. 나이키의 버추얼 스니커즈 즉 가상 운동화의 이름은 'RTFKT x 나이키 덩크 제네시스'다. 현재 글로벌 NFT마켓플레이스 오픈씨에서 판매 중이다. 거래는 가상자산 이더리움으로 4월 26일 오후 기준 최신 거래가 약 800만~980만 원 선에서 이뤄졌다.

[그림20] 나이키가 선보인 대체불가능토큰(NFT) 운동화 'RTFKT x 나이키 덩크 제네시스'
(출처 : 오픈씨 홈페이지)

(3) 아디다스

메타버스 플랫폼 '더 샌드박스'의 가상부동산을 인수해 가상 쇼룸에서 제품을 전시했고, 자사 후드 티와 운동화 등을 착용한 아바타 NFT 3만 개를 판매해 270억 원 이상의 이익을 얻었다. 최근에는 '오즈월드'라고 하는 세계 최초 AI 기반의 아바타 생성 플랫폼을 내놓았다.

(4) 구찌

지난해 5월 2주간 로블록스에서 수백만 원대의 한정판 디지털 가방을 전시하고 판매하는 가운데 완판의 기록을 세우기도 했고, 구찌 가든 아키타이프를 메타버스 플랫폼인 제페토(ZEPETO)에 구현해 버추얼 공간을 런칭 했다. 그리고 메타버스 세상의 진출을 위해 샌드박스에 토지를 구매했다.

(5) 버버리

블록체인 기반 게임 '블랑코스 블록파티'와 손을 잡고 버버리 디자인 의상을 입은 캐릭터 '샤키 B'를 750개 한정으로 내놨다. 버버리의 NFT 판매 규모는 39만 5,000 달러(한화 4억 6,000만 원) 정도였고 750개가 30초 만에 완판 됐다.

[그림21]　　　　　[그림22]　　　　　[그림23]

[그림21] 제품을 착용한 '포트 나이트' 게임 캐릭터(출처 : 발렌시아)
[그림22] 제품을 착용한 게임 캐릭터 '샤키 B'(출처 : 버버리)
[그림23] 루이뷔통이 만든 게임 '루이스 더 게임' 캐릭터의 NFT(출처 : 루이뷔통)

(6) 루이뷔통, 까르띠에, 프라다

지난해 4월 블록체인 플랫폼을 만들어 소비자가 구매한 제품에 대한 보증을 NFT로 할 수 있도록 했다. 루이뷔통의 경우 '루이스'라고 하는 자체적으로 개발한 게임의 다운로드가 200만이 넘을 정도로 폭발적인 인기를 끌고 있다.

7 CEO라면 알아야 할 메타버스 미래 활용

지금까지는 2차원 평면적인 영상으로 모델을 설명하고 텍스트화 되어 있는 기업홈페이지를 고객이 직접 읽으며 나름의 해독력으로 이해해야 하는 광고를 접했다. 앞으로는 메타버스가 일반화되면서 소비자들이 직접 체험하고 기대치를 해소할 수 있도록 유도하는 형태의 광고가 많아지리라 예상한다. 이를테면 소비자가 메타버스를 통해 3차원 공간으로 들어가 직접 그 제품과 서비스를 입체적으로 경험하는 방식이다.

예를 들면, 기술의 발달로 VR 기기를 사용해서 공간과 객체 모두 가상에서 존재하는 상황에서 경험하는 형태와 AR 글라스를 통해 자신의 현실공간 위에 투영되는 제품의 이미지와 서비스를 경험하는 형태로 나눌 수 있겠다. 그리고 지금도 구현되고 있는 특별한 장비 없이 현실의 물리적 공간에 가상세계를 겹쳐 구현하는 예를 들면, 이케아의 '이케아 플레이스' 같은 앱을 들 수 있다. 직접 가구를 사러 먼 거리를 이동하고, 눈짐작으로 미루어 반품도 어려운 종류의 제품들을 이 앱을 통해 고객에게 새로운 경험을 제공함으로써, 제품선택을 빠른 시간 안에 이끌어 내기 위한 선택을 기업은 다각화 하고 있다.

왜냐하면 우리는 이제 9시 뉴스를 보거나 좋아하는 연예인이 나오는 드라마를 보기 위해 시간 맞춰 TV앞에 앉지 않는다. 대신 넷플릭스나 특정 채널을 통해 원하는 시간에 원하는 프로를 선택해서 즐긴다. 이러다보니 방송 3사 광고비 수입은 예전과 크게 다르다. 그리고 그 광고비는 유튜브 속 1인 미디어들과 인플루언서들이 상당 부분을 점령했다.

한 달에 몇 천원을 주면 보기 싫은 광고를 걸러주는 서비스까지도 등장했으니 기업의 광고주들은 어디에서 고객을 찾아야 할까? 디지털 문화에 익숙하고, 가상세계를 현실세계처럼 받아들이고 활용하는 MZ 세대뿐 아니라 코로나19를 2년간 경험한 많은 경제인구들은 비대면 재택근무와 퇴근 이후 달라진 회식문화와 놀이문화 그리고 가정에서의 소비패턴 또한 오프라인이 아닌 온라인 속 경험으로 많은 변화를 예습했다.

1) 사업주(CEO)들에게

공정거래위원회는 가맹본부가 등록한 정보공개서를 토대로 2021년도 가맹사업 현황을 분석·발표했다. 2021년 말 등록된 정보공개서 기준 가맹본부는 7,342개, 브랜드는 1만 1,218개,

가맹점은 27만 485개로 전년 대비 모두 증가했다. 그중 브랜드 수는 전년 대비 4,124개(58.1%) 증가했다고 발표했다. 브랜드 수가 58.1%나 증가한 것은 가맹사업법 개정(시행 '21.11.18.)으로 11월 19일 이후로 프랜차이즈 사업을 하려면 직영점 1개를 1년 이상 운영해야만 프랜차이즈 가맹사업 권한을 주는 '프랜차이즈 1+1 제도'가 시행됐기 때문이다.

그렇다 해도 브랜드 수가 1만 1,218개라는 숫자는 우리나라 인구 5,000명당 1개의 프랜차이즈 브랜드가 있는 셈이다. 그중에서도 가맹점을 100개 이상 가진 브랜드 수는 총 390개로 집계됐다. 이쯤 되면 프랜차이즈 브랜드를 움직이는 본사는 가맹점주들을 대변해 고객에게 새로운 어떤 경험을 제공해야 하는지 고민해 볼 필요가 있다.

메타버스 플랫폼 중에 제페토의 월드 관에는 많은 기업이 입점해 있다. 제페토의 홍보관을 통해 브랜드를 홍보하는 방법과 브랜드의 특성에 맞게 공간을 제작하는 게더타운과 ZEP도 고객과 소통하고 직접 참여를 유도할 수 있는 좋은 마케팅 도구이다.

유치원, 학원, 식당, 사무실, 상담 센타, 병원 등 가상의 메타버스 공간이지만 직접 참여를 유도함으로써 실제감을 줄 수 있고, 반복 참여를 유도 할 수 있는 공간 대여 서비스를 사업주들은 활용해보길 추천한다. 이를테면 어떤 브랜드가 메타버스의 공간에서 생일파티를 할 수 있도록 공간을 대여해준다면 주인공 아이는 현실에서 만나지 못했거나, 현실의 같은 공간에 있다 하더라도 메타버스 공간에서 친구들과 모여 또 다른 경험을 하게 된다면, 타 브랜드보다 메타버스 공간의 색다른 경험을 접하게 된 브랜드의 충성고객이 될 확률은 훨씬 높지 않을까?

휴식과 놀이가 있는 학원은 어떨까? 직접 얼굴을 마주하지 않고 법률적인 상담이나 심리적인 상담, 진로 체험을 할 수 있는 메타버스 세상에서 새로운 경험의 제공은 무엇보다 중요한 키워드이기 때문이다.

2) 새로운 경험 홈페이지부터!

무수히 쏟아져 나오는 정보들을 우리는 인터넷 검색 창을 통해 찾는다. 그리고 웹과 앱의 형태로 만들어진 각각의 홈페이지들을 찾아 들어가 필요한 정보들을 탐색하는 일을 무수히 해왔을 것이다. 하지만 대부분의 사람들은 시각적인 요소에 근거해 깨알 같은 정보들을 다 읽기도 전에 다른 페이지로 넘겨버린다.

내 병원과 기업의 특장점을 빨리 고객에게 전달하고 어필할 방법은 없을까! 텍스트와 이미지, 간혹 동영상으로 구성된 일괄적이고 보편화된 홈페이지의 형태에서 벗어나 고객이 직접 아바타의 모습으로 꾸며진 가상의 공간인 병원으로 들어가 여기저기를 돌아다니며 직관적인 체험을 할 수 있는 홈페이지를 제공할 수 있다면 어떨까!

내가 건강검진을 하기 위해 여기저기 검진 센터를 알아보고 있다면 엑스레이실, 채혈실, 내시경실, 입원실과 매점, 카페 등을 1층 2층을 오르내리며 방마다 들어가 어떤 도구들을 쓰는지, 어떤 장비인지, 입원실은 어떻게 생겼는지 공간을 체험할 수 있다면 어떨까? 의사 선생님은 어떤 이력이 있는지 상담원의 전화에 의존하지 않고 직접 놀이인 듯 탐방하며 병원의 구석구석을 돌아다녀 볼 수 있다면 나는 과연 어떤 선택을 할까?

이제 고객이 내 병원의 홈페이지에, 내 기업의 홈페이지에 머무르는 시간을 즐거운 놀이처럼 제공해보는 것을 권한다. 메타버스 세상에서는 여러분들이 짐작하는 것보다 훨씬 많은 새로움으로 넘쳐나고, 브랜드 자체를 홍보하거나 소비자 인식개선에 활용하는 접근으로도 충분히 많은 효율을 얻을 수 있을 것이다. 그리고 전국의 가맹점주들과의 소통도, 병원의 직원 교육도, 메타버스 플랫폼에서 물리적·시간적 제약 없이 진행해보자. 가상공간으로의 고객 유입이 곧 매출로 다가올 것이다.

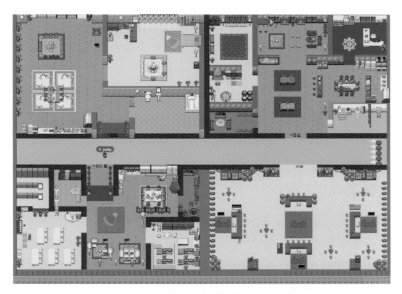

[그림24] 한국메타버스협회-게더타운(출처 : 한국메타버스협회)

우리는 보다 창의적인 상상으로 현재의 제한적인 메타버스를 바라볼 필요가 있다. 그러나 현재의 제한된 기술로 시장을 유지하고 확장하는 것 또한 중요하다. 시장 없이 기술이 성장할 수는 없기 때문이다. 산업군마다 기술력 완성 후 안정기를 맞을 거라는 10년 그 이후 미래의 메타버스 세상을 상상해보자. 아니 10년 후 미래가 너무 먼 이야기라면 영화 속 메타버스를 떠올려도 좋겠다.

'아바타'에서는 링크룸을 통해서 자신의 DNA로 만들어진 실존하는 아바타인 나비 족으로 활동한다. 영화 '써로게이트'에서는 써로게이트라는 인공의체를 개발해 뇌파로 이를 조정해 우리의 인체를 대신해서 일상생활을 영위한다. 소설 '소드아트 온라인'이나 '달빛조각사'에서는 뇌와 컴퓨터가 직접 연결된 풀다이브형의 VR 인터페이스 장치를 그렸다.

아직 뇌와 컴퓨터의 인터페이스 실현 가능성을 기대할 수는 없지만, 미래에는 물리적인 현실 세계와 완벽히 동일한 오감의 사용자 경험을 제공할 수 있을지 모른다. 그때는 더는 실체적 공간은 우리를 제약하는 요소가 아닐 것이다. 그때는 인류의 영역은 상상력의 크기와 비례해지지 않을까?

[참고 문헌]

- 주간동아/ 블록체인 기반 웹 3.0으로 '창작자 경제' 모델 부상 2022.05.04.
- MBC뉴스/네이버·카카오·토스 작년 간편결제액 64조원··1년새 49%↑ 2022.04.20
- 동아일보/가상 캠핑장 만든 홈쇼핑··· VR쇼룸 연 백화점 2021.07.20.
- 공정거래위원회 2022.03.22.〈3. 23.(수) 조간〉 가맹사업현황분석
- 매니아마인드 홈페이지
- 샌드박스 홈페이지
- 경기콘텐츠진흥원 사업공고
- 네이버 사전
- 한국정경신문 2021.07.22
- bloter 2021.04.14
- 신현주:메타버스의 발전 동향 및 비즈니스 모델에 대한 연구/학술논문 국제e비즈니스학회 2022년
- 이아현:한국전자통신연구원 선임연구원 주간기술동향/ 메타버스 개념과 대중화를 위한 핵심 기반기술 개발 동향 2022. 5. 4.
- 최형욱: 메타버스가 만드는 가상경제 시대가 온다
- 김상균: 메타버스2
- https://www.edaily.co.kr/news/read?newsId=01902406632298088&mediaCodeNo=257&OutLnkChk=Y
- https://www.yna.co.kr/view/AKR20220314028300002?input=1195m
- https://www.fnnews.com/news/202204211840173760
- https://blog.naver.com/company_info/222455407682
- https://www.yna.co.kr/view/AKR20220425037600002?input=1195m
- https://zdnet.co.kr/view/?no=20220302142624
- https://blog.naver.com/skypoem7/2224408946
- https://post.naver.com/viewer/postView.naver?volumeNo=33259371&memberNo=41553262&vType=VERTICAL
- https://n.news.naver.com/mnews/article/056/0011249207
- https://www.fi.co.kr/main/view.asp?idx=71396
- https://n.news.naver.com/article/008/0004730832

- https://news.mt.co.kr/mtview.php?no=2022011814360499712
- http://news.heraldcorp.com/view.php?ud=20220426000924
- http://www.noblesse.com/home/news/magazine/detail.php?no=11381
- https://www.fi.co.kr/main/view.asp?idx=71396
- https://n.news.naver.com/article/008/0004730832
- http://www.apparelnews.co.kr/news/news_view/?idx=197416&cat=CAT11Z
- https://n.news.naver.com/mnews/article/018/0005210648?sid=101
- https://newsis.com/view/?id=NISX20220509_0001863247&cID=10811&pID=10800
- http://www.aitimes.kr
- https://www.bloter.net/newsView/blt202204130015
- https://newsis.com/view/?id=NISX20220413_0001832327&cID=14001&pID=14000
- https://www.fnnews.com/news/202204120820498743
- https://www.sedaily.com/NewsView/263EH26WZJ
- http://it.chosun.com/site/data/html_dir/2022/04/08/2022040800835.html
- https://www.witheverland.com/4006 [withEverland]
- https://www.yna.co.kr/view/AKR20220331084100504
- https://www.ajunews.com/view/20220330084855643
- http://www.kyongbuk.co.kr/news/articleView.html?idxno=2097727
- https://zdnet.co.kr/view/?no=20220321105631
- https://www.jjan.kr/article/20220506580026

메타버스로 학교가기

이 수 현

메타버스로 학교가기

Prologue

2022년은 위드 코로나와 포스트 코로나를 지나 새롭게 시작되는 '리뉴얼 코로나 시대'가 왔다. 더 이상 코로나로 인한 두려움과 불안을 견디고 이겨 다시 한 번 새롭게 시작하는 한해가 2022년이다.

학교는 전교생이 모두 등교를 시작했고, 한 반에 2명이 코로나 확진이 되면 일주일간 가정에서 온라인을 병행하는 교육이 진행됐다. 2020년 코로나의 확산으로 인해 우리의 교육은 갈피를 잡지 못했고, 학생들은 온라인 수업에 내던져졌다. 학생들은 온라인 수업에서 교육보다는 게임을 더 좋아하게 됐고, 학습된 무기력감으로 인해 점점 더 지쳐갔다.

2021년 중반기 이후 우리나라는 메타버스 붐이 일어났다. 그동안 ZOOM을 통해 지루하고 단일 화 된 프로그램에 흥미가 떨어진 학생들에게 흥미를 끌기 위한 방법으로 메타버스 플랫폼을 사용해 교육에 접목하는 시기가 됐다.

학교에서 메타버스 플랫폼을 사용해 교육에 접목하는 것은 학생들과 선생님들에게 꼭 필요한 수단이라고 생각한다. '메타버스 네이티브'라고 불리는 초등학생부터 MZ 세대까지 앞으로는 고전적인 학교수업에 대해 쉽게 싫증을 느낄 것이고, 교육의 새로운 개혁이 반드시 올 것이라고 생각한다.

1 '알파세대'가 온다

'알파세대'는 태어날 때부터 인터넷과 미디어에 익숙한 경험을 하면서 자라는 세대로 2010년 초반부터 2020년 중반 사이에서 태어난 세대를 말한다. 스마트폰이 보급되고 유튜브가 활성화된 2010년대 후반부터 알파세대의 미디어 사용이 급격하게 많아졌다. 인터넷에 익숙하고 스마트폰에 익숙한 이 세대는 디지털뿐만 아니라 학교에서 책을 사용하고 책에 익숙하도록 교육 된 아날로그 경험에도 익숙하다. 메타버스도 알파세대에게는 새로운 용어나 지식이 아니라 이미 익숙하게 게임을 하거나 플랫폼에서 친구를 사귀는 등의 삶을 살아간다.

[그림1] 알파세대의 성장(출처 : 네이버)

이들은 만나서 이야기 하며 감정과 생각을 서로 소통하는 것보다 키보드를 사용해 생각을 표현하고 마음을 나누는 것에 익숙하기 때문에 오히려 메타버스 플랫폼이 이들에게 더 편한 방법일 수 있다. 더 이상 사람을 만나기 위해서 기다리고, 약속을 잡고, 버스나 전철을 탈 필요가 없다. 컴퓨터 앞 의자에 앉아 게임을 하거나, 유튜브를 시청하다가 문자를 보고 서버에 접속하면 만날 수 있다. 아주 간편하고 편리해졌다.

만나다가 마음에 들지 않으면 더 이상 연락을 하지 않아도 되고 소셜 플랫폼에서 탈퇴하면 된다. 너무 간편하고 편해졌지만 반대로 친구들과 상호작용하는데 있어서 부족한 점도 있고 성장해야할 점도 많다. 불편하지만 불편함을 견디고 만나야 되는 상황도 필요하고, 때론 하기 싫은 일도 참고 견디면서 그 시간을 잘 버텨내야한다.

학교에도 연장된 모습들이 많다. 수업시간에 지루하고 재미없어도 학생들은 엎드려서 잠을 자거나 교실 밖을 나가면 안 된다. 그리고 화가 난다고 선생님들 앞에서 욕을 하면 안 된다. 알파세대는 개성이 강하다고 강조하지만, 그 어두운 뒷면에는 학업에 대해 흥미를 느끼지 못하며 자극에 쉽게 감정을 빼앗긴다.

부모상담을 진행해보면 자녀의 휴대폰 문제로 인해서 부모와 자녀들의 불편한 동거를 많이 표출한다. 알파세대들을 이해하지 못하는 부모들도 답답하긴 마찬가지다. 알파세대는 이제는 이해하는 것이 아니라 알파세대 자체로 봐야 한다.

2 2022년 학교의 모습

1) 코로나19 이전의 학교모습

"학교 다녀오겠습니다!"라고 말을 하며 아이들은 학교에 간다. 아이들에게 있어서 학교는 그냥 가는 곳이다. 그러나 학교는 공부를 하는 곳이고, 학교에서 친구를 만나는 곳이다. 선생님들의 수업을 듣고, 모둠 활동, 창의적 체험활동 그리고 점심도 친구들과 함께 먹는다. 학교는 친구들과 함께 어울리고 서로 관계를 맺는 곳이다.

음악시간에는 어떤가? 함께 모여 리코더를 부르고 노래도 같이 부른다. 누구의 입모양이 틀렸는지 선생님들이 유심히 보기도 한다. 밝게 웃는 아이들의 미소에서 하얀 치아도 보이고, 누런 치아, 새까만 치아도 보인다. 그래도 아이들은 해맑게 웃고 있다. 학교는 아이들에게 배움의 장소이고 사람과 사람이 만나 지식을 나누는 곳이다. 초등학교의 가장 행복한 시간은 몇 학년일까? 아마도 6학년 수학여행일 것이다.

[그림2] 어느 초등학교 입학식(출처 : 네이버)

수학여행에 대한 기대감은 초등학교를 경험한 대부분의 아이들과 성인들은 흥분된 감정을 기억할 것이다. 수학여행을 다녀와 들고 온 작은 선물을 기대하는 부모님 또한 같은 마음이다. 처음으로 부모님과 떨어져 생활을 하는 경험은 아이들이 성장할 수 있는 시간이 되기도 한다. 초등학생들의 체험활동도 마찬가지다. 학교에서 이론만 배우는 지식이 아니라 직접 경험하고 체험하면서 얻는 지식이 더 많다는 것은 다 알고 있다. 이는 중학교도, 고등학교도 모두다 공통으로 적용된다.

[그림3] 친구들과 함께(출처 : 픽사베이)

2015년 교육부에서 나온 초등학교 교육과정 총론을 보면, 초등학교 교육은 학생의 일상생활과 학습에 필요한 기본 습관 및 기초능력을 기르고 바른 인성을 함양하는 데에 중점을 준다고 한다. 중학교 교육과정은 초등학교 교육의 성과를 바탕으로 학생의 일상생활과 학습에 필요한 기본능력을 기르고 바른 인성 및 민주시민의 자질을 함양하는 데에 중점을 뒀다(교육부, 1997b : 115). 따라서 초등학교, 중학교 교육은 직접적이거나 간접적으로 만나서 소통하고, 공감하고, 관계의 사회성을 향상시켜야 한다.

필자는 10년 넘게 초등학교로 강의를 가거나, 집단 심리치료 및 개별 치료를 통해 학교와 소통을 하고 있고 학교와 일하고 있다. 초등학교는 학교 교육 이후에도 교육을 실시하는데 바로 '방과후 학교'이다. 외국에서 운영되고 있는 'After school Program'을 모티브로 국내에 도입했다. 학교 정규과정 외의 시간에 아이들의 역량을 개발하기 위해서 다양한 체험을 제공해주기 때문에 평소 학교수업 외에 관심을 가졌던 아이들에게는 아주 즐거운 시간이다.

방과 후 학교 프로그램에서는 다양한 수업을 듣는데 종이접기나 스톤아트, 켈리그라피 등 다양한 예술적 경험을 할 수 있는 수업이 많다. 이미 사라져간 주산(주판)도 배우는 학교가 있고,

실제로 그 학생을 만나보니 "일이요~ 이요~ 삼이요~"하면서 손가락으로 주판을 움직이는 시늉을 했다.

학교는 다양한 경험을 학생들에게 제공해주기 때문에 꼭 필요한 공간이고, 함께 모여 공부하고, 모여서 사회성을 발달시키고, 모여서 즐겁게 생활을 하는 곳이다. 중학교는 친구들과의 관계가 폭발적으로 성장하는 시기이다. 청소년기에서 가장 중요한 것은 친구라고 해도 과언이 아니다. 물론 지금은 사회적인 압박감으로 인해서 중요한 것이 바뀔 수 있더라도 친구관계는 청소년기에 있어서 꼭 필요한 시기이다.

운동장에서 친구들과 축구를 하거나 농구를 하거나 삼삼오오 모여서 수다를 떠는 아이들도 일상적으로 볼 수 있다. 울고 있는 친구를 다독여주고, 안아주고, 장난치고 싶어 스킨십을 하는 남학생들의 활기 넘치는 모습들은 운동장 곳곳에서 볼 수 있다. 또한 친구들과 함께 분식집에 가는 즐거움도, 함께 모여 아이스크림을 먹는 것도 이제는 코로나19로 인해서 완전히 뒤바뀌었다.

2) 코로나 이후의 학교모습

코로나19는 학교가 우리사회에 얼마나 필요한지 알게 해주는 시간이었다. 코로나19는 오랫동안 변하지 않았던 학교를 단시간에 변화를 할 수 있도록 만들어줬다. 교육의 현실은 이제 대면이 아니라 비대면이 됐다.

2020년 경기도교육연구원에서는 초·중·고 학생 2만 1,064명을 대상으로 설문조사를 했다. 원격수업 일에 초·중·고 아이들 85%이상이 "집에 머문다"라고 답했다. 2020년 초등학교를 입학한 1학년들은 졸지에 학교에서 공부를 하지 못하고 집에서 온라인 수업을 진행했다. 이제 초등학교 1학년인데 온라인 수업은 혼자 감당할 수 있는 문제가 아니다. 누군가의 도움이 꼭 필요한 시기이다. 줌 링크는 무엇이고, 인터넷 사이트를 어떻게 입력해야 하는지, 키보드의 문자배열은 어떻게 돼있는지 그리고 어떻게 온라인 수업에 적응을 해야 하는지 아무것도 모른다.

정보를 보고 글의 의미를 파악해야 하고, 타인의 감정을 이해하고, 친구 사이에서 대화를 통해 친구와의 관계를 만들어야하는데 쉽지 않다. 컴퓨터에 대해 아무런 지식과 기술이 없는 아이들의 스트레스는 오롯이 부모의 몫이었다. 부모도 모르기는 마찬가지다. 부모는 컴퓨터가 없던 시대를 살아왔으며, 부모도 살다보니 디지털 시대로 강제적인 변화를 맞이하게 됐다.

[그림4] 비대면 수업(출처 : 네이버)

　과거 부모들에게 휴대폰은 단순히 전화를 하는 통신기기에 불과했지만, 디지털 시대가 점점 변하면서 부모도 컴퓨터를 모르면 고립이 될 수밖에 없다. 부모가 시대에 뒤떨어지는 디지털 이전의 시대에 살고 있다면, 코로나19로 인해 온라인 수업을 진행해야 하는 시기에 직면한 것이 부모도 아이들과 마찬가지로 어려울 것이다. 이 시대에 기기를 다루지 못하고 컴퓨터를 다루지 못하는 부모가 한둘일까? 부모들도 코로나19 이후 자녀들의 온라인 수업의 과정을 따라가기 위해서 엄청난 노력을 했을 것이다.

　초등학생 고학년은 어떤가? 이들은 완전히 '디지털 네이티브'이다. 디지털 네이티브의 특징은 몇 가지가 있다.

　첫 번째는 디지털 공간에서 많은 시간을 보내고, 컴퓨터에서 한 가지 작업이 아니라 여러 가지 작업을 동시에 수행할 수 있다.
　두 번째로는 디지털 기술을 매개로 자신을 표현한다. 이들은 자신의 부 캐릭터를 만들거나, 게임을 통해서 자신의 아바타를 강화할 뿐만 아니라 현금을 사용해 게임 아이템을 사서 게임에서의 우월성을 강조한다.
　세 번째는 디지털 세계에서 많은 사람과 연결을 맺고 협력한다. 디지털 기술을 이용해서 친구들을 사귀고, 정보를 익히고, 새로운 지식과 예술의 형태를 새롭게 창조한다.

이런 디지털 네이티브인 초등학교 고학년 아이들에게 있어서 온라인 수업은 불편한 것보다 편리한 부분이 더 많다. 공부를 하다가도 여러 가지 작업을 동시에 할 수 있기 때문에 줌 영상을 틀어놓고 딴 짓하기가 쉬워졌다. 이들은 더 적극적이고 창의적인 방식으로 자신을 표현할 수 있도록 해주는 시스템이 필요한데, 줌으로 공부하는 것은 이들에게는 지루한 일상이 되기 때문에 더 자극적인 게임에 몰입을 하는 것이다.

공부는 이제 스스로 해야 되고, 스스로 증명해야 되는 시기가 왔다. 아이들은 학습에 흥미가 떨어지고 게임이나 휴대폰에 과 몰입된 아이들이 점점 많아져갔다. 아이들은 스펀지처럼 디지털의 모든 것을 흡수해버렸다. 컴퓨터 앞에 앉아있는 시간이 많을수록 아이들을 유혹하는 유해 콘텐츠들을 많이 접했으며, 디지털에 지배당하는 모습들도 뉴스에서도 많이 찾아볼 수 있었다.

[그림5] 게임중독(출처 : 구글)

아이들은 부모님을 속이면서까지 온라인에 빠지게 됐고, 부모님을 속였다는 죄책감만 있을 뿐 여전히 행동의 변화는 보이지 않았다. 이런 상황들이 학력 양극화로 나타났으며, 이는 부모의 소득과 관련이 있다. 학교에서 충분한 교육을 받지 못한 학생들은 사교육을 통해서 교육을 이어가지만, 재정적인 어려움이 있는 가정에서는 현실적으로 힘든 상황이다. 학력 양극화로 인해 아이들은 친구들과의 비교에 따른 열등감을 가졌고, 가정형편이 어려운 아이들은 학습된 무기력이 계속적으로 증가하고 있다. 코로나19 이후 아이들의 감정은 부정적인 감정들을 많이 표출했다. 반대로 긍정적인 감정인 '감사와 평안, 행복' 등은 줄어들었다.

하지만 온라인 교육은 장점도 있다. 아이들은 학교에 나오지 않아도 학교에서와 비슷한 정규 교육을 받고 힘들게 등하교를 하지 않아도 된다. 이동하는 시간도 아이들에게는 절약이 되고, 혼자서 교육시스템 안에서 충분히 공부를 해나가는 장점도 생겼다. 모든 교육은 영상으로 만들어졌기 때문에 잘 모르는 것이 있으면 언제든지 다시 볼 수가 있었고, 선생님의 말 보다는 영상을 통해 사실적으로 이해할 수 있는 장점이 있다.

아이들은 한 가지 프로그램만 사용하지 않고 교육에 따라 컴퓨터에서 여러 가지 프로그램을 통해 더 다양한 경험을 할 수 있다. 아이들은 자신이 만든 결과물을 디지털로 만들어서 제출하거나 보관할 수 있기 때문에 이때의 수업자료는 장기적으로 보관할 수 있는 장점이 있다.

앞으로 우리 교육은 온라인 교육을 빼놓고는 돌아가지 않는 시스템으로 자리 잡을 것이다. 초기에는 코로나19 대응을 위해 급하게 추진하던 온라인 수업이 시간이 지나면서 조금씩 안정적인 모습을 보였다. 선생님들도 이제는 원격수업이나 동영상 강의를 녹화하는 툴 사용도 익숙해졌다. 과거에는 '어떻게 수업을 진행할까?'라고 생각했다면 이제는 '어떻게 하면 온라인으로 효과적인 수업을 할 수 있을까?'라고 스스로에게 질문을 하게 됐다. 선생님들의 적극적인 변화를 통해 온라인 교육에 대한 인식도 많이 나아졌다.

❸ 가상공간이 만드는 교실

현실에 존재하지 않는 세계는 가상의 세계 또는 비현실적인 세계라고 말을 한다. 우리가 가장 많이 경험하고 있는 것이 바로 '꿈'이다. 꿈은 현실에서 억압돼 있는 우리의 닫힌 의식(무의식)이 나타나는 세계이다. 우리는 꿈을 통해 의식하지 못한 우리의 닫힌 의식(무의식)을 표현하기도 한다.

닫힌 의식(무의식)은 프로이드의 무의식과 같은 의미이다. 우리는 꿈을 통해 현실에서 하지 못하는 많은 경험을 한다. 직접 하늘을 날기도 하고, 거대한 물고기를 타거나, 바다를 걷기도 한다. 때로는 나를 쫓아오는 괴물을 피해서 달아나는 무서움을 경험하기도 한다.

1) 아이들에게 굉장히 익숙한 '가상공간'

가상공간은 현실에서 할 수 없는 일과 일어날 수 없는 일을 우리가 현실에서 느끼는 감정을 그대로 표현할 수 있도록 한다. 가상공간은 우리 아이들에게 있어서 굉장히 익숙한 세상이다. 전쟁을 하지 않더라고 우리는 가상의 세계에서 친구들과 함께 전쟁을 할 수 있고, 친구들과 함께 드라이버가 돼서 전 세계를 여행할 수도 있다. 또한 경쟁을 통해 우리의 위치를 즉각적으로 확인할 수 있어서 즉각적 보상을 원하는 우리 민족의 모습과도 비슷하다.

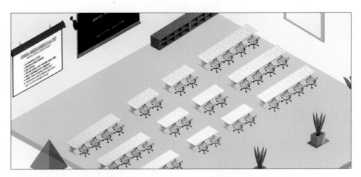

[그림6] 메타버스 플랫폼 ZEP(출처 : ZEP)

지금의 가상공간은 컴퓨터 기술에 의존하기 때문에 물리적인 공간에 가상의 공간을 만들기 위해서는 컴퓨터 기술이 절대적으로 필요하다. 메타버스를 이야기 할 때 빠지지 않고 나오는 내용이 '디지털 트윈'이나 '미러 월드'라는 단어를 많이 들을 수 있다.

미러 월드는 현실의 세계를 디지털로 그대로 복제한다는 의미를 나타낸다. 미러 월드를 통해 우리는 데이터를 통해 물리적인 현실에서 할 수 있는 모든 것을 데이터를 통해 우리의 신체를 만족시키는 과정에 있다. 아마도 기술력이 증가하면 우리가 갖고 다니는 디바이스를 통해서 지금보도 더 다양한 부분들에 만족할 것이다. 또한 현실의 삶을 모든 데이터에 저장함으로써 가상공간에 기록하고, 서로에게 우리의 삶을 공유해 감정을 나누는 '라이프로깅'의 확장도 넓어질 것이다. 결국 물리적인 지구에서는 점점 새로운 세상으로 영역을 넓혀 학교에서도 더 이상 건물의 확장을 하는 시대는 끝나고 데이터를 증설하거나 첨단의 디지털 기기의 보급을 통해 가상의 공간에서 새로운 교실을 만들 수 있는 시대가 올 것이다.

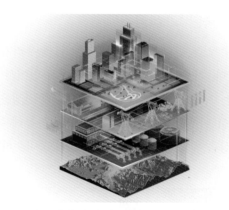

[그림7] 디지털 트윈(출처 : 구글)

2) 교실도 트랜스폼 화 돼야

교실은 점점 기능화가 돼야 한다. 기능화란 스마트 시설로 교실이 바뀌어야 한다. 요즘은 교실마다 40인치가 넘는 TV가 있고 컴퓨터나 노트북이 있어 영상교육을 쉽게 진행할 수 있다. 그러나 이제는 반에서도 트랜스폼이 돼야 한다. 교실로 쓰이는 공간을 넘어서 여러 활동을 진행할 수 있는 공간으로 트랜스폼이 가능해야 한다. 때로는 회의실이 되기도 하고, 때로는 스마트 기기를 사용해 증강현실이나 가상현실이 가능할 수 있는 교실이 돼야 한다. 물론 지금으로써는 불가능하다고 생각되지만, '언젠가는 우리의 교실은 지금 말한 것들이 현실화 돼 있지 않을까?'라는 생각을 해본다.

과거에는 한반에 50명 정도의 학생들이 있었고, 7~8개 반, 많게는 한 학년에 10개의 반이 있었다. 물리적인 학교와 교실은 점점 제약이 많아졌다. 어느 초등학교에서 심리치료를 진행할 때 상담실이 없어서 일반 큰 교실을 빌려서 심리치료를 진행한 적이 있다. 또한 집단으로 강의를 할 때에도 강의실이 따로 없어 교실에서 강의를 한 적도 있다.

학교의 시설은 부족해서 각 학교마다 땅을 사고 건물을 증축하거나 신축하는 시대가 있었다. 학생들이 많이 있으니 학생들을 받을 공간만 있으면 됐다. 더불어 시골의 작은 동네에도 학교 1~2개는 꼭 있었다. 그러나 지금은 어떤가? 지금은 지방 소도시로 내려가면 폐교된 학교가 많다. 더 이상 물리적인 건물은 학생들에게 과거처럼 중요하지 않다. 물론 학교가 없어져야 한다는 것은 아니지만, 학교가 건물을 증축하고 신축하는 비용으로 서버를 증설하거나 많은 프로그램을 돌릴 수 있는 컴퓨터가 더 필요하고 중요할 수도 있다는 의미이다.

3) 팬데믹 이후 메타버스 교육 등장

2020년 팬데믹 이후 학교의 문제점들이 수면 위로 떠올랐다. 선생님들은 디지털 교육을 전혀 받지 않아 인터넷 환경에서 교육을 어떻게 해야 되는지도 몰랐으며, 가정에서 내몰린 아이들은 자신들에게 익숙한 유튜브나 게임을 통해 삶을 살아왔다. 선생님들의 피나는 노력과 헌신으로 인해 학교는 가상의 교실과 현실의 교실을 같이 운영하게 됐다. 이런 변화의 과정을 힘들어 하는 몇몇 선생님들도 있었고, 소위 20·30대 선생님들은 컴퓨터와 인터넷 사용이 수월하기 때문에 가상세계에서의 교실운영에 있어서 불편감이 없다고도 했다.

디지털을 넘어서 메타버스를 대하는 선생님들의 생각도 다르기 때문에 가상의 공간에 교실을 만들어 학생들과 소통하는 것이 어떻게 보면 쉬운 일은 아니라고 판단된다. 그런 면에서 21세기의 아이들은 20세기의 사고를 갖고 있는 선생님들에게 교육을 받으면 아이들 또한 20세기의 생각에 멈춰버릴 수 있기 때문에, 선생님들의 디지털 교육이 반드시 필요할 뿐만 아니라 메타버스의 교육도 필수적으로 필요하다.

메타버스를 활용하는 학교들도 우리는 많이 볼 수 있다. 대학에서는 이미 메타버스 플랫폼에 학교를 만들어 신입생 오리엔테이션을 하거나 졸업식도 진행했다. 네이버 제페토 월드에 접속하면 학교를 그대로 디지털화한 교실이 있다. 나의 아바타가 교복을 입고 월드로 접속하면 나는 학생이 되는 것이다. 월드의 공간 안에서 선생님과 학생들이 자유롭게 소통할 수 있다.

가상의 교실은 아이들에게 어떤 교실일까? 보통 가상의 세계라고 하면 대부분은 게임을 먼저 생각한다. 메타버스가 사람들의 입에 오르락내리락 하는 시기에 사람들은 메타버스도 게임의 한 부분이라고 생각했다. 요즘 선생님들도 유튜브와 게더타운에서 수업을 하는 장면들을 직접 영상 촬영을 해 자신들의 경험담을 함께 공유하기도 한다. 시대의 흐름에 역행하지 않고 순응하며 따라가는 선생님들이 있기 때문에 아이들도 쉽게 메타버스 공간에서 공부하는 경험을 접하게 됐다.

메타버스 공간은 누구나 만들 수 있다. 한정돼있지 않아서 내가 만드는 공간이 내 것이 되는 시대다. 아이들에게 새로운 가상의 공간을 제공해주기만 하면 아이들은 친구들과 함께 이 공간에서 자유롭게 창의적인 활동을 한다. 달달 외워야 되는 영어단어보다는 함께 모여 문제를 해결하고 구성해야 더 나은 공간을 만들 수 있도록 서로가 협력해야 한다. 때론, 현실세계에서 지루하고 심심했던 수업들이 가상의 공간에서는 나를 중심으로 움직이기 때문에 내가 더 적극적으로 참여할 수밖에 없다.

아이들이 메타버스 공간에서 감정을 표현하고 생각을 자유롭게 표현할 수 있는 이유가 분명한 것이다. 학교에서는 선생님들이 가르치고 학생들은 배우지만, 메타버스 공간에서는 선생님들이 문제를 제시하면 아이들이 직접 문제를 해결하는 과정을 겪으면서 더 많이 배우고 더 많은 적극성을 띄게 된다.

메타버스의 시대에서 학부모들의 걱정도 피해갈수는 없다. 집에서 아이들이 온라인 수업을 듣는다고 하는 것은 괜찮아 보여도 아이들이 직접 수업에 참여하기 위해서 키보드로 방향키를 누르거나 컴퓨터를 보면서 웃고 즐기는 모습을 본다면, 과연 공부를 하는 것인지 게임을 하는 것인지 불안해 할 것이다. 부모도 메타버스의 세계를 이해해야 한다. 아이들이 휴대폰과 컴퓨터로 게임만 하는 것이 아니라 휴대폰에서 어떤 어플리케이션을 사용하고 있는지, 컴퓨터에서 어떤 메타버스 플랫폼을 사용하고 있는지, 어떤 행동을 하고 있는지, 왜 수업시간에 이런 IT 기기를 사용하고 있는지 알아야 한다. 부모님들 세대에서 생각하는 교육을 넘어 더 고차원적인 생각을 해야 한다.

내향적인 아이들은 어떨까? 대면을 통해 직접 말을 걸어올 때 불안이 많은 아이가 있다. 불안이 많다 보니 스스로 불안을 막기 위해 내린 결론이 친구들과의 만남을 줄이는 것이다. 또는 말을 하지 않는 것이다. 그러나 메타버스 공간에서는 의외성을 보일 수 있다. 메타버스 공간에서는 서로 글로 대화하고, 언어를 사용할 때도 비대면으로 하기 때문에 불안이 현저히 줄어들 수 있다.

우리는 '선택적 함구증'에 대한 이야기를 많이 들었다. 함구라는 뜻은 말을 하지 않는다는 것인데, 선택적 함구증은 특정 사람의 앞에서는 말을 하지 않는다는 것이다. 아이들은 집에서는 말을 많이 하지만, 학교를 가거나 가족 외의 불안정한 관계에서는 말을 하지 않는 이유도 불안이 높기 때문이다. 가상의 교실은 불안이 높은 아이들에게도 기회를 주는 곳이다. 기회가 있기 때문에 아이들에게는 변화의 공간이 되고, 변화가 있기 때문에 현실 세계의 확장이 되는 것이다. 이것이 가상의 교실에서 이뤄지는 우리 아이들의 놀라운 변화들이다.

염려가 되는 부분도 분명히 존재한다. 메타버스를 경험하기 위해서는 최신의 디바이스가 필요하고, 디바이스를 구현하기 위해서는 비싼 장비를 사야 된다. 가상의 학교에서 수업을 받고 다양한 메타버스 플랫폼을 경험하기 위해서는 컴퓨터가 기본으로 있어야 한다. 그런데 컴퓨터의 사양이 낮고 느리다면 학교교육을 따라갈 수도 없을 뿐만 아니라 나만 소외됐다는 불안감이 다시 생겨날 것이다.

빅 테크 기업들은 서울을 비롯해서 경기도에 교육 집중되는 경우가 많다. 특히 새로운 프로젝트를 진행할 때도 지방에서 하기에는 힘든 것이 사실이다. 이런 상황들이 디지털 소외로 이어지게 되고, 메타버스에 전혀 대응하지 못하고 고립될 것이다.

【 ④ 친구와 친구 】

10대에게 가장 중요한 것 중 3위 안에는 항상 '친구'가 있다. 친구를 만나고 친구와 수다를 떨고 친구와 맛있는 것을 사먹는 행위는 아이들에게 있어서 30년 전이나 지금이나 행복하다. 친구를 통해 나를 볼 수 있고, 내가 곧 친구이고, 친구가 곧 나인 시기가 바로 청소년기의 시기이다.

1) 코로나19가 가져온 우울감, 무기력감

코로나19 이전에도 이미 친구들의 만남은 오프라인보다 온라인으로 많이 옮겨져 갔지만, 강제적인 옮김은 아니었다. 그것은 우리의 선택이었으며 여전히 온라인도 오프라인도 만날 수만 있으면 언제나 만날 수 있는 사회였다.

그러나 코로나19 이후에는 이런 자율성이 사라졌다. 한 번도 겪어보지 않는 코로나19는 어른뿐만 아니라 아이들에게도 우울감과 무기력감을 주었다. 저자는 상담센터를 운영하고 있어서 코로나19 이전의 시기보다 이후의 시기에 초등 및 청소년들의 상담건수가 3배 이상으로 늘어났다. 아이들은 점점 무기력해지며 친구를 만날 수 없으니 점점 온라인에 몰입돼 학교까지 거부하는 초등학생도 상담을 진행했다. 친구들이 없으니 심리적 고독감을 견딜 수가 없어서 자신도 모르게 더 온라인의 세계에 몰입됐다. 아이들은 이런 정신의 흐름을 모르지만 아이들과 상담과 심리치료를 진행하면서 대부분의 아이들이 비슷한 양상을 보였다.

2) 코로나 블루, 심리적·정서적 고립감 증가

'코로나 블루(Corona Blue)!' 어느 순간 뉴스에서 사람들의 입에서 나온 말이다. 코로나 블루는 코로나19와 우울감 'Blue'를 합친 신조어이다. 문화체육관광부와 국립국어원은 코로나 블루를 대체할 쉬운 우리말로 '코로나 우울'로 선정했다고 밝혔다. 코로나 블루라고 말하던 코로나 우울이라고 표현하던 우울감이 생겼다는 것이다.

익산시는 아동·청소년을 대상으로 '코로나 블루 극복 4행시 짓기 온라인 캠페인'을 실시했고, 고양시는 코로나 블루를 예방하기 위한 프로젝트를 실시해 아이들의 우울감을 줄일 수 있는 다양한 방법을 실행했다.

2021년 9월 통계청 자료에 따르면 청소년 1388에 접수된 정신건강 관련 상담 건수가 2021년 8월 기준 14만 1,464건(월 평균 1만 7,683건)으로 코로나19 전인 2019년에 비해 30%나 증가했다. 온라인 수업이 장기화되면서 가족들과 함께 보내는 시간이 증가하자 가족 간의 갈등이 증가했다고 보고 했다. 특히 친구관계 단절과 외부활동 감소로 인한 대인관계 위축으로 아이들의 심리적·정서적 고립감이 증가됐다고 한다.

3) 랜선 친구 만들기 확산

이런 우울한 시기에서도 아이들은 각자의 길을 가게 된다. 현실에서 친구를 만날 수 없으니 새로운 친구를 사귀게 된다. 아이들은 온라인 특히 게임에서 친구를 만나고 사귀는 과정을 아주 쉽게 겪게 됐다. 직접 만나지 않으니 서로 말하기가 편했고, 언제든지 문자를 통해 서로의 일상을 주고받으며 깊은 관계라면 속마음까지 털어놓고, 진지하게 서로 고민하고, 이해하는 친구를 사귀게 됐다. 한 번도 본적 없는 친구지만 그 누구보다도 자신의 마음을 알아주는 귀한 친구가 됐다.

과거에는 온라인 친구라는 말을 사용했지만 지금은 '랜선 친구'라는 말을 자주 사용한다. 소셜네트워크서비스인 SNS나 포털 사이트 커뮤니티 등 온라인에서 맺은 친구를 뜻하는 신조어가 '랜선 친구'이다. 인스타그램이나 카카오톡 등 SNS와 포털 사이트 및 커뮤니티의 발달로 온라인 공간에서 인간관계를 맺기 때문에 이런 현상을 반영했다.

랜선 친구는 인터넷 선을 뜻하는 랜(LAN)과 친구가 합쳐진 말이다. 인터넷에서는 '랜선 친구 만들기', '랜선 친구 잘 만드는 방법', '랜선 친구 빨리 만드는 방법', '나도 랜선 친구 만들 수 있다' 등 온라인에서 친구를 사귀고 관계를 맺는 방법에 대해서 수많은 정보들이 있다. 코로나19로 인한 친구관계가 온라인으로 증가·확대 되고 있다는 증거이다.

코로나19로 인해 친구관계를 맺기 어려워하는 자녀를 둔 부모님들도 이런 분위기에 휩싸이곤 한다. 초등학교 1학년 자녀를 둔 학부모는 자녀가 또래관계를 잘 맺지 못한다는 이유로 온라인 화상프로그램을 이용해 친구들을 만나는 기회를 만들었다고 했다. 이는 지역 맘카페나 다른 커뮤니티에서도 자주 볼 수 있는 글이라고 한다. 청소년들도 '페친(페북친구) 만들기', '인스타 친구 맺기' 등을 통해 친구관계에 대해 갈급해하는 모습을 보인다.

5 새로운 교육 메타버스

1) 지금은 'e 교과서' 시대

10여전 전에는 책의 모든 내용을 MP3나 CD 또는 USB를 통해서 음성을 지원하는 시대가 있었다. 모든 책 뒤에는 CD가 수록돼 있어서 영어를 배울 때, 프로그램을 배울 때 그리고 책을 읽을 때 첨부된 파일이 있었다. 우리는 책을 사서 CD롬에 넣고 프로그램을 설치하거나 원하는 내용을 듣고 공부를 했던 경험이 있다.

CD와 USB 시대가 지나고 나서 우리는 QR코드를 접하게 됐으며, 휴대폰으로 QR코드를 찍으면 사이트로 가거나, 클라우드에 저장돼 있는 웹 사이트로 바로 이동해 우리가 원하는 정보를 듣거나 볼 수 있는 시대가 왔다. 지금이 그런 시대이다. 아이들이 구입한 책의 전면이나 후면에는 QR코드가 있고, 아이들은 자신들의 휴대폰으로 직접 인터넷에 접속해 원하는 정보를 얻었다. 물론 오프라인으로 진행하는 수업을 함께 병행하고 있었던 것은 당연한 말이다.

사회의 변화도 이제는 듣는 책이 나와 우리가 휴대폰으로 어플을 접속해서 직접 글을 읽어주는 시대에 우리는 산다. 기존의 책을 그대로 디지털화해 언제든지 듣고 싶을 때 들을 수 있도록 즉각적으로 공부할 수 있는 시대이다. 이런 변화들은 학교에서도 같이 이뤄졌으며, 이런 과정들은 'e 교과서'라고 부른다.

[그림8] 에듀넷 사이트(출처 : 에듀넷)

과거 고등공부를 포기했던 60대들도 인터넷으로 검정고시를 볼 수 있으며, 고교학점제를 통해서 학교에 가지 않아도 인터넷 사이트를 통해 졸업장을 얻을 수 있는 시대가 지금의 시대이다.

코로나19 이후 교육계가 가장 큰 영향을 받았다. 학교에 갈 수 없으니 집에서 수업을 받아야 하는데, 기존의 교육은 공부를 끝까지 진행하지 않는 분들에게 인터넷으로 기회를 주는 시스템이었고, 현재의 학생들에게는 오로지 오프라인으로 수업을 듣는 기회만 있었다. 바이러스 확산으로 인해서 학교에 갈 수 없으니 교육계의 발등에 작은 불도 아닌 큰불이 떨어졌다.

우리는 기본적으로 교육은 대면이라는 것에 익숙하고, 학교라는 공간에서 공부를 하는 것이 일반적이었다. 물론 학교 이후 EBS 강의를 집에서 듣기도 하지만, 공교육은 학교에서 받아야 한다는 것은 당연한 이야기이다.

2) 이제는 메타버스 생태계에서 교육을

2020년 1년을 생각해보면 학교를 간 날이 3분의 1도 안 되고, 대부분의 학생들은 'e학습터'나 '위두랑'을 통해서 공부를 했다. 위두랑에 줌 링크를 올리면 아이들이 링크를 타고 줌으로 연결돼 화상으로 수업을 받는다. 이 시기에 유튜브나 무크 같은 온라인 기반으로 하는 콘텐츠 플랫폼이 크게 성장했고, 콘텐츠의 양도 엄청나게 많아졌다. 더불어 메타버스 생태계도 큰 성장을 이뤘다.

메타버스를 교육에 활용하기 위해 학교는 지금 무엇을 하고 있을까? 가장 일반적으로 변화하는 것은 학교의 노후 된 기기를 교환하거나 새롭게 구입하는 방법이다. 모든 학교에는 컴퓨터실이 있기 때문에 컴퓨터는 문서작업을 하거나 웹 서핑을 할 수 있는 정도로 컴퓨터 환경이 구성됐다.

그러나 메타버스를 다룬다면 말은 달라진다. 메타버스 플랫폼을 사용하기 위해서는 단순한 인터넷 검색이나 간단한 문서작업에 필요한 램이나 적은 저장 공간이 필요한 것이 아니다. 적어도 1대당 200만원이 넘을 정도의 컴퓨터를 사야 된다는 것이다. 컴퓨터의 그래픽 작업 속도를 늘릴 수 있는 GPU부터 컴퓨터의 두뇌인 CPU도 높은 사양으로 구비를 해야 3D작업뿐만 아니라 복잡한 작업도 가능하다.

요즘은 1가정 1PC라는 말이 있을 정도로 웬만한 가정에는 컴퓨터가 있다. 그렇기 때문에 학교에서 군이 비싼 컴퓨터를 사용한다는 것은 어찌 보면 돈 낭비일 수 있다. 적어도 코로나19 전까지는 말이다. 그러나 지금은 메타버스 환경에서 교육을 해야 하는 상황이 왔으며, 앞으로도 어떤 환경이 주어질지는 아무도 모른다.

이제는 컴퓨터를 넘어서 머리에 쓰는 기기까지 구비해야 될지 모른다. 머리에 쓰는 기기는 우리가 알고 있는 'VR기기'이다. 'HMD'라고 말하기도 하는데 최근 사명을 개명한 페이스북의 메타가 몇 년 전 인수한 오큘러스 퀘스트의 모델이 가장 인기가 많다. 학교에서 VR 프로그램을 직접 만들고 학생들이 오큘러스 퀘스트 VR기기를 착용해 아이들이 만든 가상의 세계를 경험하는 것은 정말 놀라울 만큼 아이들에게 황홀함을 안겨줄 것 같다. 하지만 기존에 있는 컴퓨터도 학생들의 인원에 비해 턱없이 부족한 게 우리교육의 현실이다. 또한 사양도 최저사양으로 돼 있어 메타버스를 활용한 교육을 하기에는 실제적으로 어려운 환경이다.

학생들이 사용하는 휴대폰을 사용해 메타버스 교육을 할 수 있다면 어떻게 될까? 학생들은 학교에 가면 휴대폰을 반납하고, 하교를 하면 다시 휴대폰을 가져간다. 수업 중 메타버스 플랫폼을 경험하는 시간에 각자의 휴대폰을 사용해 카드보드를 만들어 VR을 체험한다면 아이들에게도 좋은 경험이 될 것이다. 물론 아이들의 휴대폰 마다 OS가 다르기 때문에 사전에 애플이나 안드로이드 환경에 모두 사용되는 어플을 이용해야 된다는 것을 파악하는 게 당연하겠다. 이중에서도 부모의 교육관에 의해 휴대폰이 없는 친구들도 있지만, 한 반에 많아야 2~3명이기 때문에 여유분의 휴대폰을 구비하는 것도 좋은 방법이라 생각한다.

⑥ 메타버스 플랫폼 '젭(Zep)'

네이버 제트는 슈퍼캣과 함께 메타버스 플랫폼 개발을 위해 조인트 벤처 'ZEP'을 설립하고 지난 2021년 11월에 메타버스 플랫폼 젭의 베타버전을 공개하면서 사람들에게 알렸다. 슈퍼캣은 인기 모바일 게임인 '바람의 나라'를 개발한 게임회사이고, 네이버제트는 3억 명 이상의 유저를 보유하고 있는 제페토의 운영사이다.

[그림9] 젭 화면(출처 : ZEP)

1) 쉽고 편리한 사용

우리에게 익숙한 2D의 메타버스 플랫폼인 게더타운과 거의 유사한 플랫폼으로 개발됐으며, 젭 만의 장점도 있다. 2차원의 가상공간에서 아바타가 움직일 때는 4개의 화살표만 사용하면 된다. 2차원 공간에서는 X축과 Y축만 필요하기 때문에 아바타를 움직이는 것도 좌, 우, 위, 아래만 움직이면 된다. 4개의 화살표 방향키만 갖고 간단하게 움직일 수 있기 때문에 상당히 직관적이고 단순하니 처음 배우는 시간도 짧아 이용자들이 쉽게 사용할 수 있다.

3D 공간에서 아바타를 움직이기 위해서는 마우스 사용과 함께 화면을 이동하거나 아바타를 3축으로 이동해야 되는 어려움이 있어, 평소 3D게임을 접하지 않은 유저들에게 가장 힘든 부분이 컨트롤하는 부분이다. 그러나 2D인 젭은 절대적으로 그런 스트레스를 받지 않는다.

2) 상호작용 가능

젭은 아바타를 움직여서 맵을 여행하는 방식이기 때문에 많은 유저들이 모이거나 커뮤니티를 만들어서 소규모로 행사를 진행할 수도 있다. 젭의 가장 큰 장점은 '상호작용'을 할 수 있다는 것이다. 외부의 인터넷 링크를 복사해 바로 영상시청이나 카페, 홈페이지에 접속할 수 있다. 또한 구글에서 지원하는 구글 폼을 사용해 만족도 조사도 할 수 있다. 학교에서는 이미 온라인 툴인 '패들렛'을 사용해 온라인 수업도 젭에서 같이 병행할 수 있다.

젭에서는 아바타와 근접해 있으면 서로 카메라와 마이크가 작동 돼 서로 얼굴을 보면서 소통할 수 있다. 아바타가 멀어지면 자동으로 카메라와 마이크는 꺼진다. 따라서 이용자가 특정 아바타와 대화를 하고 싶다면 이런 방법을 사용하는 것도 젭의 강점이다. 맵에 있는 모든 사람들에게 공지를 하거나 강의를 할 때도 특정 오브젝트를 사용한다면, 멀리 떨어져 있는 아바타에게도 가까이에 있는 아바타에게도 나의 카메라와 마이크를 통해서 내용을 전달할 수 있다.

3) 사용료 '무료'에 수익화 까지 가능

젭은 업무와 회의 그리고 각종 모임을 할 수 있도록 장소를 제공하는 오픈형 메타버스 플랫폼이다. 장소를 제공한다는 의미는 모두 무료로 우리가 사용할 수 있고, 아무리 인원이 많아도 사용료는 무료이다. 다양한 업무용 툴을 사용해 실시간으로 협업을 할 수 있는 것도 장점이다. 오픈형 메타버스는 별도의 회원가입을 하지 않아도 URL을 통해 바로 이동이 가능하고, 누구나 쉽게 접속을 할 수 있어서 편리하게 사용가능하다. 이용자는 최대 5만 명까지 동시접속이 가능하기 때문에 서버문제도 특별히 고민할 부분이 없다.

젭은 크리에이터 경제를 구축해서 이용자가 직접 콘텐츠를 생산하고 유통해 수익 화를 할 수 있다. 젭에서는 이것을 '에셋'이라고 지정했으며, '에셋스토어'에서 다양한 콘텐츠를 구매하고 판매도 할 수 있다. 여기서 유통은 이용자가 아이템을 만들고 승인을 받으면 또 다른 이용자가 아이템을 구매하고 수익을 얻는 구조이다.

다양한 맵이 제공되는 공간들은 각각에 비밀번호를 설정할 수 있어서 외부인의 입장을 효과적으로 차단할 수 있다. 동시에 접속하는 인원이 무제한이기 때문에 700명의 참가자들이 동시에 입장을 해 채용설명회를 이곳에서 진행했다. 다양한 오피스 환경을 체험하고, 곳곳에 배치된 NPC를 통해 직접 회사의 사옥을 탐방하는 듯한 기분을 체험해 긍정적인 평가를 받았다고 한다.

업무와 행사진행에 있어서 젭은 최적화된 환경을 제공한다. 현재는 국내의 다양한 기업뿐만 아니라 국내의 굵직한 대학에서도 젭을 사용해 행사를 진행하고 있다. 앞으로 젭은 메타버스 서비스를 강화해 한국의 현실에 맞게 유저들을 생각하고 플랫폼을 성장한다면, 전 세계적으로 뻗어나가는 메타버스 플랫폼이 될 것이라 생각한다.

7 게더타운과 ZEP

코로나19가 시작되고 우리는 줌의 환경에서 온라인 수업뿐만 아이라 여러 가지 모임을 진행했다. 이런 과정에서 피로도가 점점 쌓여갔으며, 30분만 지나도 줌 환경에서 참여자들이 피로감을 많이 호소했다. 줌 환경에서는 카메라를 켜야 되는 상황도 자주 있기 때문에 거부적인 반응을 보이는 유저도 있었다.

1) 게더타운의 등장

2021년도에는 메타버스 플랫폼이 우리에게 다가오기 시작했고, 우리는 메타버스의 대표 플랫폼인 '게더타운'을 접했다. 게더타운은 미국에 스타트업 회사인 '게더'를 설립한 공동창업자인 필립 왕과 쿠마일 재퍼, 사이러스 타브리지가 만들었다. 별도의 회원가입 없이 업무를 편하게 할 수 있도록 만든 플랫폼이다.

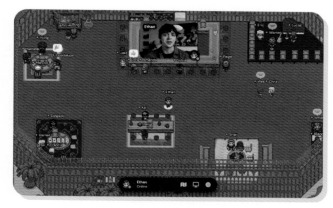

[그림10] 게더타운 맵(출처 : 게더타운)

우리는 다양한 인터넷 브라우저를 사용하고 있지만 현재 게더타운은 크롬과 파이어폭스 브라우저에 최적화돼 있다. 최근에는 모바일 환경에서도 게더타운에 입장이 가능하지만 맵 메이커처럼 맵을 수정하기 위해서는 PC에서 실행해야 된다. 게더타운은 한 공간에 25명까지는 무료이지만 초과될 경우에는 25명에서 1명분의 비용을 내는 것이 아니라 25명분과 1명분의 비용을 모두 지불을 해야 되기 때문에 비용적인 측면을 고려해서 사용해야 한다.

이런 환경에도 불구하고 국내에 게더타운을 통해 기업홍보나 행사진행을 하는 기업과 지자체들이 많은 것은 게더타운은 조작이 쉽고 깜찍한 아바타를 통해서 과거 줌 환경에서 느꼈던 지루함을 덜어낼 수 있다는 장점이 있기 때문이다. 원래도 게더타운은 화상회의나 팀 미팅 등 업무를 효과적으로 하기 위해 태어났다.

특히 유동적인 화상 채팅과 캐릭터간의 상호작용은 참여자들에게 즐거움을 주기도 했다. 아기자기 하고 다양한 오브젝트들을 나만의 공간에서 창작해 나가는 과정들이 MZ 세대에게 큰 인기를 끌었다. 컴퓨터 환경에 익숙하지 않는 중년들도 쉽게 접속해서 이용할 수 있기 때문에 게더타운은 메타버스 플랫폼에서 빠지지 않는 단골손님이었다.

2) 한국형 게더타운 '젭' 등장

이후 국내에서도 게더타운과 같은 플랫폼을 만들었다. 게더타운과 똑같은 PC 환경과 웹 기반의 ZEP은 '한국형 게더타운'이라는 말을 초기에는 많이 들었다. 게터타운과 비슷한 화면구성과 시스템을 사용했다. 이용자들이 이미 게더타운을 경험해봤기 때문에 게더타운을 기준으로 놓고 ZEP의 장단점을 비교했다.

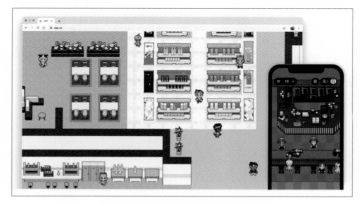

[그림11] 젭 활용 맵(출처 : ZEP)

게더타운의 가장 불편한 점은 바로 언어이다. 40대 50대들도 비교적 쉬운 메타버스 플랫폼인 게더타운을 배우면서도 언어적인 부분에 어려움을 보인다. 반면 젭은 한국에서 제작한 플랫폼이기 때문에 한국어를 기본으로 제공한다.

또한 아바타의 커스터마이징도 비슷하다. 그러나 게더타운은 젭에 비해서 아바타 커스터마이징을 할 수 있는 옵션이 훨씬 더 다양하게 많다. 아바타의 액세서리 카테고리 안에 모자나 안경과 목걸이 등 다양한 액세서리로 꾸밀 수 있다.

반면 젭은 아바타를 꾸미는데 선택이 좁다. 그러나 현재는 이미 베타버전을 넘어 정식버전이 출시됐고, 최근의 흐름은 게더타운에서 ZEP으로 바뀌는 추세이다. 이유는 간단하다. ZEP의 동시접속자수가 5만 명이면서도 모두 무료이기 때문이다.

기업이나 지자체에서도 우리나라 플랫폼을 사용하며 애국심을 보일 것이고, 또한 인원제한이 없기 때문에 비용적인 측면에서도 아낄 수 있다는 장점이 있다. 모바일로 게더타운을 접속하기 위해서는 구글 크롬을 실행해서 인터넷주소를 작성해서 들어가야 하는 불편함이 있다. 하지만 젭은 최근에 'ZEP 애플리케이션'이 출시 돼 모바일 버전에도 최적화 돼 있다.

과거에는 게더타운으로 대학교 설명회나 오리엔테이션을 했다면 현재에는 젭으로 진행하는 곳이 점점 늘어나고 있는 추세다. 게더타운과 젭의 인터페이스는 비슷하면서도 다른 부분이 있다. 게더타운에서 상호작용을 하기 위해서는 'X키'를 누르지만, 젭에서는 'F키'를 눌러서 상호작용을 한다.

젭에서는 게더타운에 없는 재미있는 상호작용이 있는데 'Z키'를 누르면 주먹 이펙트가 나가고, 스페이스 바를 누르면 아바타가 점프를 한다. 게더타운과 젭은 외부링크를 연동하는 장점이 있다. 그러나 게더타운은 외부 링크를 가져올 때 인스타그램, 페이스북, 트위터 등의 제한이 있는 서비스가 있다.

젭은 앞서 언급한 3개의 서비스 모두 정상적으로 연동이 잘 된다. 게더타운은 자체 사운드 오브젝트를 설치해서 음악을 넣을 수 있는 장점이 있다. 정교한 작업도 할 수 있는데 특정 구역에 들어가면 음악이 나오도록 설정 가능하고 세부조정도 가능하지만, 젭의 경우에는 배경음악만 넣을 수 있다.

게더타운과 젭은 다양한 이벤트를 기본적으로 제공하고 있다. 게더타운은 고카트, 스피드 게더링, 테트리스 토너먼트, 패스워드 도어를 활용한 방 탈출게임도 제공하고 있다. 젭은 여러 가지 게임들을 제공하는데 똥 피하기, 초성퀴즈, 라이어 게임, 좀비게임, OX 퀴즈 게임 등을 제공한다.

게더타운의 오브젝트는 젭의 오브젝트와 비교할 수 없을 정도로 훨씬 많다. 게더타운은 다양한 카테고리에서 제공하는 오브젝트들이 많이 있기 때문에 굳이 만들지 않아도 제공하는 오브젝트로 충분히 멋진 스페이스를 만들 수 있다. 반대로 젭은 이용자가 직접 오브젝트를 만들 수 있으며, '에셋스토어'라는 판매 공간을 통해 유저가 곧 생산자가 되는 시스템을 만들어 더 많은 유저들을 모을 수 있다는 장점이 있다.

더 나아가 젭에서 만든 맵을 판매할 수 있어서 평소 맵 메이커에 관심이 있는 분들이나 맵 제작들에게는 기회의 땅일지도 모른다.

메타버스에서 요즘 화두가 되고 있는 것이 바로 NFT이다. NFT는 '대체불가능한토큰'으로써 쉽게 말하면 '디지털로 나의 소유를 증명하는 것'이다. 젭에서는 NFT를 발행해서 내가 만든 에셋이나 맵을 디지털로 증명서를 만들어 나의 고유 것임을 디지털 화 했다. 디지털의 특성상 복사본이 많기 때문에 내가 창작자임을 증명하는 방법인 것이다.

NFT를 구매하기 위해서는 암호화폐가 필요하고 암호화폐를 통해 구입하면 제작자에게는 가상자산이 생기는 구조이다. 앞으로는 디지털로 되는 모든 것들에게 NFT를 부여한다고 하니 젭은 이 부분을 아주 잘 활용하고 있다고 생각한다.

게더타운의 경우는 지속적으로 업데이트가 진행되고 있고, 상반기 말이나 하반기 초에 대규모 업데이트가 진행된다고 하니 젭과의 경쟁을 통해 우리 사용자들에게 더 즐거운 메타버스 환경을 제공할 것으로 판단된다.

8 메타버스 안에서의 미래세대

1) 과거의 가상인간 '아담'

90년대 초 가요계에서 새롭게 등장한 신인이다. 우리는 '아담'이라 불렀고, 1998년 데뷔한 아담은 3D 그래픽으로 구현한 '가상인간'이다. 노래도 부르고 춤도 추고 이야기도 하는 가상인간이다. 물론 그 시대에는 기술력이 지금보다 많이 떨어졌기 때문에 누가 봐도 컴퓨터 그래픽으로 만든 가상인간이라는 점은 변하지 않았다.

[그림12] 3D 그래픽으로 구연한 가상인간 '아담'(출처 : 네이버)

하지만 인간도 아닌 가상인간이 부른 노래는 첫 앨범이 20만장 정도가 판매됐으며, 실제로 팬클럽도 있다. 아담의 프로필은 '178cm, 68kg의 몸무게를 가진 멋있는 20살 사이버 가수'라고 알려졌지만, 이후 여러 가지 사망설로 인해서 자취를 감췄다. 그리고 20년이 지난 후 우리에게는 새로운 가상인간이 찾아왔는데 과거에 비해 실재감이 더 높아졌으며, 자세히 보지 않으면 정말 인간과 똑같을 정도로 정교했다.

2) 버추얼 인플루언서 '로지'

'로지'는 AI 기반 가상 인간 기술의 현주소라고 해도 과언이 아닐 정도로 기술력이 뛰어난 결과물이다. 로지는 사이더스 스튜디오 엑스가 MZ 세대가 선호하는 얼굴형을 모아 3D 합성 기술로 탄생시킨 가상인간이다.

[그림13] '버추얼 인플루언서' 로지(출처 : 신한카드)

　SNS 팔로워도 4만 6,000명 정도 되며, '버추얼 인플루언서'라는 타이틀도 있다. 로지는 코로나 19 시국에서도 세계 곳곳을 누비고, 실제로 방문하기 어려운 곳에서 인증 샷을 찍어 지속적으로 SNS에 업데이트를 하며, 팬들에게 뜨거운 반응을 보이고 있다. 화려한 춤과 독특한 비주얼로 대중의 눈길을 사로잡았다. 로지가 광고를 통해 많은 사람들에게 가상인간이라는 말을 들었을 때는 충격과 신선함을 동시에 선사했다.

　놀라운 것은 2025년 가상인간 시장 규모가 14조원으로 커질 것으로 예측되며, 진짜 인간 인플루언서를 앞지르게 된다고 하기 때문에 전 세계가 가상인간에 주목하고 있다. 가상인간 로지는 메타버스 속 인간이 가장 닮고 싶은 유형들만 모아 놨다.

　우리나라뿐만 아니라 전 세계적으로도 유명한 가상인간이 있다. 미국의 가상인간 '릴', 일본의 '이마', 중국의 '화즈빙', 태국의 '아일린'은 모두 엄청난 수익과 함께 MZ 세대들에게 인기가 있는 가상 인간이다.

이름	로지	릴 미켈라	이마	화즈빙	아일린
국적	한국	미국	일본	중국	태국
주요 활동	광고모델 활동, 올해 10억원 수익	가수·유튜버·모델 활동, 지난해 130억원 수익	이케아 광고모델 활동, 지난해 7억원 수익	중국 1호 가상인간 대학생	광고모델 데뷔
개발사	싸이더스 스튜디오엑스	브러드	AWW	칭화대·즈푸·샤오빙	SIA 방콕

[그림14] 전 세계 가상인간(출처 : 네이버)

3) 현재의 메타버스

1992년 '스노크래쉬'라는 소설에서 처음 등장했던 '메타버스', '아바타'라는 단어는 메타버스를 공부하는 이라면 꼭 이야기하는 내용이다. 또한 ASF의 미국기술연구단체가 메타버스 로드맵 프로젝트를 통해서 메타버스의 미래에 대한 단기적 관점과 장기적 관점으로 시나리오를 만들어 플래닝을 했다. 시나리오는 확실하지 않지만 여러 가지 대안을 만들고 가장 적합한 시나리오를 도출하는 연구방법이다. 그렇게 도출된 4개의 시나리오가 기술의 발달과 사회의 인식으로 인해 자리 잡았다.

'메타버스의 4가지 시나리오'는 현실을 기반으로 하는 영역과 가상을 기반으로 하는 영역으로 나눌 수 있다. 디바이스를 갖고 물리적 현실에 2D나 3D를 투영하는 기술을 '증강현실'이라고 한다. 우리는 증강현실을 아주 익숙하게 사용하고 있고 지금 나오는 자동차에서 쉽게 볼 수 있다. 처음에는 단지 유리에 보여주는 방식이었지만, 지금은 유리에 투영하는 방식으로 3D와 함께 눈에 보이는 실재를 유리에 투영해주기도 한다. 위성을 통해서 화살표로 정확하게 알려주기도 한다.

아이들은 자신의 휴대폰을 사용해 언제 어느 곳에서든지 좋아하는 '포켓몬'을 잡을 수 있다. 집에서 평면으로 보는 게임을 넘어서, 디바이스를 들고 다니면서 내가 원하는 시간대에 원하는 공간에서 포켓몬을 잡을 수 있다는 장점이 있다. 2022년 하반기나 2023년 초에는 애플에서 새로운 디바이스를 선보일 것이다.

[그림15] 애플글래스(출처 : 구글)

현실을 기반으로 하는 메타버스의 영역 중 다른 하나는 라이프로깅으로 우리의 일상생활을 데이터로 기록하는 것이다. 우리는 '디지타이징'이나 '디지털 트랜스포메이션'이라고도 말을 한다. 사용자가 자신의 SNS에 기록하고, 스마트폰 앱을 통해 건강을 관리한다거나, 워치를 사용해 일상생활의 많은 부분을 기록하고 관리하는 것이다.

가상을 기반으로 하는 미러 월드는 이미 언급했기 때문에 마지막으로 가상 세계에 대해서 이야기 하고자 한다. 가상세계에서 가장 중요한 것은 컴퓨터의 기술력과 5G의 속도, 즉 지금보다 더 빠른 속도의 통신이 필요하다. 인터넷의 빠른 속도는 메타버스에서 사용자들에게 더 높은 몰입감을 줄 수 있기 때문이다.

'LTE'라고 말하는 4G의 속도는 평균 30~35Mbps인 반면, 5G는 4Gbps 이상의 속도를 보여준다. 과거 10여전 전의 영화만 보더라도 이질감이 드는 3D 그래픽을 볼 수 있다. 현재는 다르다. 이미 지금도 로지나 전 세계의 가상인간을 보면 컴퓨터의 기술력은 일반인이 생각하기도 힘들 정도로 높은 퀄리티를 보이고 있다.

가상세계는 사용자가 가상의 공간을 컴퓨터로 만들어서 실제 상황과 실제 환경을 비슷하게 만들어 상호작용 하는 경험을 제공한다. 여기서 중요한 것은 가상세계에 들어가기 위해서는 가상세계를 경험할 수 있는 장치가 필요한데, 현재는 여러 가지 HMD가 나와 있다. 장치를 머리에 착용하고 양손으로 디바이스를 잡고 가상의 경험을 하기 때문에 아주 신선하고 신기한 경험을 제공한다.

HMD(Head Mounted Displlay)의 기술적 이슈 가운데 중요한 것은 바로 '시야각'이다. 시야각(FOV : Field of View)이란 우리가 볼 수 있는 상하좌우 시야의 최대 각도를 말하는데, 일반적으로 우리는 120도 정도 볼 수 있다. 2012년 팔머 럭키는 오큘러스 VR 헤드셋을 만들겠다고 펀딩을 통해 모금해 개발을 추진했고, 2016년 오큘러스 리프트를 출시했다. 이후 HTC의 바이브, 플레이스테이션VR, 삼성기어VR 등 가상현실을 체험할 수 있는 디바이스가 많이 출시됐다.

HTC의 바이브나 소니의 VR 기기는 PC 기반의 HMD이다. PC 기반 HMD는 PC의 컴퓨터 파워를 이용해 유선으로 HMD를 연결해서 디스플레이로 이용하도록 하는 제품이다. 즉 무선으로 사용하지 않고 유선으로 사용해야 되기 때문에 공간이동의 제약이 있다. 그리고 삼성기어 VR은 PC 기반이 아니라 모바일 기반으로 만들어졌다. 모바일 기반의 HMD는 스마트폰의 컴퓨팅

파워를 이용해 골판지나 플라스틱으로 만든 HMD 프레임에 스마트폰을 끼워 이용하도록 제품을 만들었다.

[그림16] 삼성 Gear VR(출처 : 구글)

'삼성기어VR'은 삼성과 오큘러스사에서 함께 개발했고, 스마트폰을 활용한 모바일 VR HMD 이다. 스마트폰을 플라스틱 헤드셋에 장착해 스마트폰 자체가 디스플레이어가 되고 프로세서가 된다. 다양한 게임을 구입하고 설치하기 위해서는 '밀크VR'이라는 VR 콘텐츠 마켓을 통해서 게임이나 VR 콘텐츠를 구매할 수 있다. 구글에서는 골판지 재질의 카드보드지를 사용해 누구나 쉽게 VR기기를 경험할 수 있었지만, 내구성이나 사용되는 렌즈도 좀 더 높은 스펙으로 만들어야 하기 때문에 이를 보완해서 삼성기어 VR이 만들어졌다.

2014년 페이스북이 약 2억 5,000억 원에 인수한 오큘러스의 VR기기인 오큘러스 퀘스트는 일체형 HMD이다. VR기기에 하드웨어를 장착해 무선으로 사용이 가능하면서 성능을 크게 올린 제품이다. 그중에 가장 인기가 많은 제품이 오큘러스 퀘스트이다. 오큘러스 퀘스트는 외부 장치 연결이 필요 없고, 제품 안에 5.5인치 LCD 디스플레이가 탑재돼 있다. 오큘러스 퀘스트는 110도의 시야각을 갖고 있어 우리가 전방을 주시할 때 안정된 공감감을 제공해 준다. 또한 무선연결이 되기 때문에 PC기반 VR기기로도 활용이 가능하다.

[그림17] 오큘러스 퀘스트2(출처 : 오큘러스)

4) 미래의 메타버스

구글이나 네이버에 메타버스를 검색하면 VR기기를 착용한 포스터를 많이 볼 수 있을 것이다. 사람들은 가상의 세계에 대한 환상이 있으며, 현실에서 느끼지 못한 복합적인 감정들을 가상의 공간에서 느낄 수 있다는 기대감을 갖고 있다. 미래에는 이런 가상의 공간을 더 편리하고 쉽게 경험할 수 있다. 메타버스의 가상공간에 접속하기 위한 VR기기와 AR기기는 앞으로도 더 많이 개발이 되고 생산량이 증가할 것이다.

김상균 교수의 저서 '메타버스2'에서는 메타버스가 경제의 판을 키운다고 설명했다. 즉 메타버스와 관련한 테크 기업들의 성장이 계속적으로 이어질 것이다. 최근 우리나라 유통업계에서도 메타버스 플랫폼을 통해 기업을 홍보하는 대기업들의 행보를 볼 수 있다. 과거 유통은 오프라인으로 유통됐다가 현재는 온라인과 오프라인 동시에 진행되고 있다.

'라이브커머스'의 등장은 소비자들과 실시간으로 소통하고 구매를 할 수 있는 즉시성의 편리함을 주었다. 그리고 미래의 메타버스 시대에서는 유통에서 오프라인과 온라인의 경계가 현저히 줄어든다. 구글글래스나 애플글래스를 통해 우리는 제품을 볼 수 있고, 제품을 직접 가상의 공간에서 입어보고, 입체적으로도 볼 수 있다. 마음에 들면 사이트를 접속하거나 내가 위치해있는 곳과 가장 가까운 매장을 알려줄 것이다.

'가상의 경제'에서도 미래의 메타버스는 엄청난 변화를 이끌어 낼 것이다. 경제에 대해서 이야기할 때 가상경제를 빼놓을 수가 없다. 가상경제는 실제와는 다른 화폐를 통용한다. 암호화폐이다. 암호화폐는 이미 전 세계적으로 보유를 많이 하고 있다. 실물화폐는 우리가 현실에서 거래를 할 수 있는 화폐이지만, 가상화폐 즉 암호화폐는 가상의 상품을 구매할 수 있도록 만들어졌다.

인터넷에 있는 다양한 디지털로 돼 있는 상품을 우리는 '가상 상품'이라고 말하는데, 게임에서 사용되는 아이템이나 가상자산으로 구매하는 가상의 땅도 모두 암호화폐로 구입가능하다. NFT라는 단어는 2021년에 우리나라에 엄청난 반응을 일으켰다. NFT에서 중요하는 것은 '블록체인'이고, 블록체인을 알기 위해서는 더 세부적인 부분을 알아야 한다.

'블록'은 거래를 하기 위한 거래명세서라고 이해하면 되고, 거래 명세서는 거래를 하는 사람뿐만 아니라 동시에 접속해 있는 모든 사람들의 컴퓨터에 저장된다. 그리고 10분마다 1번씩 블록이 모두 차고 나면 새로운 블록을 만들고, 이전의 기존블록과 새롭게 만들어진 블록을 연결해주는 것이 바로 블록체인이다.

블록체인을 이야기 할 때는 3가지의 구성을 이야기 할 수 있는데 '스마트 콘트랙트', '메타 데이터', '미디어 데이터'가 있다. 우리가 NFT로 거래를 한다는 것은 스마트 콘트랙트를 거래한다는 의미이기도 하다. 미래에는 우리가 현금을 들고 있지 않아도, 실물화폐가 없어도, 거래가 가능하게 만드는 가상화폐가 더 많이 개발되고 발전될 것이다.

특히 '디지털 아트'가 폭넓게 확장될 것이다. 과거 예술인들처럼 밥 먹고 살기 힘든 시대는 이제는 지났다. 누구나 나의 예술작품을 볼 수 있고, 원한다면 가상화폐로 나의 작품을 구매할 수 있는 시대가 왔다. 천재성을 갖고도 알려지지 않는 예술가들은 미래의 메타버스에서는 누구나 천재작가로 인정받을 수 있는 시대가 올 수 있다는 것이다.

[그림18]은 NFT로 유명한 지루한 원숭이 아트이다. 지루한 원숭이 아트는 NFT에서 최고의 인기 수집품이자 투자대상이다.

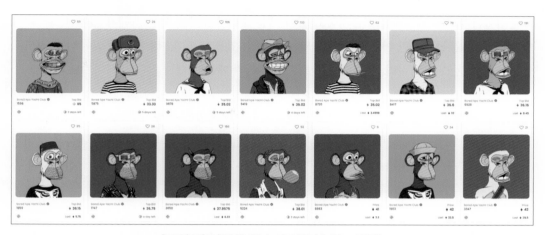

[그림18] 지루한 원숭이 아트(출처 : 구글)

미래의 메타버스에서는 '게임'도 꼭 살펴봐야 할 내용이다. 메타버스를 게임으로 오해하는 분들이 많을 정도로 게임은 그 자체로 메타버스라고 해도 과언이 아니다. 메타버스 플랫폼의 제페토는 유니티나, 블랜더 등의 기술적 용어를 많이 사용한다. 제페토로 의상 아이템을 만들 때 제공해주는 서비스로는 한계가 있기 때문에 블랜더나 유니티를 사용해 의상을 더 정교하게 만들 수 있다.

또한 '빌드잇'이라는 프로그램으로 월드를 만들 때도 사용자가 직접 오브젝트를 만들어야 하는 상황에서는 유니티 프로그램을 사용해 월드를 만들기도 한다. 그래픽에서는 더 다양한 프로그램이 사용된다.

앞으로 게임은 큰 변화를 일으킬 것이고, 게임을 통해 실재감은 더 커질 것이다. 게임을 통해 초등학생들은 게임머니를 충전해서 아이템을 구매하지만 미래에서는 게임이 경제생활과 연결될 것이다. 이미 베트남에서는 '엑시인피티니'라는 게임을 만들어 게임을 하면서도 돈을 벌 수 있도록 만들었다. 게임을 하면서 돈을 버는 것은 '플레이 투 언'이라고 말하는데, 게임을 하면서 아이템을 얻고 아이템을 암호화폐로 바꾼다. 그리고 암호화폐는 다시 실물로 사용할 수 있는 실물화폐로 바꿀 수 있다. 물론 미래에서는 실물화폐로 바꾸지 않고 가상화폐를 통해서 가상 상품을 사거나 가상자산으로 만들 수도 있다.

우리나라에서는 현행법으로 금지하고 있기 때문에 국내에서는 이런 사례가 없지만, 과거 '리니지'를 했던 분들이라면 어떤 과정으로 되는지 알 수 있을 것이다. '리니지 폐인'이 나올 정도로 게임을 즐기는 것이 아니라, 돈벌이 수단으로 생각하기 때문에 쉽지 않은 문제이기도 하다.

그러나 게임을 교육과 접목한다면 조금 다를 수 있다. 게임을 통해서 교육하는 것은 이미 현재에도 있다. 게임과 에듀케이션을 합쳐 '게이미케이션'이라고 부른다. 학습에 어려움을 보이는 아이들이 학습을 통해서 자신을 더 무기력하게 만드는 것이 아니라, 학습과 게임을 접목시켜 좀 더 쉽게 학습을 할 수 있도록 만든 접근법이다.

요즘은 '코딩게임'이 많이 나왔기 때문에 코딩게임을 생각하면 좀 더 쉽게 이해할 수 있다. 코로나19가 시작되면서 온라인 게임뿐만 아니라 다른 게임도 유행하게 됐다. 다소 고전적인 게임이지만 여전히 사랑받고 있는 게임이 '보드게임'이다. 보드게임은 즐거움을 줄 뿐만 아니라 게이미케이션의 현실게임이라고도 생각할 수 있다.

인터넷도, 화면도, 마우스나 키보드를 사용하지 않고 종이질감을 경험하면서 게임과 학습을 동시에 할 수 있다. 보드게임은 수의 개념이나 감정을 배우고 타인의 감정을 인식하는데 도움이 많이 된다. 미래에서는 보드게임과 메타버스를 접목한 새로운 게임이 나올 수 있을 것이라고 생각한다.

〔 Epilogue 〕

우리는 세대를 거치면서 그 세대만의 특징을 나타내는 X, Y, Z 또는 MZ 세대 또는 C 세대라는 용어를 쓰면서 이들의 특징을 설명하고, 이들이 살아가야할 환경과 사회에 대해서 이야기를 한다. 메타버스를 접한 MZ 세대가 앞으로 10년 뒤에 또 다른 시대를 맞이할 것이다. 사회도 큰 변화를 거치겠지만, 지금의 교육과 학교도 엄청난 변화를 겪게 될 것이다. 나는 미래교육학자는 아니지만 급변하는 시대에서 최근 1~2년 동안 그 누구도 알지 못했고 경험하지 못했던 코로나19로 인해서 사회와 교육의 변화를 경험했기 때문에 조심스럽게 글을 썼다.

앞으로의 메타버스 세상에서 잘 적응하기 위해서는 시대의 흐름을 잘 알아야한다. 디지털세상에서 가상세상으로의 전환은 이제 현실이 됐다. 가족들은 오프라인에서 날짜를 맞추고 시간을 맞추는 수고로움이 없어지고 가상의 공간, 디지털 공간에서 만남을 갖게 될 것이다. 현실은 없어지지 않지만 대다수는 변화가 될 것이다.

회사의 대부분은 가상의 공간에서 회의가 많아질 것이고, 학교의 수업도 외국의 수업을 직접 들을 수 있는 가상교실이 만들어 질 것이다. 교육의 변화는 우리가 더 이상 대학만을 추구하는 시대를 넘어서 개인을 존중해주는 사회 시스템으로 변화가 일어날 것이다. 교실에서 경쟁을 만들어 1등과 최고를 원하는 시대를 벗어나, 개인의 성향에 따라 개인이 가장 잘하는 것이 무엇인지 알고, 메타버스 세상에서는 누구나 주인공이 될 수 있다는 것을 알게 될 것이다. 이 변화의 흐름에 꼭 뒤처지지 말고 변화를 이해하고 이용한다면, 학교와 교육 그리고 사회는 놀라운 변화를 보게 될 것이다.

NFT가 궁금해!

오 미 영

NFT가 궁금해!

왜 'NFT'를 알아야할까? 영국의 대표적 사전인 콜린스가 선정한 2021년을 대표하는 단어는 무엇이었을까? 바로 'NFT(대체불가능토큰)'이다.

남녀노소를 불구하고 요즘 미디어에서 가장 많이 접하는 단어는 바로 메타버스와 NFT가 아닐까 싶다. 아침에 눈을 떠서 핸드폰을 켜면 가장 먼저 뜨는 기사들 중에 이 두 단어가 포함된 날이 많은 걸 보면 요즘 메타버스와 NFT가 이슈이긴 한 것 같다.

지난해 3월 '비플'이라는 예명으로 활동하고 있는 디지털 화가가 2007년부터 5000일간 매일 올린 디지털 이미지를 모아 만든 창작물 'Everydays: The first 5000 days'가 NFT 경매에서 6,930만 달러(한화 약 830억 원)에 팔렸다. 같은 달 트위터 창업주인 잭 도시가 16년 전 작성한 첫 트윗의 NFT가 290만 달러(한화 약 35억 원)에 낙찰됐다.

이후 해외뿐만이 아니라 국내에서도 NFT 바람이 불기 시작했다. 바둑기사 이세돌 9단이 인공지능(AI) 알파고와의 대국에서 승리를 거뒀던 기록을 담은 NFT가 약 2억 5,000만원에 거래됐다. 그리고 예능 프로그램 '무한도전'의 한 출연자가 '무야호'라고 외치는 8초 영상이 담긴 NFT가 950만원에 낙찰되기도 했다. 금융권은 물론 백화점과 편의점까지도 NFT를 발행하고 있다.

작년까지만 해도 이 모든 것이 지나가는 유행이며 투기에 불가하고 곧 거품이 꺼질거라 예측하는 사람들이 많았다. 하지만 그와 정 반대로 2022년 NFT는 우리의 삶에 더 가까이 다가와 있는 듯하다. 다양한 업계에서 메타버스 사업에 투자하고 NFT 발행을 준비하고 있다는 기사를 심심치 않게 볼 수 있다.

페이스북(현 메타), 애플, 구글, 앤디비아와 같은 해외 기업은 물론 네이버, 라인, 카카오, 엔씨소프트 등 국내업계 대표주자들과 주요 엔터테인먼트 사들까지도 NFT 사업을 확장하고 있다.

그럼에도 불구하고 대부분의 사람들은 메타버스와 NFT라는 두개의 단어를 명쾌하게 이해하고 설명하는데 어려움을 겪고 있는 것 같아 보인다. NFT의 경우는 특히 더 그렇지 않은가? 책을 읽고 인터넷 기사들과 유튜브 영상을 찾아봐도 도무지 감이 잡히지 않는다는 이야기들이 많다. 우선 한 번에 이해하기에는 낯선 영어단어들과 복잡해 보이는 개념에 대해 토로한다. 그리고 실물 자산도 아닌 디지털 자산에 열광하는 사람들을 도무지 이해할 수 없다는 반응이다.

안타깝게도 아직은 'NFT'를 '투기'와 연관해서 떠올리는 부정적인 시선이 많은 것도 사실이다. 수익을 창출 할 수 있는 기회가 될 수도 있으나 NFT를 주목해야하는 가장 큰 이유는 이 기술이 다양한 산업에 접목돼 점차 더 발전하고 일상화가 될 가능성이 높아 보이기 때문이다.

필자의 부모님과 같이 연세가 많으신 분들은 이런 복잡한 건 모르고 사는 게 나을 것 같다고 반응하시는데, 과연 그럴까? 머지않은 미래에는 우리 생활 곳곳에 NFT가 깊이 스며들 것이라고 생각된다. 그렇다면 역시 알아두는 것이 좋지 않을까 생각한다. 일반인들도 쉽게 이해 할 수 있고 가까운 미래의 실생활에 적용할 수 있으면 하는 바람에 직접 NFT에 대해 쓰게 됐다.

우리가 흔히 암호화폐나 NFT에 투자하는 것에 부담감과 불안함을 느끼는 이유 중 하나가 바로 정보의 불확실성이다. 그럴수록 우리가 알 수 있는 정보에 대해서는 확실히 알아둘 필요가 있다. 이 책을 통해 여러분들의 궁금증이 조금은 해소되길 바란다.

■ NFT가 궁금해. 뭐 길래 이렇게 난리지?

1) NFT의 정의와 기본개념은?

NFT 관련 예전부터 조금의 관심이라도 있으셨던 분이라면 아마 NFT가 무엇의 약자인지부터 검색해보았을 것이다. NFT는 영어 'Non-Fungible Token'의 약자로 그 뜻은 '대체불가(Non-Fungible) 토큰(Token)'이다. 토큰이라는 단어 때문에 좀 헷갈릴 것이다.

40대 중반 이상이신 분들 가운데는 어릴 적 사용하던 버스 토큰의 아련한 옛 추억을 떠올릴 수도 있을 것 같다. 이름만 토큰이지 그것과는 거리가 먼, 복제할 수 없게 유일무이하게 만든 '디지털 정품 증명서' 정도로 생각하는 게 이해하기 가장 편할 것 같다.

블록체인 기술을 이용해 암호화된 소유권과 거래내역을 블록체인에 저장하고 기록하는 기술이 바로 NFT이다. 우리가 명품 브랜드의 제품을 구매하면 날짜와 구입처, 모델명과 시리얼 넘버가 부착된 정품 인증서를 받는다. NFT는 디지털자산의 정품인증서 역할을 하는 것이다.

유형과 무형의 여부를 떠나 무엇이 됐던 간에 NFT가 붙여졌으면 대체하는 게 불가능하고 그것만의 고유 값을 지니게 되는 것이다. 놀랍지 않은가? 그렇게 NFT 기술이 적용된 사진, 음악, 그림, 카드 등의 디지털 가상자산을 통틀어서 NFT라고 지칭하기 때문에 "너 NFT 하니?", "나 NFT 샀어"와 같은 이야기들을 듣기도 하는 것이다.

지난주 벗꽃 구경을 간 무명 사진작가 A씨는 그야말로 예술인 벗꽃 사진들을 찍었다. SNS에 이 멋진 사진을 올렸더니 여러 명의 팔로워들이 사진을 퍼 나르고 좋아요를 눌러준다. 자신감을 얻은 A씨는 이 사진들을 민팅(NFT화)해서 가장 큰 규모의 NFT 거래소인 '오픈씨(opensea)'에 판매를 개시했다. 그는 곧 유명세를 타게 됐고 그의 사진들은 비싼 가격에 팔리게 됐다. 어떤가? 이와 비슷한 이야기를 들은 적이 있는가? 정말 이런 일이 가능할까? 물론 가능은 하겠지만 작품이 가진 '정체성, 희소성, 독창성'이 없다면 판매로 이어지기까지는 쉽지 않다.

처음 NFT가 화제가 됐던 2021년과는 다르게 이제는 그 호기심과 흥분이 어느 정도 가라앉았고 거품이 빠지고 있다. 2021년 NFT를 사고 되팔고 하는 과정에서 큰 수익을 낸 극소수 사람들의 이야기를 미디어로 접하고 자칫 잘못하면 NFT를 쉽게 큰돈 버는 수단으로 보는 사람들이 있지는 않을까 우려하는 시각들도 존재한다. 유명인이 대충 쓴 것처럼 보이는 글 한줄, 그림 하나가 수십억에 거래되는 것을 보면 '거품시장'이라고 비난받는 것도 이해가 된다.

NFT 시장은 변동이 심하다. 짧은 기간에 큰 수익을 볼 목적으로 뛰어들면 '자산손실'이라는 리스크를 감당해야 할 수도 있다. 그 예로 트위터 창업주인 잭 도시의 첫 트윗 NFT 이야기를 하지 않을 수 없다. 얼마 전 잭 도시의 첫 트윗이 다시 경매 시장에 나왔는데 1년 만에 금전적 가치가 폭락을 해서 최고 입찰 금액이 1만 달러 선이었다고 한다. 물론 거래되지 않았지만. 작년 낙찰가였던 290만 달러를 생각하면 경악하지 않을 수 없다.

솔직히 NFT 시장이 급부상했던 작년 같은 경우에는 사람들의 호기심 덕분에 작품성과 가치를 떠나 '별게다 NFT'로 만들어지고 거래가 됐지만 이제는 그 거품이 빠지고 있다. 지금은 변동이 심하고 불안정해 보이지만 시간이 지나면 NFT 시장은 성숙하고 견고해질 것이라는 전망이다.

수익을 창출 할 수 있는 기회가 될 수도 있으나 NFT를 주목해야하는 가장 큰 이유는 다양한 산업에 접목돼 발전하고 일상화 될 가능성이 높아 보이기 때문이다.

2) 코인과 NFT는 다른 건가요?

코인과 NFT는 둘 다 블록체인 기술을 기반으로 한다는 공통점을 갖고 있기 때문에 헷갈리는 사람들이 있을 것이다. 그리고 블록체인이라는 단어를 수없이 많이 들어봤지만 정확한 뜻을 모르는 경우가 대부분이다(블록체인에 대해서는 다음 장에 설명하겠다).

암호화폐 또는 가상화폐에 대해 들어 보았는가? 직접 만질 수 있는 지폐나 동전 같은 실물 없이 온라인에서만 사용할 수 있는 디지털 화폐라서 '가상화폐(virtual currency)'라고 부르기도 하지만, 암호화 기술을 응용한 화폐이기 때문에 요즘은 '암호화폐(Cryptocurrency)'라고 부르는 사람들이 더 많고 그게 더 정확한 단어인 것 같다. '가상=가짜, 허상, 허구'라는 인식을 갖는 이들도 있어 이 책에서는 '암호화폐'로 부르기로 하겠다.

먼저, NFT와 암호화폐의 차이점을 알아보도록 하자. 암호화폐의 대표 주자인 비트코인과 이더리움을 예로 들어 보겠다. 지금 이 시간 A가 갖고 있는 한 개의 비트코인 값은 B가 가진 비트코인 1개의 가격과 동일하다. 그리고 A가 B에게 1이더(이더리움)를 빌렸을 때, 1이더로 갚을 수가 있다.

하지만 NFT는 다르다. 단 하나만이 존재할 뿐이고 대체하거나 교환할 수가 없다. NFT는 화폐의 개념이 아닌 가상자산의 소유를 증명하는 증명서, 곧 디지털자산의 개념이라는 것을 꼭 기억하자.

여기서 한 가지 더 짚고 넘어갈 것이 있다. 'NFT 코인'이라고 부르는 코인은 NFT와 관련된 코인이다. 예를 들어 부동산 NFT 플랫폼인 '더샌드박스'에서 사용되는 'SAND(샌드) 코인'은 NFT와 연관이 있는 코인이라서 NFT 코인이라 부른다. 또 다른 가상부동산 플랫폼 '디센트럴랜드'의 사용화폐인 'Mana(마나) 코인'도 NFT와 연관된 거라 NFT 코인이라고 부르는 것일 뿐이다.

3) 블록체인과 NFT. 그게 그거 아닌가요?

NFT는 블록체인 기술을 기반으로 하기 때문에 NFT를 잘 알기 위해서는 블록체인을 먼저 이해하는 것이 필요하다. 블록체인의 처음 모토는 '탈중앙화' 즉 '금융의 민주화'이다.

2008년 일어난 금융위기를 겪으며 정부와 은행을 신뢰하던 사람들은 흔들리기 시작했다. 중앙통제적인 금융시스템은 크게 비난을 받았고 사람들의 불신이 늘어갔다. 그것을 계기로 금융의 '탈중앙화'를 간절히 원하고 기다리는 사람들이 생기게 됐다. 바로 그 때 나온 암호화폐가 비트코인이고, 그것의 기반이 되는 기술이 바로 '블록체인'이다.

블록체인 기술의 창시자이며 세계 최초 암호화폐인 비트코인을 탄생시킨 이는 사토시 나카모토(Satoshi Nakamoto)라는 가명을 쓰는 사람이다. 그는 베일에 싸인 인물로 추측만 난무할 뿐 정확한 국적도, 직업도, 나이도 밝혀지지 않았다. 개발과정에서 그는 이렇게 말했다. "나는 새로운 전자화폐 시스템을 개발하고 있는데, 완전한 P2P 방식이고, 신뢰할 수 있는 제3자가 필요없다"라고. 사토시 나카모토는 기관으로부터 간섭받지 않는 자유로운 P2P(개인과 개인) 거래를 실현하고자 했었던 것이다.

블록체인은 말 그대로 블록을 체인처럼 연결하는 컴퓨터 프로그래밍 기술이다. 여기서 '블록'은 개인과 개인의 거래(P2P, Peer to Peer) 데이터가 담긴 단위 또는 장부라고 보면 된다. 이것을 사슬처럼 연결(chain)한 것에서 '블록체인'이라는 말이 유래된 것이다. 새로운 거래나 계약과 같은 활동이 이뤄질 때 마다 네트워크에 새로운 블록이 저장된다. 이렇게 새로 기록된 블록은 앞서 만들어진 블록과 체인으로 연결되고, 이때 기록되는 내용은 이전에 있었던 모든 블록에 동일하게 기록되며, 내용을 되돌릴 수 없다. 이러한 처리 방식을 '분산원장'이라고 부른다(원장=거래기록).

네트워크를 구성하는 하나의 요소를 '노드'라고 하는데, 한 두 곳의 데이터가 변조되더라도 엄청나게 많은 다른 노드들이 있기 때문에 그것을 참고해서 데이터가 맞는지 확인이 가능해서 위·변조가 불가능하다.

앞서 말했듯이 블록체인은 기존의 중앙금융 시스템에서 벗어나 있다. 동일한 파일을 체인으로 연결한 수많은 컴퓨터에 똑같이 복사해서 참여자들에게 전송하는 분산 형 데이터 저장기술을 이용한다. 내용을 확인할 때는 복사된 파일 여러 개를 읽고 비교해서 원본을 확인한다. 중간 관리자나 기관이 존재하지 않는다.

기존의 중앙금융 시스템은 돈을 빌리거나 거래할 때 은행이나 다른 금융기관이 안전거래를 위한 중간 역할을 한다. 예를 들어 내가 대출이자를 갚은 내역이나, 누군가에게 송금한 내역 등은 은행의 컴퓨터 전산 시스템에 기록되는 것이다. 그런데 어느 날 갑자기 은행이 문을 닫거나 전산망이 해킹을 당하면 어떻게 될까? 거래기록들은 사라지거나 변조될 수 있다. 생각만 해도 아찔하다.

블록체인으로 암호화된 코인을 거래할 때마다 거래 정보가 담긴 블록이 계속 생성돼 연결되면서 모든 참여자의 컴퓨터에 분산 저장되기 때문에, 만일 이를 해킹하려고 하거나 임의로 수정, 위조 또는 변조하려는 시도가 있어도 전체 참여자의 과반 수 이상의 것을 동시에 수정해야 하니까 사실상 이런 활동은 불가능한 것이다. 해킹도 참여자의 거래 데이터를 모두 공격해야하니 현실적으로 그렇게 할 수가 없는 것이다.

예를 들어 내가 NFT 그림을 샀다는 이력에 대해서 몇 명이 짜고 거짓정보를 만들어 낸다고 해도 수많은 사람들(컴퓨터)이 원래의 정보를 갖고 있기 때문에 사고가 발생할 확률이 거의 없다고 볼 수 있다.

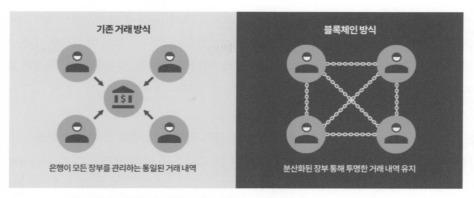

[그림1] 기존 거래방식과 블록체인방식(출처 : SW중심사회)

미국의 경제잡지인 포브스(Forbes)에 따르면 현재 미국 은행의 약 80% 정도가 자체블록체인을 개발하고 있다고 하고, 국내 은행들도 블록체인 기술 활용에 박차를 가하고 있는 상황이다.

4) 왜 실물이 아닌 가상 자산에 투자할까요?

"아니 그냥 복사, 붙이기해서 써도 되는 그림들과 사진들을 왜 거액을 주고 사나요?" 도무지 이해 할 수 없다는 이야기들이 많다. 자신이 소장한 작품이 복제돼 인터넷에 많이 떠돌고 알려질수록 원본의 소유가치가 커지는 게 NFT 시장의 특성이다. 그럴수록 원본의 가치가 올라가는 것이다.

빈센트 반고흐의 〈별이 빛나는 밤〉이나 구스타프 클림트의 〈키스〉와 같은 유명한 그림들은 여기저기 프린트 돼서 세계 곳곳에 걸려있다. 그렇다고 해서 뉴욕 현대 미술관에 있는 〈별이 빛나는 밤〉이나 오스트리아 비엔나 벨베데레 궁전에 있는 〈키스〉의 가치가 하락하나? 그 반대이다. 이 작품들의 가치가 여전히 높은 것은 바로 유명하기 때문이다. 많은 사람들에게 사랑을 받고 있기 때문에 원본의 가치는 더욱 귀해지는 것이다.

NFT도 마찬가지이다. 우리는 먼저 새로운 소비문화와 가치관을 이해해야한다. NFT의 키워드는 '희소성'이라고 할 수 있다.

여기서 먼저 '베블런 효과(Veblen Effect)'와 '스노브 효과(Snob Effect)'에 대해서 간단히 이야기 하자. 먼저 '베블런 효과'는 물건의 가격이 높아질수록 오히려 그 수요가 높아지는 현상을 뜻한다. 미국의 경제학자 베블런이 그의 저서에서 '과시적 소비'를 비판하면서 '베블런 효과'로 불리게 됐다. 고가의 물건을 선호하는 사치성 소비를 말하는 것이다.

'속물 효과'라고도 알려진 '스노브 효과'는 남들과의 차별화를 위해 소비하는 현상을 뜻한다. 다른 사람들이 쉽게 구입할 수 있는 물건을 사지 않고 남들과 달라 보이고 싶은 과시욕이 작용하는 거다. 미디어를 통해 알려진 NFT 거래를 보면 베블런 효과와 스노브 효과가 떠오른다.

인간이라면 누구나 소유욕을 갖고 있다. NFT 자산을 통해 내 소유를 자랑하고 싶은 심리, 남들과 다르고 싶은, 차별화 되고 싶다는 욕구가 분명히 존재한다. 거기에다 나와 같은 세계관을 가진 사람들과 커뮤니티를 형성하고 공감하고 싶은 바램도 있을것이다.

이런 사회적 현상이 가장 많이 반영됐다고 생각이 드는 'NFT 프로젝트'가 있다. 바로 '지루한 원숭이들의 요트 클럽(Bored Ape Yacht Club)'이다.

[그림2] Bored Ape Yacht Club(사진 : 논편지블닷컴)

2021년4월 자동 생성된 1만 마리의 원숭이 NFT의 가치 급상승으로 빠른 시간에 부자가 된 사람들이 모인 클럽이다.(이제부터는 편의상 영어이름 약자인 'BAYC'로 부르겠다.) 참고로 이런 종류의 NFT를 'PFP(Profile Picture) NFT'라고 부르기도 하는데, 자신의 프로필 사진으로 사용하다는 점에서 새로운 트렌드로 급부상했다. 나를 표현하는 아바타처럼 사용된다고 보면 된다.

원숭이 사진 하나의 가격은 어마어마하다. 최근 듄 애널리틱스 데이터에 따르면 이제 하나의 BAYC NFT를 구매하기 위해선 지금 글을 쓰는 시점을 기준으로 최소 152ETH(43만 4,000달러)의 비용이 든다. 이 프로젝트는 NFT만 거래하고 끝나는 게 아니고, 같은 세계관을 가진 원숭이 소유자들 모임에 열쇠 같은 역할을 한다. 회원들만을 초대해 초호화 파티를 열기도 하고 다양한 혜택을 제공하고 이벤트를 벌이기도 한다. BAYC 보유자들끼리 그들만 누릴 수 있는 행사들을 만드니 결속력은 더욱 강화되고 있고 커뮤니티의 힘이 발휘되는 것이다. 그들만의 세상이 만들어진 셈이다.

BAYC의 또 다른 인기 요인 중 하나는 바로 '지적 재산권 인정'인데, 보유자들에게 BAYC를 상업적으로 활용할 수 있도록 한 것이다. 프린팅해서 의류사업을 할 수도 있고, 앨범 쟈켓 사진으로 사용 할 수도 있다고 하니 비즈니스로 이어질 수 있는 것이다.

안타깝고도 어처구니없는 이야기를 하나 하자. 작년 12월에 한 판매자가 자판 클릭 실수로 지루한 원숭이 NFT를 100분의 1에 파는 일이 있었다. 75이더리움이 아닌 0.75이더리움으로 입력이 돼버린 것이다. 즉 3억짜리 원숭이가 300만원에 거래된 것이다. 맙소사! 암호화폐시장에서는 거래가 완료되면 판매를 취소하거나 번복할 수 있는 방법이 없으니 신중하게 자판을 눌러야겠다.

자, 이제 NFT 돌풍의 시발점이 된 '크립토펑크' 이야기로 넘어가보자.

'크립토펑크'는 NFT의 시조라고도 불리고 '디지탈 콜렉터블(수집품)'을 대표한다. 얼마 전 BAYC를 만든 유가랩스(Yuga Labs)가 라바랩스(Larva Labs)로부터 크립토펑크를 인수했다는 사실이 알려져서 큰 화제가 됐다.

크립토펑크는 캐나다인 소프트웨어 개발자 맷 홀(Matt Hall)과 존 왓킨슨(John Watkinson)이 2017년 개발한 프로젝트이다. 최초의 NFT 프로젝트라는 점에서 의미가 있고 또 전 세계에 1만개만 존재한다는 점 그리고 더 이상 발행하지 않는다는 점에서 희소성을 인정받았다. NFT계의 앤틱(antique)정도로 보면 되겠다.

이 픽셀화 된 이미지를 처음 본 사람들의 반응은 대부분 '이건 나도 그릴 수 있겠다'였다. 보통 사람들 눈에 딱히 예쁘지도 멋지지도 않고 해상도도 떨어지는, 픽셀이 깨져 보이는 느낌마저 드는 이미지 파일이다.

[그림3] Larva Labs, Crypto Punks 2017(출처 : Leader Insight)

크립토펑크를 만들 당시에는 NFT 발행의 표준 기술인 'ERC-21'이 존재하지 않았다(ERC는 'Etherium Request For Comments'의 약자이다). 이더리움 기반의 ERC-21은 대체가 불가능한데 그 당시 사용됐던 ERC-20은 대체가 가능했다. 그래서 그 ERC-20를 힘들게 코드수정하고 고유성을 지원했고 노력 끝에 거래기능이 가능하게 만들어서 사용했던 것이다. 그 때 사용했던 기술이 훗날 ERC-21를 만드는데 큰 영감을 줬다고 한다. 다른 NFT 프로젝트들의 초석을 마련한 셈이며 그래서 더욱 특별한 의미가 있는 것이다.

이 크립토펑크 하나의 가격도 놀랍다. 심지어 싼 것도 몇 억 원대이다. 2022년 4월을 기준으로 가장 비싼 금액에 낙찰된 크립토펑크는 #5822로 파란 두건을 쓴 외계인 펑크로 일반인들의 상상을 초월하는 낙찰가이다. 8000이더리움(ETH), 2,370만 달러(한화 약 290억 원)에 거래가 됐다.

이전까지 가장 높은 금액을 기록한 크립토펑크 NFT는 지난 2021년 6월 소더비 경매에서 1,180만 달러(당시 환율로 약 141억 원)에 팔린 마스크를 쓴 외계인 펑크 #7523로 알려져 있는데 그걸 넘어선 것이다.

고가의 NFT 이야기를 할 때마다 빠지지 않고 등장하는 디지털 아티스트와 작품이 있다. '마이크 윙켈만(Mike Winkelmann)'이라는 본명보다 가명인 '비플'로 더 널리 알려진 미국의 디지털 작가와 그의 작품 '매일 : 첫5000일(Everydays : The first 5000 days)'인데, 2021년 3월 당시 6,930만 달러(한화 약 830억 원)에 낙찰됐다. 작품명에서도 알 수 있듯이 5,000일(약 14년)의 시간동안 매일 만든 디지털 아트를 콜라주한 작품이다.

[그림4] 비플의 작품 '매일 : 첫5000일(Everydays : The First 5000 Days)'
(출처 : Christie's (christies.com))

5000일이라는 긴 시간동안 하루도 빠짐없이 디지털 아트를 만들었다는 스토리 그리고 그 세월동안 일어난 세상의 변화가 녹아있기에 작품의 가치가 더 높이 평가받지 않았나 추측해본다.

NFT 경매에는 가끔 퍼포먼스 같은 일들이 일어나기도 한다. 디지털 아티스트 뱅크시(예명)의 작품 '멍청이(Morons)'는 불태워졌다. 누가, 왜 원작품에 그런 짓을 했나? 바로 1억 원 정도에 실물 그림을 낙찰 받은 구매자들이다. 심지어 작품이 활활 타고 있는 모습을 라이브 스트리밍으로 전 세계에 공개하기도 했다. 작품을 구입해 대체 불가 토큰(NFT)으로 디지털화해 저장했고, NFT와 실물이 둘 다 존재한다면 작품의 가치는 실물에 있다고 판단한 그들은 실물작품을 과감하게 없애버리고 공개인증 퍼포먼스까지 해서 NFT가 유일한 진품이라는 것을 전 세계에 확실히 선포한 것이다.

이 NFT 작품은 NFT 거래 플랫폼 오픈씨의 경매에 올려져 당시 4억 원 정도에 낙찰됐다. 지금은 이더리움 시세로 따지면 8억 원이 훨씬 넘는데, '스노브 효과'를 제대로 보여주지 않나 싶다.

[그림5] 뱅크시(Banksy)의 그림 '멍청이(Morons)'가 불타는 장면(출처 : 유튜브)

그렇다면 희소성 말고 가상자산의 또 다른 매력은 무엇일까? 가상자산은 우리의 자산을 가볍게 만들어 주는 역할을 한다. 전문가들은 이를 '소유권의 세대교체'로 설명하기도 한다. 온라인에서 게임아이템을 거래하고, SNS로 소통하고, 디지털 음원을 들으며 자란 20대들에게 물리적 소유는 이전만큼의 큰 의미가 없는 것 일 수도 있다.

돈뭉치, 골드바, 비싼 실물 그림, 부동산으로 부를 증명하던 시대에서 가상자산으로 부를 증명할 수 있는 시대로 가고 있는 과정이라고 할 수 있다.

새로운 기술과 패러다임이 안정적으로 정착하기까지는 시간이 걸린다. 신용카드를 예로 들면 1954년에 미국에서 처음 소개됐지만 유럽과 아시아로 퍼져나가고 널리 사용되기까지는 약 30년의 시간이 걸렸다. NFT 시대는 이제 시작이고, 필요 없는 거품을 걷어내고 유익한 방향으로 발전하고 정착하기까지는 시간이 필요하다.

마지막으로, 중개인 없이도 투명하게 그리고 자유롭게 P2P(Peer to Peer) 거래가 가능하다는 것이 NFT의 큰 매력으로 작용하고 있다. 은행거래, 부동산거래, 중고차 계약 등 현금으로 하는 거의 모든 거래를 우리는 중간기관이나 중개인에 대한 신뢰를 바탕으로 진행해왔다. 그리고 그 대가로 수수료를 지불했다. 하지만 NFT 시장이 넓어지고 여러 분야에 적용되면 거래를 하러가는 시간과 수고, 중개인에 대한 수수료 부분은 잊어도 되는 것이다. 거래내역이 안전하게 블록체인 상에 저장될 거니까.

5) NFT의 다양함과 종류

부동산, 그림, 음악, 게임, 패션, 금융, 중고차 거래 등 NFT의 적용 분야는 다양하고 끝이 없다. 뭐든 증명이 필요한 것들에 다 적용이 가능하다고 보면 된다. 기업에서는 증명수단 뿐만 아니라 마케팅으로도 적극 활용을 하고 있는 추세다. 여기서는 그림, 음악, 게임산업, 패션산업의 NFT에 대해서 살펴보도록 하겠다.

미술시장은 NFT와 찰떡궁합으로 보인다. 작품의 원본증명이 가능함은 물론 가품을 바로 밝힐 수 있다는 점에서 창작자에게 더 많은 권한과 힘을 실어준다. 원작자의 편에 서있는 NFT는 예술가들에게 당연히 Good News일 수밖에 없다.

저작권을 보호해줄 뿐만 아니라 토큰(NFT작품)이 거래될 때마다 수수료가 원작자에게 지급되기 때문이다. 예를 들어 내가 그린 토끼그림의 NFT를 A라는 사람이 100만 원에 구매했다. 그리고 얼마 후 A가 B에게 다시 그 그림을 팔았다. 그렇게 그 그림이 다시 거래될 때 마다 나는 수수료를 받는 것이다. 그 수수료는 일반적으로 10프로 수준인데 원작자가 NFT를 발행할 때 비율을 지정한다. 내가 나중에 이 세상에 없더라도 그 토끼그림이 또 다시 팔린다면 내 딸이 그 수수료를 받을 수도 있다.

NFT 구매자들은 작품의 소유권을 사는 거지 저작권까지 사는 건 아니기 때문이다(저작권까지 거래하기로 한 특정한 경우는 제외).

음악 NFT의 활용 사례도 다양하다. 특정 아티스트의 NFT 상품을 구매하면 직접 만나거나 프로젝트에 참여할 기회가 주어지기도 하고, NFT에 콘서트 무료관람과 같은 혜택이 포함되기도 한다.

유명 힙합 래퍼 스눕독은 올해 초 자신의 새 앨범 'B.O.D.R(Bacc On Death Row)'을 NFT로 출시했다. 여기에 특별한 혜택을 걸었다. 17개 트랙의 NFT를 전부 보유하는 팬에게는 한정판 앨범은 물론 미국 LA 자신의 저택에서 열리는 단독 파티 초대권 제공을 약속한 것이다. 이 외에도 NFT 구매자들을 위해 스눕 독이 직접 착용한 한정판 체인, LA 콘서트 티켓을 주는 등 다양한 혜택을 제공했다. 물론 해당 NFT가 착하지만은 않은 가격이었지만 재력을 가진 스눕독의 열성팬이라면 탐낼 만 한 혜택인 것은 분명하다.

국내 가수로는 작년 6월 래퍼 팔로알토가 NFT 음원을 발매했고, 이후 국악 퓨전밴드 이날치는 대표곡 '범 내려온다'를 NFT 음원으로 발표했다. 아이돌 그룹 에이스는 자신들의 포토카드를 NFT 형식으로 발매했다. 올해 초 가수 나얼의 첫 솔로음반 발매 10주년을 기념한 디지털 컬렉터블즈의 일일 매출이 1억 원을 넘어서기도 했다하니 국내 음악시장 NFT도 계속 성장할 것으로 보인다.

자, 이제 게임시장을 볼까? 몇 년 전 까지만 해도 게임을 하면 당연히 돈을 쓰는 구조였다. 그래서 아직도 '게임-돈낭비, 시간낭비'라는 선입견을 가진 분들이 있다. 하지만 게임 산업은 이기기 위해 돈을 쓰는 'P2W(Pay 2 Win) 모델'에서 게임하며 돈버는 'P2E(play to earn) 모델'로 가고 있다. NFT가 그것을 가능하게 만든 것이다.

게임에 NFT를 적용함으로써 캐릭터, 아바타, 게임 아이템 등이 개인 자산으로 인정을 받을 수 있는 시스템이 만들어진 것이다. 그렇기 때문에 게임을 하면서 아이템을 획득 후 토큰으로 거래하면 돈이 된다.

그러던 중 대놓고 '게임을 하면 돈을 벌 수 있다'는 콘셉트를 내세운 게임이 등장했다. 바로 '엑시 인피니티(Axie Infinity)'이다. '엑시즈'라고 불리는 NFT 형태의 디지털 애완동물을 수집해 다른 엑시즈와 싸우고 양육하는 게임이다.

베트남 게임 스타트업 '스카이 마비스'가 2018년 출시한 '엑시인피니티'는 다른 게임들과 마찬가지로 NFT 아이템 거래 외에는 자랑할 만한 게임성이나 콘텐츠가 없다는 평을 받았지만 '로닌'이라는 자체 싸이트 체인과 '엑시(AXS)'라는 자체코인을 도입하며 돈 버는 게임의 모습을 제대로 갖추게 됐다. 엑시 인피니티는 국민 소득이 다소 낮은 편인 필리핀과 베트남을 중심으로 폭발적인 성장을 기록했다. 엑시인피니티를 직업으로 삼아 생활비를 벌어 쓰는 사람들도 있을 정도니까 말이다.

이렇게 승승장구하던 엑시인피니티가 최근 7,400억 원이라는 대규모 해킹 피해를 입는 사건이 있었다. 게임 내에서 거래되는 가상자산과 NFT는 피해를 입지 않았다고 전해지지만 엑시인피니티 가상화폐의 가치 폭락은 불가피했고 많은 이용자들이 떠나갔다.

여기서 궁금증이 생긴다. 분명 블록체인의 안정성을 앞서 이야기 했고 해킹이 불가능하다고 했는데 이게 어떻게 된 일인가? 탈중앙화(Defi)의 신뢰성까지 흔들릴 판이다. 이번 해킹 사고는 블록체인을 연결해주는 '로닌 브리지'에서 발생했다고 한다. '브리지'란 서로 다른 블록체인 네트워크 간에 자산과 데이터를 이전할 수 있도록 구축된 시스템이다. 결국 블록체인 자체의 문제는 아니었던 것이지만 이 사건으로 엑시인피니티가 큰 타격을 입은 것은 사실이다.

우리나라 게임 산업이 P2E로 가기에는 아직 시기상조라는 의견들이 많다. NFT와 P2E 게임이 사행성을 조장한다는 이유로 금지돼 있기 때문이다. 게임 산업 법에 따르면 한국에서는 게임에서 얻은 재화를 현금으로 거래할 수 없다. 아직까지는 NFT, P2E 게임의 핵심인 게임으로 돈 벌기가 사실 불가능하다는 의미다. 많은 게임 업계 종사자들이 국내 게임 산업 법의 재정비 가능성에 촉각을 세우고 있는 상황이다.

패션업계에도 NFT 바람이 불고 있다. MZ 세대를 겨냥한 메타버스(3차원 가상세계)에서의 마케팅 전략에서 이제는 더 나아가 NFT까지 내놓고 있다.

특히 스포츠 브랜드들은 NFT에 진심인 듯하다. '나이키'는 일회성 NFT 프로젝트 협업에 그치지 않고 지난해 NFT 스타트 업 아티팩트(RTFKT)를 인수함으로써 본격적으로 NFT를 생산할 수 있는 체계를 마련했다.

'아디다스'는 PFP NFT(프로필 NFT)의 대명사인 지루한 원숭이들의 요트 클럽(BAYC, Bored Ape Yacht Club)이라는 프로젝트와 협업해 트레이닝복을 입은 3만 개의 원숭이 캐릭터를 NFT로 발행해 2,300만 달러의 수익을 내기도 했다.

여기에 질세라 '언더아머'도 NBA 농구스타 스테판 커리와 컬래버레이션 한 '운동화 NFT'를 내놓았다. 미국의 대표 국민브랜드(의류업체) '갭'은 '후드티셔츠 NFT'를 판매하기 시작했다.

명품브랜드도 NFT 시장에 적극적으로 뛰어들었다. 프랑스 명품 패션 브랜드 발망은 NFT 발행을 위해 인형브랜드 '바비(Barbie)'와 컬래버레이션을 진행했고 결과물로 발망의 옷과 액세서리로 꾸민 바비 인형이 총 3개의 NFT로 발행됐다.

이태리 럭셔리 패션 브랜드 '돌체앤가바나'의 NFT 데뷔 컬렉션 '콜레치오네 제네시 (Collezione Genesi)'는 한화로 66억 원이 넘는 낙찰가를 기록하기도 했다.

영국을 대표하는 명품 브랜드 '버버리'는 블록체인 기반의 온라인 게임 '블랭코스 블록 파티' 와 협업을 발표했고 그렇게 브랜드의 첫 NFT 캐릭터인 '샤키 B'가 탄생했다. 게임 유저가 소유한 블랭코(캐릭터)를 스타일링 할 수 있도록 버버리 'B 시리즈' 디지털 아이템을 제공한 것이다.

[그림6] 패션, 스포츠 브랜드들의 NFT사례(출처 : 조선일보)

아! 패션 이야기를 하면 빼놓을 수 없는 국내 메타버스 플랫폼이 있다. 바로 네이버에서 운영하는 '제페토'라는 플랫폼이다. 미국에 로블록스가 있다면 한국에는 제페토가 있다. 내가 원하는 모습의 아바타로 일상을 공유하며 게임과 소통을 즐길 수 있는 메타버스 플랫폼이다.

이 곳에서는 패션쇼, 전시회, 신제품 런칭, 아바타를 위한 아이템 판매 등 다양한 활동이 이뤄지고 있다. 글로벌 패션브랜드들이 제페토와의 다양한 협업을 진행하며 광고효과를 톡톡히 누리고 있으며 제페토는 국내외에서 사랑받고 있다.

특히 명품브랜드 '구찌'와의 성공적인 협업사례 덕분에 제페토의 인지도는 더욱 높아졌고 크리스챤 디올, 나이키, 컨버스, 노스페이스, 어그, 디젤 MCM 등 다양한 패션 브랜드들이 잇달아 제페토에 입점하며 패션 브랜드 상당수가 네이버 생태계에 합류하게 됐다.

메타버스 플랫폼의 광고효과와 이로 인한 매출상승에 그치지 않고 많은 브랜드들이 다양한 아이템을 NFT로 발행해서 판매수익을 내고 있는 추세이다. 입지도 못하고 신지도 못할 아이템이라고? 부캐의 전성시대에 내 아바타를 멋지게 꾸미고 희소성 있는 수집품을 모으는 것에 가치와 의미를 두는 D2A(디렉트투아바타) Z 세대의 문화에서는 충분히 납득이 되는 소비이다. 이런 새로운 소비층이 있기에 패션업계에서의 NFT 발행과 메타버스 플랫폼의 협업은 앞으로 더 승승장구 할 것으로 보인다.

6) 평범한 일상에서 NFT 활용은?

자, 그럼 비싼 마케팅과 후덜덜한 소비를 떠나서 우리의 평범한 일상에서 NFT가 어떻게 활용될지 알아보도록 하겠다.

우선 개인 창작물 NFT 발매가 가능해졌으니 이와 관련된 교육 기관, 학원, 전문가 인력 등이 증가하고 커뮤니티 또한 활성화 될 것으로 보인다. 누구나 창작자가 되고 구매자도 될 수 있는 세상이 왔으니 더 창의적이고 경쟁력 있는 창작물을 기대해 볼 수 있을 것 같다.

NFT가 우리 삶에 더 가까이 온다면 공공기관의 투명성 확보가 더 쉬워질 것이다. 작년 국내의 어느 정치인이 정치 후원금 영수증을 NFT로 발행하고 블록체인 기술로 정책을 평가받겠다고 공적인 장소에서 발표한 적이 있다. 트렌드에 발 빠른 미국 정치인들은 이미 NFT 판매를 통해 정치 자금 모금과 지지자 관리에 나섰다. 가까운 미래에는 국내 정치계에서도 이런 모습을 볼 수 있을 것이다. 개인적으로 기부자 신원만 명확하게 확인한다면 더 깨끗한 정치 자금 후원 문화를 만들 수 있다고 긍정적으로 내다보고 있다.

독자들 대부분이 주택담보대출은 들어봤지만 'N담보대출'은 못 들어봤을 것이다. 최근 'NFT 담보대출'까지 등장 한 것을 보면 머지않아 우리나라 금융권, 부동산거래에도 가상자산이 영향을 미칠 것으로 보인다.

얼마 전 크립토펑크 보유자가 NFT를 담보로 NFT 담보대출 플랫폼인 'NFT파이'로부터 100억 원이 넘는 돈을 대출받는데 성공했다는 기사를 읽은 적이 있다. 해외에서는 이미 'N담대(NFT담보대출)'이 시작됐고, 국내에서도 N담대 서비스를 준비하기 위해 기반을 다지고 있다고 하니 주목해봐야겠다.

NFT가 실물자산과 마찬가지로 평가된다면 머지않아 해외의 사례들처럼 NFT를 담보로 대출을 받고 자산을 관리할 수 있을 것으로 보인다. 부동산 거래 시 블록체인을 이용해 권리와 소유권을 증명하는 '부동산 스마트계약' 활용 가능성에 대한 연구도 계속되고 있다.

중고차를 거래할 때도 사고이력, 주행기록, 거래이력 등을 증명할 수 있는 NFT 기술이 적용될 수 있을 것으로 내다보고 있다. 시간이 걸리겠지만 모든 소유권과 증명서가 NFT화 되는 미래가 올 수도 있을 것이다. 전자 지갑에서 가족관계증명서, 등본, 경력증명서 같은 증빙 서류를 볼 수 있는 날이 오지 않을까?

[❷ NFT, 넌 어느 별에서 왔니?? NFT의 시작과 주요 타임라인]

1) NFT의 시작

'세계 최초의 NFT는 무엇일까요?'라는 질문에 NFT에 대해 관심이 있고 조금 아는 분들 중 대부분은 아마도 크립토펑크나 크립토키티를 떠올릴 것이다. 앞서 이야기 했던 크립토펑크가 세계최초의 'PFP(프로필) NFT'라는 점에서는 의심의 여지가 없다. 그리고 분명 지금의 NFT가 있기까지의 공헌이 큰 점도.

하지만 그보다 3년이나 더 앞선 시간에 발행된 NFT 작품이 있었다. 바로 디지털 아티스트 케빈 맥코이(Kevin McCoy)의 '퀀텀(Quantum)'이라는 작품이다. 물론 2014년에는 이더리움 블록체인이 생기기 전이어서 '네임코인(Name Coin)'이라는 블록체인에서 발행했다고 한다.

이미지를 블록체인에 기록하고 최초 제작자와 소유권을 검증하는 아이디어와 기술이 활용된 첫 사례이다. 2014년부터 2016년까지 그는 디지털 아티스트들이 작품을 판매하고 추적할 수 있는 '예술작품 토큰화'라는 아이디어를 전파하기 위해 노력했지만 당시에는 웃어넘기는 사람들이 대부분이었다고 한다. 이더리움이 탄생하고 커뮤니티가 형성되고 나서야 그의 아이디어가 인정받은 셈이다. 케빈 맥코이는 시대를 앞선 것이었다고 말할 수 있다. 훗날 세계최초 NFT 작품인 퀀텀은 이더리움 블록체인으로 옮겨져서 작년 소더비 경매에서 147만 달러에 낙찰됐다.

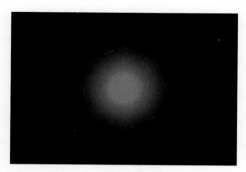

[그림7] 케빈 맥코이의 '퀀텀'(출처 : mccoyspace.com)

2) 이더리움의 등장

2017년에 들어서며 스마트계약 기능을 탑재한 블록체인 이더리움이 주목받기 시작했다. 이더리움(Ethereum)은 블록체인 기술을 여러 분야에 접목할 수 있도록 업그레이드한 기술이다. '2세대 블록체인'이라고 불린다.

대다수의 NFT가 이더리움 기반으로 발행되는 이유는 네트워크가 크고 확장성과 안정성이 좋기 때문이다. 물론 높은 가스비(수수료)와 느린 변환속도 때문에 솔라나, 폴리곤과 같은 블록체인을 사용하기도 하지만 아직은 이더리움이 압도적이다.

참고로 이더리움 블록체인의 개발자는 '비탈린 부테린(Vitalik Buterin)'이라는 러시아 출신의 프로그래머이자 작가로 1994년생이니까 우리 나이로 28세이다. 그가 처음 이더리움 개발백서(white paper)를 작성했을 때의 나이는 19살이었다고 하니 대단하다. 부테린이 이더리움을 개발 할 당시 그의 비전은 다른 탈중앙화 어플리케이션(DApps, Decentralized Applications)을 구축할 수 있는 일종의 플랫폼 기술이 되는 것이었다.

그렇다면 1세대 블록체인으로 불리는 비트코인과 2세대 블록체인으로 불리는 이더리움의 차이점은 무엇일까?

비트코인은 화폐기능을 하는데 초점을 맞추고 있기 때문에 비트코인에 저장되는 정보는 비트코인(BTC)을 보내고 받는 내용뿐이다. 하지만 이더리움 블록체인은 이더리움(ETH) 화폐 사용뿐만 아니라 스마트계약(Smart Contract)이 가능해서 다양한 거래 정보가 저장되고 전달된다. 쉽게 말해서 비트코인은 화폐의 기능만 하지만 이더리움은 스마트계약 기능이 있고, 기업들이 새로운 프로그램을 구축하기 위해 사용하는 원장기술이 되는 것이다.

3) NFT 기다림에 열매를 맺고, 주목받기 시작하다

케빈 맥코이의 첫 NFT발행 이후 한참은 조용했다. 물론 2015년 NFT 대중화를 이끈 블록체인 '이더리움'이 등장했지만 그것이 알려지고 커뮤니티가 형성되기까지의 시간은 필요했으니까. 2017년 캐나다의 블록체인 개발사 라바랩스(Larva Labs)가 '크립토펑크'라는 1만개의 픽셀아트를 NFT로 내놓으면서 NFT아트에 생명을 불어넣었다고 할 수 있다.

NFT를 알리기 위해 9,000개의 펑크들을 무료로 배포했지만 처음에는 별다른 반응도 인기도 없었다고 한다. 하지만 얼마 후 미국의 IT 전문 매체 '매셔블(Machable)'에 기사가 실리면서 상황이 완전히 바뀌었다. 기사가 나온 지 24시간 내에 900개의 크립토펑크들이 모두 청구됐다. 그 후 크립토 펑크는 수천, 수만 달러에 재거래 되면서 NFT 열풍을 몰고 온 것이다. 그리고 같은 해에 세계최대 NFT거래소인 '오픈씨(OpenSea)'가 문을 열었다.

2018년도에 이르러 최초의 NFT게임인 '크립토키티'가 탄생하면서 디지털 콜렉터블 시장은 더 성장하게 됐다. 2018년에는 NFT 생태계의 선두주자 중 하나인 NFT 예술 마켓 플레이스 '슈퍼레어(SuperRare)'가 출범됐다.

플랫폼의 이름이 말해주듯이 희소성 있고 작품성 있는 단일 에디션 작품만이 거래되는 곳이다. 기존 갤러리 거래에서는 갤러리가 가져가는 수수료가 컸는데, 이런 플랫폼의 등장으로 갤러리의 수수료는 큰 폭으로 줄고 작가들에게는 거래될 때마다 로열티가 돌아가게 됐다.

또 다른 NFT 주요 거래 플랫폼인 '메이커스 플레이스'와 '파운데이션'도 2018년에 설립됐다. 짧은 역사의 NFT 시장을 고려하면 아주 오래된 원조 NFT 거래 플랫폼들이라고 할 수 있다. 그 뒤를 이어서 '노운오리진', '라리블'과 같은 인지도 있는 NFT 거래소들이 더 생겨났다.

2019년에는 크립토키티를 만든 대퍼랩스에서 NFT 기반의 디지털 카드수집 게임인 'NBA 톱샷'을 선보였다. 스포츠와 NBA 열성팬이라면 탐낼만한 마이클 조던의 멋진 덩크슛, 코비 브라이언트의 화려한 드리블, 스테판 커리의 3점 슛과 같은 명장면을 '동영상 NFT'로 소유할 수 있게 됐다. 물론 비싼 가격에 되 팔수도 있다. NBA 톱샷의 성공은 프로야구, 프로축구도 NFT 카드시장에 눈을 돌리는 계기가 됐다. 오프라인 스포츠카드의 분실, 위조 등의 문제가 보완된 NFT 카드 시장이 열린 것이다.

4) 드디어 포텐이 터지다. 2021년은 NFT의 해!

이렇게 점점 시동을 걸던 NFT 시장의 포텐이 제대로 터진 것은 바로 작년 2021년이다. 조용한듯했지만 몇 년 간 암호화폐의 가치와 가상자산의 가치는 상승하고 있었고 투자도 이뤄지고 특히 젊은 소비층들로 인해 날아오를 준비를 하고 있었던 것 같다.

2021년 3월 큰 화제가 된 사건(?)이 두 가지 있었다. 앞에서도 언급했던 디지털 아티스트 비플의 '매일 : 첫5000 NFT'가 6,930만 달러에 거래된 것과, 잭 도시 전 트위터 CEO의 첫 트윗이 1630.6ETH(이더리움)에 판매된 일이다. 그 뒤로 다양한 그리고 고가의 NFT 거래가 줄을 이었다.

2021년 4월에는 지루한 원숭이들의 요트클럽(BAYC) NFT 프로젝트가 출시됐다. 2021년 여름부터는 다양한 플랫폼, 스포츠, 패션, 게임, 예술, 엔터테인먼트 등의 분야에서 NFT 발행과 거래가 이뤄졌다. 작년 11월에는 메타버스 게임 플랫폼 더 샌드박스에 있는 가상 부동산이 430만 달러에 팔리기도 했다. 이후 가상부동산의 인기는 더욱 더 높아졌다.

2021년 12월 디지털 아티스트 'Pak'의 '머지(Merge)'라는 작품이 NFT 역대 최고가를 경신하는 일이 벌어졌다. 그의 작품 Merge는 NFT 플랫폼인 Nifty Gateway에서 9,180만 달러에 판매됐다고 한다. 여기서 흥미로운 점은 이 작품의 구매자는 한명이 아니라는 것이다. 2만 8,983명의 구매자에게 배포된 31만 2,686개의 조각으로 분할됐다는 점이 눈길을 끈다. 구매 개수에 따라 NFT 질량이 달라지는 '매스' 방식을 통해 하나의 작품을 많은 사람들이 나눠서 구매 한 것이다. 요즘 NFT 미술시장에서는 이 '매스' 방식의 거래가 점점 더 많이 눈에 띈다.

[그림8] NFT 역사상 최고가를 갱신한 'Pak'의 작품 'The Merge'(출처 : Nifty Gateway)

5) NFT의 현재와 방향

IT 업계뿐만 아니라 유통업계까지 앞 다퉈 메타버스와 NFT에 뛰어들었고 다양한 시도를 하고 있다. 명품 브랜드부터 자동차까지 우리가 들어봤다 하는 네임 밸류가 있는 기업은 모두 NFT를 하고 있거나 준비하는 게 아닐까 싶을 정도이다. 하지만 어떤 기업들은 방향성 없이 비전을 제시하지 못한 채 단지 트렌드를 쫓기에 바쁘다는 비난을 받고 있다.

코로나19 이후 미래가 더 빨리 다가왔음을 느낀다. 그 예로 웹 3.0 시대에 대해 말하고자 한다. 인터넷 세상이 크게 변했다. 인터넷에 올라온 콘텐츠를 단순히 읽고 받아들이던 단계가 바로 웹 1.0 단계이다. 웹 1.0에 이어 우리는 인스타그램이나 페이스북 같은 참여 형 온라인 플랫폼을 통해 콘텐츠를 주고받을 수 있는 웹 2.0 단계를 경험했다.

웹 3.0은 데이터가 분산화 돼 저장되고, 데이터에 대한 소유권을 개인이 통제할 수 있는 새로운 웹 환경으로 '탈중앙화 웹'이라고 불린다. 상호작용은 물론이고 이용자가 데이터 주권자로서 플랫폼에 의존하지 않고, 정보생산과 쌍방 소통을 주도하는 것이 특징이다.

웹 3.0과 NFT는 밀접한 관계가 있다. 블록체인 상 기록을 통해 나의 데이터의 경제적 가치를 증명할 수 있는 것이 바로 NFT이기 때문이다. 웹 3.0 서비스에서 업로드 한 나의 콘텐츠는 NFT로 발행할 수 있고, NFT는 웹 3.0 기반 서비스에서 나의 신분과 정체성을 나타낼 수 있는 용도로도 사용 될 수 있다. 그 대표적인 예가 블록체인 기반 메타버스에서 사용되는 NFT 아바타이다.

그리고 트위터에서는 웹 3.0 지지 커뮤니티를 중심으로 NFT를 프로필 사진으로 사용하는 것이 이미 보편화되기도 했다. 자신이 보유한 NFT를 통해 정체성 또는 신분을 드러내는 것이다.

③ NFT관련 금융권의 입장은 어떨까?

세계은행에서 전 세계에 코로나19 백신을 지원하기 위해 확보한 예산보다 많은 금액이 2021년 NFT 판매 총액이라는 게 믿겨지는가? 그 액수는 약 196억 달러(한화 약 23조 4,710억 원)에 달한다고 한다. 2020년도 대비 무려 200배가 넘게 늘어난 금액이다.

금융위원회는 NFT도 특금법에 포함된다며 올해부터 소득세를 적용할 것임을 예고한 바가 있다. 새 정부는 가상자산 시장이 신뢰를 바탕으로 성장하는 환경이 될 수 있도록 NFT와 같은 '디지털자산 기본법'을 제정할 방침이라고 발표한 바도 있다.

많은 논란을 딛고 NFT가 과세 대상으로 등극했다는 것은 디지털 자산이 경제적 이윤을 얻는 수단이 됐음을 제도적으로 인정한 셈이다. 그럼에도 불구하고 아직도 대부분의 사람들에게 가상세계와 가상자산이라는 개념은 낯설기만 한다. 메타버스와 NFT 관련 제도가 안정적으로 자리 잡는다면 이 개념이 확산되는 것은 시간문제라고 본다.

④ NFT와 메타버스의 관계는?

1) 메타버스 세상에 최적화된 NFT

3차원 가상세계인 메타버스에서 NFT는 떼려야 뗄 수 없는 존재이다. 서로가 필요한 상생관계인 셈이다. 메타버스 세상 안에서 NFT는 제대로 인정받을 수 있는 '디지털자산'이기 때문이다. 그리고 내가 디지털자산인 NFT를 받아들이고 실물자산으로 인정한다는 것은 메타버스 경제에 합류한다는 의미이기도 하다.

메타버스 플랫폼의 주축이 되는 창작자 생태계를 위해 NFT가 필요하다는 것은 여러 전문가들이 누누이 이야기 해 왔다. 메타버스 속 캐릭터, 아바타는 물론 이 캐릭터와 아바타가 착용하는 패션 아이템, 이용하고 구매하는 물건, 활동하는 부동산이나 빌딩 등 모두 NFT가 될 수 있는 것이다.

2) 메타버스 안팎에서 열일 하는 NFT 마케팅과 브랜딩

새로운 경험을 중요시하는 MZ 세대들에게 메타버스 마케팅은 긍정적인 반응을 얻고 있고 거기에 힘입어 많은 기업들이 NFT 발행으로 새로운 수익을 창출하고 있다.

기업들의 메타버스 마케팅 전략을 살펴보겠다. 명품 브랜드 '구찌(GUCCI)'의 경우 메타버스 게임 플랫폼인 로블록스를 통해 젊은 소비자들을 모으기로 하고 아바타들을 위한 한정판 '구찌 컬렉션' 가방, 안경, 모자 등을 NFT로 제작해 판매한 바 있다.

또 다른 명품 브랜드 '루이비통'은 작년 8월 브랜드에서 직접 제작한 '루이 : 더 게임'이라는 자체 모바일 게임을 선보였다. 게다가 올해는 그 확장판까지 내놓았다. 명품패션브랜드와 게임 이라는 조합이 좀 뜬금없다 생각하겠지만, 마케팅 효과 이외에도 게임에 주목하는 또 다른 이유 가 있다. 바로 '대체불가토큰(NFT) 확장 가능성'이다.

[그림9] 루비통의 모바일게임 '루이 : 더 게임'(출처 : 루이비통 모바일)

지난해 8월 출시 후 전 세계적으로 누적 앱 다운로드만 200만회를 달성 했다고 하는 루이비 통의 '루이 : 더 게임'을 조금 엿보자면, 새로운 레벨의 상상 속 도시에 진출한 게임플레이어에 게 추첨을 통해 NFT에 응모할 기회를 준다고 한다. NFT가 유명 브랜드들의 새로운 먹거리로 부상 한 것은 팩트인 것 같다.

이런 새로운 마케팅 트렌드와 시도는 비단 해외의 이야기만이 아니다. 이제 국내 마케팅/브랜딩 사례들에 대해서도 살펴보자.

국내 운동복 브랜드 '젝시믹스'도 올해 NFT 디지털 작품을 선보였다. 올해 3월 NFT 유통 플랫폼 '메타갤럭시아'에서 젝시믹스의 캐릭터 '제시아'의 탄생을 기념하는 디지털 작품 'The Birth'를 판매한 결과, 출시 바로 다음날 완판 됐다.

'코오롱FnC'는 아웃도어 브랜드 코오롱스포츠의 대표 상품을 판매하면서 특정 컬러에 NFT를 적용했고 디지털 보증서를 NFT로 제공해 한정판이라는 의미를 더했다. 이렇게 특정 기념일을 기념해 발행되는 기념품 개념의 NFT 또는 제품의 특정 에디션에만 적용되는 인증서 개념의 NFT 등이 브랜드 마케팅의 한 부분으로 사용되고 있다.

올해는 국내 뷰티업계도 메타버스와 NFT 마케팅에 적극 동참하고 있다. 의류는 아바타에게 입히고 내 정체성을 표현할 수 있지만 실제 발라보고 향기를 맡는 것이 소비자 경험의 큰 부분을 차지하는 화장품 시장에서 과연 NFT 마케팅이 가능할지 의문을 제기할 것이다.

'LG생활건강'은 최근 국내 뷰티 기업 중에서는 처음으로 올해 3월 NFT를 발행했다. '빌리프'라는 기초화장품 브랜드의 스토리와 가치관을 담은 캐릭터를 NFT로 제작했다. NFT 구매자에게 실물 화장품을 함께 증정함으로써 NFT 발행뿐 아니라 고객의 제품체험까지도 고려를 했다. 화장품 NFT 마케팅은 제품판매뿐 아니라 브랜드 이미지를 구축하고 두터운 팬 층을 확보하기 위한 전략인 것이다.

'아모레퍼시픽' 역시 메타버스 플랫폼을 잘 활용하고 있는 것으로 보인다. 지난해 9월 메타버스 플랫폼에서 창립 기념식을 개최한 데 이어 올 1월에는 화장품 브랜드 '헤라'가 메타버스 플랫폼 제페토와 협력해 공식 팝업 공간을 선보였다.

아직 해외만큼은 아니지만 국내 스포츠 업계에서도 NFT 활용 마케팅에 관심을 보이고 적극적으로 나서고 있다. 포스트 코로나 시대에 접어들면서 인기 스포츠 프로야구에서는 NFT 발행이 기지개를 켜고 있다.

그 예로 '두산디지털이노베이션'은 프로야구 개막일(4월 2일)에 맞춰 구단 주요 선수의 'NFT 선수카드'를 발행했다. 자신이 좋아하는 선수들의 사진에 사인이 그려진 종이카드를 수집하고 거래하던 시절이 가고, 선수들의 정보가 담기거나 경기 활약 명장면이 담긴 NFT를 수집할 수 있는 시대가 온 것이다.

이미 해외에서는 메이저리그(MLB), 미국프로농구(NBA) 등에서 활약 중인 선수들의 '디지털 카드'가 출시됐고, 국내에서도 2022 베이징동계올림픽에 출전하는 선수단의 '팀코리아 NFT 2022'를 발행한 바 있다.

스포츠 분야의 NFT에 진심인 NFT 기업이 있다. 바로 '블루베리 NFT'이다. 재미있는 건 원래 이 회사는 스포츠와 상관없는 바이오 사업에 종사하던 기업이었다. NFT의 가능성을 보고 '경남바이오파마'라는 원래의 사명까지 바꾸면서 NFT로 사업 영역을 확장한 것이다. 'NBA 탑샷'을 모델삼아 한국프로야구선수협회, 한국프로축구연맹, 한국프로농구연맹과 계약을 체결하고, 이들 프로선수에 대한 NFT 사업을 추진하고 있다.

블루베리NFT가 국내에서 압도적인 스포츠 지적재산권(IP)을 확보하고, NFT 마켓플레이스 사업을 준비하고 있는 상황인 것으로 볼 때 국내 스포츠팬을 대상으로 한 NFT 서비스와 이벤트는 점차 늘어날 전망이다.

NFT마케팅에 있어서는 식품업계도 예외가 아니다. 그 가운데에서도 대한민국 국민야식 '치킨' 이야기로 가보겠다.

'BBQ치킨'은 NFT가 뜨거워지자 업계에서는 1위로 발 빠르게 움직였다. 2022년 베이징 동계올림픽에 출전하는 우리 선수들을 응원하기위해 자사 마스코트 '치빡이' 이미지를 활용한 NFT 1만개 발행 이벤트를 준비했는데 소비자 반응은 예상했던 것보다 훨씬 더 뜨거웠다. 국가대표 선수들에게 응원메시지를 남기고 설문조사에 참여하면 이벤트에 응모되는 비교적 간단한 방식이었다. 설문조사 참여를 위해서는 자사 앱에 가입해야하니 자동으로 브랜드 마케팅이 된 셈이다. 응원 이벤트로 자연스럽게 고객유치를 한 BBQ의 전략. 참 스마트하지 않은가?

독자들도 치킨 주문하고 쿠폰 한 번씩 받아본 경험이 있을건데, 모으기도 하겠지만 쿠폰들이 버려지거나 다 모으기도 전에 분실하는 경우도 많다. 'bhc치킨'은 기존의 쿠폰 개념을 탈피해

지속적으로 혜택을 받을 수 있는 '쿠폰형 NFT' 출시에 나섰다. 올해 그 시작으로 bhc는 KB국민카드와 협업해 쿠폰형 NFT를 발행했다.

자사 캐릭터를 활용한 한정판 NFT를 제작했고, KB국민카드 통합자산관리 플랫폼 이용자를 대상으로 NFT 무료 증정 이벤트를 진행했다. bhc치킨은 앞으로도 지속적인 NFT 발행을 통해 고객에게 새로운 경험을 제공함은 물론 고객만족도를 높여가겠다는 계획을 밝혔다. 치킨뿐만 아니라 향후 식품시장에서 다양한 NFT 사례를 볼 수 있을 것으로 기대된다.

최근 긍정적인 브랜드 이미지를 구축함과 동시에 NFT로 선한 영향력을 행사한 '기부 프로젝트'도 눈길을 끌고 있다.

'기아'는 국내 자동차 제조회사로는 최초로 전기차(EV) 라인업을 활용해 디자인센터에서 기아의 디자이너가 직접 제작한 '기아 EV NFT' 6개 작품을 NFT 유통 플랫폼 '클립 드롭스(Klip Drops)'에서 판매했다. 작품별로 10개씩 총 60개가 발행됐는데 겨우 15초 만에 완판 됐다.

기아는 수익금 전액을 해양 환경보호 연구를 진행하는 '동아시아 바다공동체 오션'에 기부했다. 기부를 통해 지속가능한 움직임에 동참하고, ESG(환경·사회·지배구조) 경영을 실천하겠다는 의지를 보여줬다. 그리고 NFT 구매자에게 기아 전기차를 경험할 수 있는 기회를 제공함으로써 고객과의 관계구축과 관리도 잊지 않았다. NFT를 잘 활용한 선한 마케팅과 기부 프로젝트의 예라고 할 수 있다.

최근 패션매거진 '엘르'는 국내 아티스트 10인이 참여한 'NFT 판매 및 기부 프로젝트'를 성황리에 마쳤다. 유기견과 믹스견의 매력을 알리기 위한 취지로 진행된 'Love, Mix' 프로젝트는 국내 매체가 처음으로 시도한 NFT와 기부가 결합된 프로젝트이다. 귀여운 동물 일러스트를 NFT로 발행해 수수료를 제외한 전 수익금을 동물보호단체 '카라'에 기부했다. 이 프로젝트 역시 요즘 트렌드를 잘 반영한 기부 프로젝트라고 할 수 있겠다.

MZ 세대들에게 메타버스와 NFT는 이미 삶의 한 부분이 됐고 젊은 층의 소비패턴은 희소가치 소비를 지향하는 경향이 있어서 메타버스와 NFT를 활용한 마케팅은 더욱 활발해질 것으로 보인다. 가상공간에서 자신의 아바타를 통해 욕구와 꿈을 충족하는 시대가 온 것이다.

그리고 몇 년 전만 해도 값비싸고 희귀한 수집품을 구매하는 소비자들의 연령층이 높았지만 더 이상 그렇지 않다. 세계 최대 아트페어 주관사인 '아트 바젤'과 글로벌 금융기업 'UBS'가 발간한 '아트마켓보고서 2021'에 따르면 미국, 영국, 중국 등 10개국의 고액 자산가와 수집가 2,596명 중 MZ 세대가 56%에 달한다고 하니 그저 놀라울 따름이다.

3) MZ 세대에게 사랑받는 '밈' 문화

'Meme(밈)'이라고 들어봤는가? 메타버스와 NFT의 주 사용자(고객)인 MZ 세대를 이해하려면 '밈 문화'에 대해서 알아야 할 것 같다.

원래 'Meme(밈)'은 모방을 뜻하는 그리스어 '미메시스(mimesis)'와 '유전자(gene)'의 합성어로 생물학자 리처드 도킨스(Clinton Richard Dawkins)가 1976년 출간한 저서 〈이기적인 유전자〉에서 학술용어로 처음 사용됐다. 리처드 도킨스는 밈을 '인간의 유전자처럼 자기복제적 특징을 지니며 번식해 대를 이어서 전해져 오는 사상이나 종교, 이념 같은 정신적 사유'로 정의했다. 쉽게 말해 밈은 '사람들 사이에서 입소문으로 또는 모방을 통해 재생산되고 습득되는 모든 문화적 현상'을 총칭한다.

요즘 시대에는 학술적인 의미보다는 놀이나 유행에 가깝게 널리 쓰이고 있다. 인터넷에 떠돌고 유행하는 사진이나 짧은 영상, 흔히 우리가 '짤'이라 부르는 것을 밈이라고 칭한다. 짧지만 중독성 있고 문명한 메시지를 남기는 밈은 어느새 MZ 시대의 유행코드가 됐다.

이러한 밈의 확산과 유행은 NFT 시장까지 진입했다. 인터넷에서 유명한 사진이 NFT로 발행돼서 고가의 가격에 낙찰된 사례가 여러 차례 있었다.

2022년 3월 27일 '제 94회 아카데미 시상식'에서는 세상을 떠들썩하게 했던 한 장면이 연출됐다. 그 날 '윌 스미스'는 진행자였던 코미디언 '크리스 록'이 자신의 아내를 상대로 무례한 농담을 했다는 이유로 시상식 도중 크리스록의 따귀를 때린 웃지 못 할 해프닝이 발생했다. 이 장면은 순식간에 '밈'으로 떠올랐고 하루가 채 되지 않아 '윌 스미스 따귀'라는 이름의 대체불가토큰(NFT)이 발행·판매되기 시작했다. 이후에도 이 장면을 풍자한 NFT가 쏟아져 나왔다. 온라인 놀이문화로 소비되는 밈이 디지털 자산으로 거래되는 하나의 예이다.

[그림10] 윌 스미스 '따귀 NFT'(사진 : 오픈씨(OpenSea))

가장 많이 알려지고 고액에 거래된 '밈 NFT'로는 '재앙의 소녀(Disaster Girl)'라는 사진이 있다. 화재현장에서 묘한 웃음을 짓고 있는 소녀의 사진은 2005년에 찍혔고 16년 동안 인터넷 공간에서 수없이 복제돼 미국에서 인터넷 '밈'으로 자리를 잡았고 2021년에는 NFT로 발행돼 원본의 가치를 인정받게 됐다.

[그림11] 약 50만 달러에 낙찰된 온라인 밈 '재앙의 소녀'(사진 : 데이브 로스(Dave Roth))

또 다른 유명한 밈 NFT로는 '도지 밈'이 있다. 도지 밈의 원작자이자 NFT 발행인은 바로 시바견 '카보수(도지 밈의 주인공)'의 주인인 사토 아츠코 씨이다. 그는 2010년 개인 블로그에 카보수의 사진을 올렸는데, 이 사진이 웹 사이트에서 확산되면서 도지 밈으로 발전한 것으로 알려졌다. 그 인기에 힘입어 가상화폐 '도지코인'까지 탄생하게 됐다.

[그림12] 약 45억 원에 낙찰된 '도지 밈'의 원작사진(출처 : 조라 트위터 갈무리)

테슬라의 '일론 머스크' 최고경영자(CEO)가 공개적으로 관심을 보이고 지지하는 코인으로 유명하다. 온라인 밈 데이터베이스 '노우 유어 밈' 측은 "도지는 인터넷 역사상 가장 상징적인 밈이다"라고 평했다.

국내에서도 밈 NFT가 여러 개 거래됐는데, 그 중 하나가 바로 MBC에서 발행한 신봉선의 '상상도 못한 정체 NFT'이다. 2017년 8월 20일 MBC 예능프로그램 '복면가왕'에 출연한 코미디언 신봉선이 가수의 정체를 알고서 놀라는 모습이 '밈'화 돼서 인기를 끌었다. 그 모습을 담은 영상이 NFT로 제작돼 작년 말 300만원에 최종 거래됐다. MBC는 NFT를 포함한 모든 NFT 판매수익금을 사회복지공동모금회인 '사랑의열매'에 전액 기부했다.

[그림13] 300만원에 거래된 신봉선의 '상상도 못한 정체' 밈 NFT(출처 : MBC)

밈 NFT의 경우 순간적인 인기를 이용해 투자자를 현혹시키는 사례가 있다. 단순히 순간의 재미를 위해 탄생한 밈은 금방 잊혀질 것이고 그렇게 된다면 밈 NFT의 가치도 하락하는 것은 당연한 수순일 것이다. 장기적으로 영향력이 지속되거나 시대적 상징, 사회적 의미가 있는 밈이 아니라면 가치를 인정받기 어려울 것으로 보인다.

[Epilogue]

새로운 투자문화의 시작과 주의점

필자가 글을 쓰고 있는 현재 시점의 세계경제 상황은 썩 좋지 않다. 암호화폐와 NFT를 포함한 변동성이 많은 가상자산 시장이 불안정한 것도 사실이다. 그럼에도 불구하고 NFT 시장은 여전히 기하급수적으로 성장하고 있다. 메타버스, NFT 및 블록체인의 인기가 급상승한 반면 아직은 많은 사람들이 보안에 대한 지식이 부족하거나 부주의해서 해커들의 공격 대상이 될 위험이 도사리고 있다.

NFT는 대체불가 한 토큰이고 고유번호가 주어진다고 하지만 원본과 다른 데이터를 일반 소비자가 검증하기는 쉽지 않은 경우도 있어서 사기에 노출될 수 있다는 단점이 있다. NFT 이해와 정보 없이 섣불리 시장에 투자하는 것은 큰 위험이 따른다는 것을 반드시 기억해야 한다.

특히 재판매를 목적으로 하는 NFT라면 해당 프로젝트가 안정적이고 탄탄한 커뮤니티가 형성돼 있는지를 먼저 알아보는 것이 중요하다. 커뮤니티가 중요한 역할을 하는 NFT 시장에서 같은 세계관과 가치를 가진 사람들을 만나서 시너지 효과를 내고 서로 윈윈할 수도 있으나 프로젝트에 대한 관심보다는 다른 목적을 가진 사람들을 만나는 경우도 종종 있다.

계속되는 기술 개발과 함께 가상자산보호법 등이 안정적으로 자리를 잡는다면 NFT 시장은 더욱 확장되고 발전 할 것이라 예측된다. 그러기 위해서는 NFT와 암호화폐에 대한 올바른 이해와 성숙한 투자 마인드가 동반돼야 할 것이다.

지금은 NFT 시대,
모두가 NFT를 하는 이유

조 은 희

Chapter

04

지금은 NFT 시대, 모두가 NFT를 하는 이유

[Prologue]

예술로 거듭난 NFT

페이스북이 '메타'로 이름을 변경하고 가상화폐, 가상공간의 활용, 메타버스 플랫폼을 이용한 크리에이터 활동이 활발해지면서 메타버스가 시대의 흐름을 장악하고 있음을 알 수 있다. 그 외에도 지금은 화상회의나 줌 미팅, 학교수업에까지 활용되고 있는 메타버스 플랫폼이 2021년 이후 2022년에 들어서면서 몇 달 사이 폭발적으로 늘어났다. 이제 유튜브와 인스타그램, 블로그 등 여러 SNS와 같이 대중화 됐다고 해도 과언이 아니다.

메타버스와 IT의 융합은 디지털 대 전환 시대에 접어들면서 현실세계를 넘어 가상공간의 영역까지 확대돼 새로운 경제 가치를 창출하고 있다. 또한 메타버스와 IT 융합서비스를 활용한 기업들의 활약이 눈에 띄게 늘고 있다.

메타버스와 함께 자연스럽게 연동되는 단어가 있는데 바로 'NFT(Non-Fungible Token)'이다. '대체 불가능 토큰'이라는 뜻의 NFT는 블록체인 상에서 유통되는 토큰의 한 종류로 각 토큰마다 고유 값을 갖고 있어 다른 토큰으로 대체가 불가능한 것을 말한다.

우리가 돈으로 사용하는 현금은 가치가 동일해 서로 교환할 수 있는 반면, NFT는 각각의 토큰이 모두 다르며 가치도 저마다 다르기 때문에 각각의 작품마다 가격도 다르게 매길 수 있다.

무엇보다 진위(眞僞)와 소유권 입증이 중요한 예술 분야 즉 그림, 음악, 영상 등의 콘텐츠에 이 기술을 적용시킬 수 있고, 블록체인으로도 창작자의 자산에 고유번호를 부여해 복제와 위·변조를 막을 수 있다.

따라서 NFT는 진품 확인이 가능하고, 탈중앙화 시스템으로 개인 간 거래가 자유로우며, 부분 소유권을 가질 수 있어 투자가치로도 높게 평가되고 있다. 이처럼 창작 콘텐츠에 대한 '희소성'과 '소유권' 문제로 끊임없는 논란이 있었으나 NFT의 등장으로 어느 정도 해소 될 전망이다.

또한 시장진입의 장벽이 낮아져 전문 예술인이 아니더라도 누구나 손쉽게 창작하고 판매할 수 있는 이점을 갖고 있다. 그리해 원작자는 손쉽게 수익 창출이 가능해졌는데 디지털 작품이 NFT로 거래될 때마다 처음 제작자에게 수수료가 가도록 NFT를 설정할 수 있기 때문이다. 아트 수집가들 또한 실물로 수집해야 했던 예술품을 디지털 화 된 형태로 소유할 수 있게 됐고 오프라인 갤러리에 국한될 필요 없이 자유롭게 소장할 수 있게 됐다.

1 메타버스와 NFT

'메타버스(Metaverse)'는 가상, 가공, 추상 등을 의미하는 'Meta(메타)'와 우주, 세계, 세상 등을 의미하는 '유니버스(Universe)'의 합성어로 3차원 가상세계를 뜻한다. 이른 바 초월우주, 즉 또 다른 세상, 평행우주와 비슷한 개념으로 해석되고 있으며 웹상에서 아바타를 이용해 사회, 경제, 문화 활동을 하고 가상세계와 현실세계의 경계가 허물어지는 것을 이른다.

메타버스 세상을 가상세계라고는 하지만 실존으로 인정받는 세계라고도 할 수 있다. 디지털 기술이 발전하면서 가상세계와 현실세계를 넘나들고 가상세계에서 활동하는 모든 것들이 현실세계에 존재하거나 일상생활에 접목돼 현실에 가까운 가상세계를 만들어내고 있기 때문이다. 그러나 가상세계는 디지털 데이터로 이뤄져 있기 때문에 모든 것을 복사해 붙여넣기가 가능하다. 따라서 가상세계에서 무언가 만들어내더라도 다른 사람이 쉽게 복사해 무단으로 사용할 수 있었다.

[그림1] 메타버스 이미지(출처 : pixabay)

[그림2] NFT 이미지(출처 : pixabay)

　최근 블록체인기술과 함께 NFT가 등장하면서 어떤 데이터의 유일성과 진위여부를 증명해 줄 수 있게 됐다. 누구나 갖고 있는 복제품이 아닌 진품증명을 할 수 있게 되면서 가상세계에서의 유·무형 자산들이 가치를 보존할 수 있게 된 것이다. 이는 디지털 세상에서의 창작활동, 경제활동을 지켜주는 안전장치가 된 셈이다. NFT는 이러한 메타버스 환경에서 진짜 화폐처럼 쓰일 수 있으며 소유권으로써의 가치도 함께 갖는다.

　'블록체인(Blockchain)'이란 데이터 분산처리 기술로 블록에 데이터를 담아 체인 형태로 연결한 수많은 컴퓨터에 복제해 동시에 저장하는 기술이다. 암호화폐는 각 네트워크에서 동일한 가치를 지니고 있는데 NFT는 각각의 토큰에 고유한 번호나 암호가 있어 같은 비트코인이라도 그 가치가 달라서 위·변조가 불가능한 디지털 자산이 된다. 모두가 공공거래 장부를 지니고 있기 때문에 소유권에 대해서도 명확하게 인증이 가능해 거래와 계약도 간편하다. 이러한 NFT 만의 장점이 그동안 소유권 인정이 어렵고, 복잡하던 예술품에 적용되면서 그 가치를 더하고 있다.

[그림3] 블록체인 이미지(출처 : pixabay)

❷ '억' 소리 나는 NFT 열풍

최근 고가에 낙찰되는 NFT가 늘어나면서 시장의 관심도 커지고 있다. 이미 잘 알려진 여러 기사들을 살펴보면, 2021년 3월 22일 트위터의 공동 창업자 '잭 도시(Jack Dorsey)'가 작성한 '최초의 트윗'에 대한 소유권이 NFT 경매를 통해 약 33억 원에 낙찰됐다. 그런가하면 테슬라의 '일론 머스크'는 2분 분량의 '음성 게시물'을 NFT로 팔겠다고 밝혔다가 경매가가 12억 원까지 치솟자 판매를 철회하기도 했고, '르브론 제임스의 덩크슛 장면'이 20만 8,000달러(한화 약 2억 원)에 판매되기도 했다.

그렇다면 대체 NFT가 무엇이기에 트윗 한줄 33억 원, NBA 장면이 2억 원이나 할까? 물론, 상황에 따라 시세가 하락하기도 하고 가치가 저하되는 작품도 있지만, NFT 열풍은 하늘 높은 줄 모르고 치솟고 있다.

그 외에도 캐나다 가수 '그라임스'가 온라인 경매에 올린 디지털 그림, 영상 등 총 10개의 작품들이 20분 만에 65억 원에 판매되거나, 미국의 한 예술가가 방귀 소리를 모아 NFT화 한 것이 48만원에 판매되는 등 디지털 파일 조각에 불과한 것들이 많게는 수십 억 원에서 적게는 수십 만 원에 팔린 이유는 무엇일까? 바로 디지털 진품 감정서인 '대체불가능토큰(Non fungible token · NFT)' 때문이다.

MZ 세대(1980년대 초~2000년대 초 출생한 '밀레니얼 세대'와 1990년대 중반부터 2000년대 초반 출생한 'Z 세대'를 아우르는 세대)는 현실과 가상의 가치를 크게 제한하지 않고 게임과 놀이로 메타버스를 활용하며 휴대폰, 인터넷 등 디지털 환경에 익숙하고 변화에 유연하며 새롭고 이색적인 것을 추구하는 특징을 갖고 있다.

전 세계 인구의 33%를 차지하고 있는 이들은 NFT 시장의 주요고객으로, 자신이 좋아하는 것에 쓰는 돈이나 시간을 아끼지 않는다. 이들은 디지털 플랫폼에서의 '재미'와 '간편함'을 추구하기도 하며 다양한 모습으로 활동하고 있어 디지털 예술계의 큰손 역할을 톡톡히 하고 있다.

NFT 만이 디지털 자산이 될 수 있는 건 아니지만 분명 NFT는 디지털 콘텐츠와 그에 따른 소유권을 포함한 원작자의 작품에 대한 희소성의 가치를 인정받을 수 있기에 미래 혁신적 콘텐츠임은 분명하다.

NFT가 주는 또 다른 매력은 누구나 꿈꿀 수 있는 자유, 누구나 가질 수 있는 자산, 누구나 누릴 수 있는 기회이다. 평범한 사람들이 1인 미디어를 활용해 스타가 되고, 연예인이나 스포츠 스타 못지않은 인기를 누린 것처럼 NFT의 등장으로 새로운 도전을 꿈꾸는 '1인 창작자'가 늘고 있다.

3 NFT의 과거와 미래

작품의 고유성에 대한 인정은 예술가들의 오랜 바람이자 꿈이며, 누구나 자신의 작품을 특별한 가치로 인정받길 원했다. 그들은 독특한 예술품을 출시해 눈길을 끌기도 하고 자신만의 독특함으로 새로운 장르의 예술을 탄생시키기도 했다.

1917년 프랑스 예술가 '마르쉘 뒤샹(Marcel Duchamp)'은 변기를 변기의 용도로 쓰지 않고 '샘(Fountain)'이라는 이름을 붙여 예술품으로 탄생시켰는데 당시 이 작품은 숱한 논란을 낳았다. 이러한 논란 속에서 '개념 미술'이 탄생했고, 1999년 뉴욕 소더비 경매에서 무려 1,700만 달러(한화 약 200억 원)에 달하는 금액에 낙찰되기도 했다.

[그림4] 마르쉘 뒤샹(Marcel Duchamp, 샘(1917))(출처 : 네이버)

1961년 이탈리아 예술가 '피에로 만초니(Piero Manzoni)'는 자신의 '똥'을 통조림에 넣어 주석 뚜껑에 숫자로 서명하고 날인한 뒤 당시 금 3그램의 가격과 동일하게 판매했다

[그림5] 피에로 만초니(Piero Manzoni, 예술가의 똥)(출처 : 위키백과)

한국인 예술가 '백남준'은 공연형식이 결합된 새로운 예술을 구상했으며 이를 실천하기 위해 TV를 전략적으로 한 작품들을 선보였다. 짧은 순간에 전파가 닿는 범위에 있는 모든 사람이 한 채널에 집중하는 강력한 영향력을 예상했고, 이를 입증하듯 2차 세계대전이 끝날 무렵 TV는 전 세계에 폭발적으로 보급됐다.

다양한 분야의 예술가들과 '플럭서스(Fluxus)(1960년대 초부터 1970년대에 걸쳐 일어난 국제적인 전위예술) 운동'을 주도하고, 실험적인 공연과 전시로 화제를 일으킨 미디어 아트의 선구자 백남준, 그만의 특별한 작품들은 21세기 미디어 예술 전반에 널리 전이됐다.

[그림6] 백남준-TV붓다(1974)(출처 : https://cafe.naver.com/quizlivequiz/50301)

이들 모두 단순한 예술의 세계를 넘어 자신만의 특별함과 고유성을 세상에 알리며 아날로그형 NFT를 출시한 셈이다. 당시 공간적 제약이라는 불편함 때문에 대중화되지 못했던 설치미술, 개념미술, 보디아트나 팝아트 등의 예술품들이 최근 디지털화로 각광을 받기 시작했다. 이는 블록체인 기술과 함께 암호화폐 이더리움을 기반으로 개발한 온라인 게임(대퍼랩스(Dapper Labs)의 '크립토키티') 즉, '디지털 NFT'의 시초가 됐다.

'크립토키티'는 2017년 출시돼 온라인에서 가상의 고양이를 육성하는 형태로 각기 다른 특성을 가진 고양이를 모은다. 유저들은 NFT 속성의 고양이들을 교배해 자신만의 희귀한 고양이를 만들어 암호화폐로 고양이를 사고팔 수 있다. 이 때 새로 탄생하는 고양이의 가격은 그 가치에 따라 각각 다르게 평가됐으며, 가장 비싸게 거래된 '드래곤'이라는 고양이 캐릭터는 600이더리움(ETH)에 거래됐는데, 현재 시세로 13억 원에 달한다.

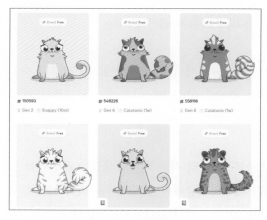

[그림7] 크립토키티   [그림8] 11만 달러(한화 약 1.2억 원)에 거래된 크립토키티

(출처 : https://opensea.io/collection/cryptokitties)

NFT 아트에서 빼놓을 수 없는 작품이 또 하나 있는데 바로 '크립토펑크(Cryptopunks)'이다. 2017년 라바 랩스(Larva Labs)에서 만든 이더리움 기반의 NFT Project, 혹은 Project에 속해 있는 하나의 토큰을 칭하기도 하며, 이것을 줄여서 'Punk'라고 부르기도 한다. 이 작품은 캐나다인 소프트웨어 개발자 '맷 홀(Matt Hall)'과 '존 왓킨슨(John Watkinson)'이 2017년 실험적으로 개발한 프로젝트이다.

[그림9] 크립토펑크(라바랩스)   [그림10] 코비드 에어리언(라바랩스)

(출처 : https://opensea.io/assets?search[query]=Cryptopunks)

크립토펑크가 발행될 때는 NFT를 찍기 위한 표준적인 기술인 'ERC-721'이 존재하지 않았다. 따라서 'ERC-20'을 변형해 토큰을 발행했는데, 훗날 크립토펑크는 'ERC-721'을 만드는데 영감을 줬고, 수많은 다른 NFT 프로젝트가 탄생하는데 초석을 마련한 셈이다.

이 중 1,000개는 개발자 몫으로 하고, 9,000개는 사람들에게 무료로 나눠줬는데 코로나 시국에 마스크를 쓴 외계인의 이미지가 몇 개 되지 않은 관계로 희소성을 인정받았다. 또한 소더비 경매에서 무려 1,175만 달러(한화 약 150억 원)에 낙찰됐다.

현재 NFT 프로젝트 중에 가장 오래된 프로젝트이자 장르의 시초라는 역사성을 인정받아 높은 가격에 거래가 되고 있다. 초창기에는 이더리움 네트워크상에서만 거래가 이뤄지다가, 현재는 소더비 경매나 크리스티 경매 등의 전통적인 미술품 오프라인 경매에서도 인기를 누리고 있다. 2022년 3월 11일 BAYC의 개발사 유가 랩스가 라바 랩스로 부터 크립토펑크와 미비츠의 저작권과 지식재산권 등을 인수했다.

그렇다면 이 작품이 왜 비싸고 희소성이 있는가? 전 세계에 딱 1만개만 존재하고, 더 이상 발행하지 않았기에 가치가 더 이상 희석되지 않았고, 소유자는 이것을 일종의 VIP 패스로 여길 수 있기 때문이다.

4 새로운 커뮤니티

1) 기존의 예술과 NFT의 관계

지금은 '고흐'의 그림이 상당한 가치를 인정받고 있지만 그가 생활고에 시달리며 그림을 그리던 시절에는 그 누구도 고흐의 그림을 사지 않았다. 당시에는 사진처럼 섬세한 사실적 표현 예술만 그 가치를 인정받았으므로 추상적인 그의 그림은 사람들에게 배척됐다. 그러나 미술에 대한 사람들의 관점이 달라지면서 내면의 감정을 이미지화 한 고흐의 그림이 사람들의 관심을 끌기 시작했고, 살아생전 고뇌한 흔적을 기리며 그만의 특별성과 고유성을 인정하기 시작했다.

[그림11] 빈센트 반 고흐의 '해바라기'   [그림12] 빈센트 반 고흐의 '자화상'

(출처 : 네이버)

세상에서 가장 유명한 미술작품이라 하면 '레오나르도 다빈치'의 작품들 또한 배제할 수 없는데 그의 작품들 중 단연 최고의 가치를 자랑하는 '모나리자'와 '최후의 만찬'은 현재까지 사람들이 인정하는 작품 중 으뜸이다. 이탈리아 출신의 화가이자 과학자이며 발명가였던 레오나르도 다빈치는 회화, 문학, 건축, 철학, 조각, 작곡, 육상, 물리학, 해부학, 수학 등 모든 분야에 뛰어났고 당시에도 최고 예술가로서의 삶을 살았다. 그가 남긴 '모나리자'는 눈썹이 없는 것으로 유명한데 미완성이라는 평가도 있지만, 시간이 지나면서 그 작품만이 가질 수 있는 희소성과 가치는 값으로 매길 수 없을 정도다.

[그림13] 레오나르도 다빈치의 '모나리자'　[그림14] 레오나르도 다빈치의 '최후의 만찬'

(출처 : 네이버)

NFT 작품이 가치를 갖게 되는 것도 이러한 원리와 비슷하다. 창작자들의 작품 하나하나에 특별성과 고유성이 인정되면 그만큼의 가치가 높게 평가된다. 또한 그것을 소유하는 사람들의 자부심이 그 작품을 더욱더 돋보이게 했으며 시대의 변화에 따른 현대인들의 소장욕구가 구매를 촉진시키기도 했다.

2) 예술이 접목된 고도화 기술

최근 '가상+현실 그리고 공간을 혼합한 관객체험 형 무용공연'과 사람이나 사물이 공중에 매달려 퍼포먼스를 선보이는 '플라잉 자동제어 기술'을 기반으로 공연과 기술의 혁신적인 만남이 있다. 반면, 디지털 아티스트들이 인공지능, 브레인컴퓨터 인터페이스, 가상현실(VR), 증강현실(AR) 등 다양한 기술로 예술적 상상력을 구현한 미래지향적 작품들을 선보이며, 관객이 작품 속으로 들어가 직접 만지고 경험하게 하기도 한다.

디지털 아트의 대표작 '크립토펑크'의 경우 작가가 직접 만든 것이 아니라, AI에 의해 생성됐기에 AI가 그린 그림이 NFT 작품으로 재평가 되는 등 예술이 고도의 기술을 만나 호황을 누리고 있다.

디지털 아트는 단순한 일러스트레이션, 3D 그래픽뿐만 아니라 포토샵(Photoshop), 블렌더(Blender), 시네마4D(Cinema4D), 언리얼엔진(Unreal Engine) 등의 전문적인 모델링, 애니메이션, 시뮬레이션, 렌더링 소프트웨어를 통해 탄생하는 모든 것들을 말한다. 작품이 완성되면 소프트웨어를 통해 파일로 출력되고 이 파일은 블록체인에 NFT로 저장되는데 이렇게 NFT와 아트의 만남으로 디지털 작품들의 판로가 생겨나고 원본인증과 소유권에 대한 증명이 가능해지면서 예술계의 NFT 진출이 급속하게 확산되고 있다.

물리적 재료와 도구를 사용한 작품도 디지털화해 발행하면 디지털 아트가 될 수 있으며 창작자는 NFT 디지털 파일에 대한 소유권만 판매할 수도 있고, 실물 작품까지 페어링(Pairing)해 판매할 수도 있다. 소유권과 로열티가 생명인 음악의 경우 과거에는 CD 앨범, 디지털 음원 다운로드 방식을 통해 앨범과 곡을 판매해 수익의 꽤 큰 부분을 가져갈 수 있었다. 그러나 전 세계 음악 소비자들의 청취 방식이 스트리밍 서비스로 바뀌면서 아티스트에게 돌아오는 수익이 크게 줄었고, 정부의 보호아래 법적으로 아티스트들을 보호해줘야 한다는 항의가 쇄도 했다.

NFT는 이런 시장 구조에서 블록체인의 탈중앙화 원리를 음악 시장에 적용하면서 스트리밍 플랫폼이 등장하는 등 음악 산업에도 큰 변화가 일고 있다.

[5 지금은 NFT 시대

저마다 NFT와 관련한 주식, 투자, 마케팅 등으로 NFT 시장의 활성화가 주를 이루고 있지만 무엇보다 예술인들에게 NFT는 구세주와 같은 등장이 아닐 수 없다. 이렇게 등장한 것이 NFT 아트이며, 여기서 NFT 아트란? '대체 불가능한 토큰(NFT·Non-Fungible Token)'과 'Art'의 합성어로 실물로 존재하는 예술작품이 아닌 '미술작품의 증명서(토큰)'로 존재하는 아트작품을 일컫는다.

NFT 아트는 블록체인으로 유통되는 토큰마다 지니고 있는 고유 값으로 인해 다른 토큰으로 대체하는 것이 불가능하다. 따라서 소유권, 저작권, 판매이력 등을 기록할 수 있어 지적재산권 보호에 효과적이다. 일명 '디지털 진품 증명서'라고 불리기도 하는 NFT는 원본과 사본을 구별하기 힘든 기존의 디지털 아트와 다르다. 즉 창작가들의 작품에 대한 저작권이나 수익성을 보장해 미술시장에서 NFT의 영향력이 커지고 있다. 이처럼 디지털 상에서도 원본임을 입증할 수 있게 되면서 작품의 가치는 더욱 높게 평가받아 합리적인 비용으로 구매가 가능하다. 가치에 따라 가격을 측정할 수 있어 MZ 세대에게도 재테크 수단으로 인기를 끌고 있다.

　NFT 아트는 증명서를 나눠 갖는 방식의 공동구매 및 투자가 가능하기 때문에 고가의 작품이라 하더라도 일부만 구매할 수도 있고, 일부 소유도 가능하며 그 소유권에 대한 권리도 함께 갖는다.

1) NFT 저작권보호를 위한 공식 인증기관

　어떠한 경우에도 장·단점은 있기 마련이며 이러한 제도에도 불구하고 악용하는 사례는 발생할 수 있다. 이를 방지하기 위해 'KNCA(한국NFT공인인증원)'는 타인의 예술 작품을 무단 촬영, 무단 복제로 NFT 발행 및 판매를 할 수 없게 했다. NFT 등기소를 통해 NFT 등록여부 확인 및 열람, 소유권 인증서 발급 등을 제공하고 있다. 무엇보다 특허 기술을 보유해 실물 자산을 디지털 화하고 이를 NFT 토큰으로 해시화한 뒤 블록체인에 등록할 수 있게 했다.

　KNCA(한국NFT공인인증원) 홈페이지 관련내용을 참고하면 실물자산 디지털 화는 NFC 기술을 함께 활용한 NFT 전자칩 방식과 슬랩 패키징을 결합한 NFT 패키징 방식, 예술품 전용 NFT 색상 QR 코드를 활용한 방식 등 3가지 중 자산의 성격에 최적화된 기술로 진행되며, NFT 등록은 인증과정에 따라 등급을 매겨 투명성을 강화했다.

　예컨대 서류만 제출하게 되면 '일반등급'을 부여하고, 개인의 확인서명이 있을 경우 '확인등급', 인증원의 실사나 검증을 받은 경우에는 '검증등급'을 부여한다고 명시돼 등급별로 신뢰성을 확보했다. 실사 검증은 관련 분야 전문가로 구성된 전문위원을 둬 공신력을 확보하고, 이를 통해 NFT 분야 저작권 분쟁 역시 사전에 차단해 최근 NFT 과열현상 속에서 NFT저작권 분쟁 등의 이슈를 해결할 수 있게 됐다.

　한국NFT공인인증원에서는 기 등록된 NFT의 소유자 확인도 가능하다. 작가 명부터 제작 일자, 소유자, 해시코드, 소유자 이력 현황 등을 NFT 기술로 관리해 누구나 열람할 수 있고, NFT 소유권을 확인하는 인증서 발급도 가능하다.

[그림15] 한국NFT공인인증원(출처 : KNCA 공식 홈페이지)

2) 모두가 NFT를 하는 이유

노트북이나 휴대폰 등의 전자기기 사용에 익숙한 현대인들에게 디지털 기기를 통해 시간과 공간의 제약 없이 NFT 작품을 감상할 수 있다는 점도 인기요인으로 작용했다.

NFT 아트는 대량으로 만들어 쉽게 판매할 수 있으므로 그림을 잘 그리는 전문 화가가 아니더라도 NFT 기술만 조금 익히면 연령에 관계없이 누구나 할 수 있으며, 최근 10대들의 작품도 눈여겨 볼 만 하다.

[그림16]과 같이 10대 고교생 작가 'Bluerayred'의 작품 'No matter what you do'가 오픈형 NFT 마켓플레이스 메닌(MENNIN)에서 30 MATIC에 거래됐다. [그림17]은 미국의 10대 소녀 'Nyla Hayes'의 작품으로 미국 시사 주간지 타임즈가 선정한 세계에서 가장 영향력 있는 여성 100인의 얼굴을 그려 디지털 그림으로 재탄생시키기도 했다.

[그림16] Bluerayred의 작품
'No matter what you do'
(출처 : GLOBAL EPIC)

[그림17] Nyla Hayes의 작품
'세계에서 가장 영향력있는 여성 100인의 얼굴'
(출처 : https://youtu.be/tgn1xl7hbbk 유튜브 이미지)

6 NFT 작가와 작품

전 세계에서 가장 비싼 NFT로 알려져 있는 Rabbit, Jeff Koons(한화 약 1,082억 원)는 메탈로 된 조각품으로 만질 수 있고 실제로 소유할 수 있다.

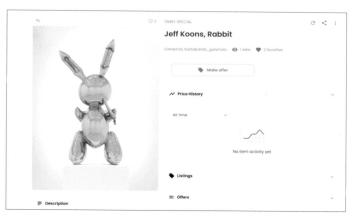

[그림18] Jeff Koons-Rabbit(출처 : OpenSea 공식 홈페이지)

[그림19]는 'Pool with Two Figures, Daved Hockney(한화 약 1,019억 원)'은 세상에서 가장 비싼 NFT 작품이었으나, 최근 'Rabbit, Jeff Koons'와 순위가 바뀌면서 2위로 밀려났다. 이 작품은 붓으로 그린 회화로 만질 수 있고 실제로 소유할 수 있다.

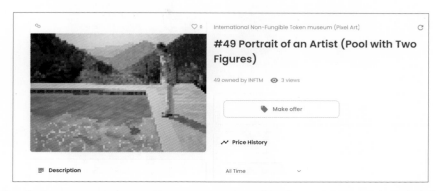

[그림19] Daved Hockney-Pool with Two Figures(출처 : OpenSea 공식 홈페이지)

지금은 너무나도 잘 알려진 비플(Beeple)의 'Everydays - The First 5000 Days'라는 작품이 6,900만 달러(한화 약 782억 원)로 낙찰돼, 현존 작가의 작품 중 3번째로 비싼 작품이 됐다. 이 작품은 위의 두 작품과 달리 디지털 작품으로 만질 수 없음에도 불구하고 고유의 토큰(NFT)과 함께 이미지를 전달받는 조건으로 이 가격에 낙찰된 것이 큰 화제를 불러 일으켰다. 구매자는 작품을 전시할 권리, 자랑하거나 되 팔수 있는 권리를 부여받고 재테크의 수단으로도 활용할 수 있다.

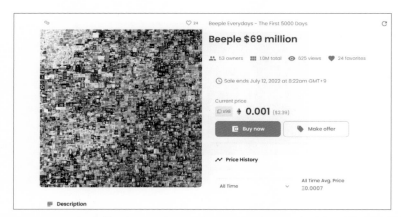

[그림20] Beeple Everydays-The First 5000 Days(출처 : OpenSea 공식 홈페이지)

또 하나의 대표작 '지루한 원숭이 요트 클럽 BAYC(Bored Ape Yacht Club)'의 경우 가장 싼 작품이 106.9 이더리움(한화 약 3억 원 가량)이며, 비싼 그림은 수십억 원에 거래되고 있다.

[그림21] Everydays-The First 5000 Days(출처 : 오픈씨 OpenSea 공식 홈페이지)

NFT 아트는 그림뿐 아니라 영상 및 음악에도 큰 변화를 가져왔다.

뱅크시의 '바보들(Morons)'이라는 제목으로 화제가 됐던 이 영상은 판화작품을 구매한 뒤 '뱅크시'의 오리지널 작품을 불로 태우는 퍼포먼스를 영상화 한 것을 오픈씨(OpenSea)에 게시 해 한화로 4억 3,000만 원에 판매됐다. 즉 NFT화 한 이 영상이 실제 작품보다 더 비싸게 팔리 는 현상이 어떤 면에서는 현대 미술의 단면을 보여준 사례가 되기도 한다.

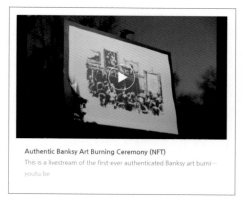

[그림22] Banksy-Morons(출처 : https://youtu.be/C4wm-p_VFh0 유튜브 영상 캡처)

국내에서도 '팝핀 탑 샷'이라는 제목으로 발행된 NFT 영상은 대한민국 1세대 팝퍼 '팝핀 현준의 춤 영상 6종'을 NFT화 했으며, NFT 마니아는 가수 리아의 '러쉬'로 세계최초 '크립토 KPOP'을 발매해 NFT 소유주에게 음원을 스트리밍할 수 있는 제작자의 디지털 권리를 양도한다고 발표했다.

그 외에도 '집시(ZIPCY)' 작가의 8,888 items, 작가 미스터 미상(Mr Misang)의 36 items가 있다. 집시(Zipcy) 작가가 참여한 '슈퍼노말(Super Normal)' 프로젝트팀은 피부와 머리카락, 이목구비, 장신구, 의상, 배경색 등 1,000가지 속성을 다르게 조합해 'ZIPS NFT' 8,888점을 발행했다.

각각의 그림들이 반듯하고 세밀하게 잘 그려진 수작업화한 일러스트처럼 보이지만 모두 알고리즘 기반의 컴퓨터가 자체적으로 생성한 '제너레이티브 아트(Generative Art)'[1]이다. 인물을 만화와 실사 중간의 '반 실사체'처럼 표현해 성별도, 인종도, 정체성도 모호한 것이 특징이다.

[그림23] Zipcy's SuperNormal-8,888 items(출처 : OpenSea 공식 홈페이지)

반면, MYTY와의 협업을 통해 진행된 미스터미상 작가의 작품들은 프로필 사진을 대체할 수 있는 1만개의 각기 다른 모양의 NFT로써 일반 PFP NFT와 다르게 '라이브 트래킹(Live Tracking)'[2] 기술이 적용된 것이 특징이다.

---

1) 제너레이티브 아트 - 예술. 과학, 생물학, 기계 및 로봇, 수학 따위의 시스템을 바탕으로 AI가 자체적으로 생성하여 만들어지는 컴퓨터 알고리즘 아트.
2) 라이브 트래킹 - 피사체의 얼굴과 상체를 자동으로 인식하여 피사체의 움직임에 따라 추적하는 AI 기능.

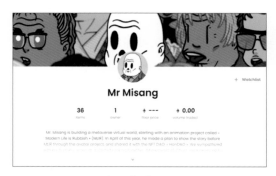

[그림24] Mr Misang-36 items(출처 : OpenSea 공식 홈페이지)

요즘 같은 '무한 복붙(무한정으로 복사해 붙여넣기)'이 가능한 시대에 NFT의 등장은 예술가들에게 큰 파장을 일으키며 호평을 받고 있다. 예를 들어 사진작가가 한 편의 걸작을 탄생시키기 위해 오지를 넘나들며 힘겹게 사진 한 장을 찍고 희열을 만끽하며 SNS에 작품을 올렸다고 하자. 그런데 많은 사람들이 이 사진을 무단복제 해 사용한다면 아무리 그 사진이 유명해진다 해도 원작자는 작품의 가치를 인정받을 수가 없다. 그러나 NFT로 고유성을 인정받았다면 이야기는 달라진다. 그 작품의 진가는 작가만이 가질 수 있으며 나머지는 모두 가품이 되는 것이다.

이러한 현상은 게임을 즐기는 젊은 층에게도 적용된다. 게임 아이템을 만들어 사용하거나 돈을 주고 구매한 아이템들이 게임회사가 사라지면서 아이템도 함께 사라져 쓰지 못하는 경우가 다반사였다. 그러나 이것을 NFT화 한다면 다른 게임 플랫폼에서도 사용이 가능하기 때문에 게임 아이템을 만든 원작자에게 소유권이 인정된다.

〔 7 나도 작가 〕

어린 창작자들도 쉽게 작품을 만들어 NFT 시장에서 활동하고 있으며, 일반인들도 취미로 혹은 직업으로 유튜브나 SNS를 하듯이 NFT의 대중화가 돼 가고 있다. 이처럼 많은 이들의 관심사가 되어가는 'NFT 크리에이터'! 나도 할 수 있을까? 지금부터 차근차근 준비한다면 어렵지 않게 시작할 수 있을 것이다.

1) NFT 발매를 위한 준비

NFT를 발매하는 것을 '민팅(Minting)'이라고 하는데 '주조하다'라는 뜻의 민팅을 위해 준비할 것들이 있다.

(1) 창작물 만들기

제일 먼저 자신의 '창작물'을 만들어야 하는데 민팅 가능한 창작물은 그림, 사진, 파일, 영상, 음악, 텍스트 등 디지털 화가 가능한 모든 창작물을 말한다.

(2) 민팅에 필요한 비용 만들기

두 번째로 민팅에 필요한 비용 즉, '가스비'는 플랫폼 수수료와 다른 개념이다. NFT 제작과 거래를 위해 블록체인 검증과 안정화에 드는 전력비용이라 할 수 있다. 그러므로 자신이 이용하는 플랫폼에 맞는 암호화폐를 보유하고 있어야 한다.

(3) 전자지갑 만들기

마지막으로 민팅에 필요한 가스비를 지불하고 구입한 NFT를 보관할 수 있어야 하며, 내 NFT가 판매될 경우 대금을 받기 위한 '전자지갑'이 있어야 한다. 전자지갑은 여러 종류가 있지만 호환되는 암호화폐의 종류가 다르기 때문에 자신이 민팅하는 플랫폼에 호환 가능한 전자지갑을 만들어야 한다.

이렇게 민팅 준비를 하고 나면 민팅 가능한 플랫폼에서 내 작품을 발매할 수 있는데 각 플랫폼별로 민팅 방법은 조금씩 다르다.

2) 플랫폼 알아보기

(1) 오픈시(OpenSea)

'오픈시(OpenSea)'는 NFT 토큰을 발행해 작품을 거래하는 플랫폼이다. '이더리움'과 '폴리곤'을 지원하며, 현재 전 세계적으로 가장 많이 사용되는 최대 규모의 '마켓플레이스'이다.

오픈시에서 NFT 작품을 발매할 경우, 연동 가능한 '메타마스크(전자지갑)'를 만들고 작품을 발매한다. 메타마스크는 네이버 웨일에서도 실행 가능하지만, 오픈시는 '크롬브라우저'를 통해서만 실행되므로 크롬에서 메타마스크 사이트에 접속한 후 지갑을 다운받고 실행한다.

참고로 메타마스크 사이트 사용설명 시 한국어로 번역할 수 있고 각각의 사정에 따라 원문보기도 가능하므로 편의에 따라 선택할 수 있다.

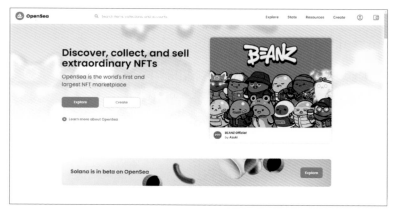

[그림25] https://opensea.io(출처 : 오픈시(OpenSea) 공식 홈페이지)

① 발매하기

선택이 완료되면 다음과 같이 전자지갑에 '암호'를 설정해야 한다. 시작하기 → 지갑생성 → 암호생성 순으로 한다. 이미 비밀 복구구문이 있는 경우 '지갑 가져오기'를 해 비밀 백업구문을 입력하고, 메타마스크가 처음인 경우 '지갑생성'을 눌러 설정을 시작한다. 설정된 구문을 확인하면 축하메시지와 함께 메타마스크 생성이 완료된다.

② 민팅에 필요한 암호화폐 구매하기

이렇게 메타마스크 생성이 완료되면 '오픈시'에서 메타마스크 지갑을 연결하는 작업을 해야하며 '이더리움'을 구매해 메타마스크 지갑에 '가스비'를 전송해 둔다.

③ 내 작품 등록하기

크롬 브라우저에서 오픈시에 접속한 후 '새 컬렉션'을 선택하고 컬렉션 생성에 동의한다. 미리 만들어 놓은 매장 안에서 'Create new item(새 아이템 생성)'을 선택하고, 준비해 놓은 디지털 작업 물을 업로드 한 후 'Sell(판매하기)'을 클릭한다. 이어 가격과 판매방식 등을 결정할 수 있으며, 에디션 수량을 정해 판매할지 경매에 붙일지 선택하고, 가스비를 결제하면 판매가 시작된다.

(2) 라리블(Rarible)

'라리블(Rarible)'은 글로벌 NFT 거래 플랫폼 서비스를 제공하는 스타트 업으로 2020년 초에 설립됐다. 지난 2021년 10월 '게으른 발행(Lazy Minting)' 기능을 출시해 무료로 NFT를 출시할 수 있도록 했다. 이 기능을 사용하면 가스비는 NFT 발행시점이 아닌 판매시점에 발생하고, 해당 수수료는 구매자가 지불하는 NFT 구입비용에 포함돼 청구된다.

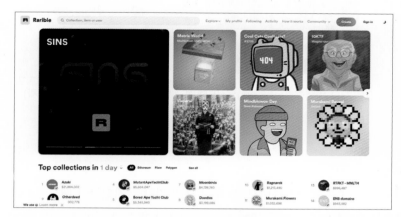

[그림26] https://rarible.com(출처 : 라리블(Rarible) 공식 홈페이지)

라리블 NFT 무료 발행 방법은 라리블 공식사이트 접속 → 메타마스크 등 암호화폐 지갑 로그인 → 사이트 상단 메뉴 Create 클릭 → NFT로 발행할 파일 업로드 → 관련정보 입력 → 옵션 Free minting 활성화 체크 → 하단 Create ltem 클릭 → 암호화폐 지갑으로 NFT 발생 승인 서명 → 완료이다.

(3) '업비트' NFT Beta

가상화폐 거래소 '업비트(upbit)'에서 2021년 11월 23일 런칭한 '업비트 NFT Bata'는 Drops, Marketplace, My NFT, Support로 구성돼 있으며, Drops는 NFT의 경매나 입찰 형식을 알 수 있는 공간이다. Marketplace는 Drops에서 낙찰 받았거나 업비트 에어드랍 등 이벤트를 통해 받은 NFT를 자유롭게 거래할 수 있는 2차 마켓이다. Drops에서 진행되는 작품들은 BTC로 결재되고, Marketplace에서 구매하거나 판매한 작품은 매매가의 2.5%에 해당하는 수수료가 발생한다.

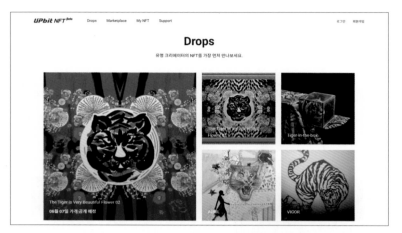

[그림27] https://upbit.com/nft(출처 : 업비트 NFT 공식 홈페이지)

(4) 카카오 MyTems

'카카오 마이템즈(MyTems)'는 카카오톡 내의 클립 지갑을 지원하기 때문에 PC, 모바일 모두 간편하게 사용할 수 있다. 가입절차 또한 쉽고 편리해서 NFT에 대한 상식이 없어도 누구나 쉽게 발매할 수 있다.

[그림28] https://mytems.io/account/edit(출처 : 카카오 MyTems 공식 홈페이지)

가입절차는 마이템즈에 접속하면 '카카오계정으로 가입하기'라는 버튼이 보인다. 클립에서 동의하고 비밀번호를 입력하면 클립 회원이 되며, 정보제공 요청을 승인하면 가입이 완료된다.

[그림29] 마이템즈(MyTems) 모바일 회원가입 절차

무사히 로그인을 마치면 하단의 '+ 버튼'을 눌러 NFT로 발행할 사진을 선택하고, 이름과 설명을 작성한 뒤 '만들기' 버튼을 눌러 지갑 인증을 해 발행한다.

본인이 갖고 있는 NFT를 누르면 '판매하기' 버튼이 있으며 '판매 금액'을 입력할 수 있다. 최소 1Klay부터 판매 등록할 수 있고, 등록비는 발생하지 않는다. 판매등록 버튼을 누르고 지갑 인증을 하면 판매등록이 완료된다.

마이템즈는 카카오에서 만든 SNS 형식의 베타 서비스로 각 작품별로 '좋아요'와 '댓글'을 달 수 있다. 마치 인스타그램에 사진을 게시하듯 인기가 좋으면 판매까지 가능해 일반인들의 NFT 에 대한 접근성이 매우 좋다.

그 외에도 드랍스(Drops), 비블록(Beeblock), 메타 갤럭시아(metagalaxia) 등 NFT 창작과 거래가 다양하게 이뤄지면서 발매와 관련된 서비스를 제공하는 플랫폼들이 많이 있다. 최근 다양한 국내 플랫폼도 많이 생겨나고 빠르게 발전되고 있으며, '레이빌리지(Lay Village)'와 '밈뮤지엄(Meme Museum)'과 같은 오프라인 NFT 플랫폼도 함께 성장해 NFT 플랫폼의 활용도는 점점 높아질 것이다.

*「Chaper 5. NFT 다양한 민팅하기와 판매하기」에서 다양한 민팅 방법 참고 (P.180~P.199)

3) 내 작품 홍보하기

창작자는 자신의 작품을 알리기 위해 작품 이미지와 스토리 그리고 자신의 프로필과 사진 등 대중에게 알리고 관심을 끌 수 있도록 충분한 준비해둬야 한다. 차별화된 고유성과 특별성을 알릴 수 있는 여러 가지 방법을 모색해 보고 적용해 보는 것이 좋다.

SNS에 해시태그를 걸어 작품을 알리거나 최대한 내 작품이 알고리즘에 노출될 수 있도록 가장 이슈가 될 만한 문구를 선택해 꾸준히 알려야 한다. 자신의 작품 성향을 선호하는 고객의 눈길을 끌기 위해 전문 SNS 마케팅 업체에 비용을 지불해 홍보하거나, 여러 창작자들이 그룹을 형성해 함께 작품을 전시하는 경우도 있다.

메타버스 플랫폼을 활용한 가상공간에서 작품 전시회를 열기도 하며 오프라인 기획전시를 하기도 한다. 오프라인 전시기획은 현실상 비용 때문에 어려운 점이 많지만, 무료 전시장을 대관해주는 지역홍보를 위한 문화공간이나 카페와 레스토랑 또는 길거리 전시를 활용하거나 창작자들끼리 대관비용과 전시비용을 함께 부담하기도 한다.

NFT 작품은 실제 작품과 달리 모니터나 빔 프로젝트 등 구동장비의 활용이 가능해야 하므로 전시 가능한 환경을 선택하고, 여러 미디어를 통해 기사나 언론의 도움을 받는 것이 효과적이다. 무엇보다 지속적인 전시활동이 필요하며 블로그, SNS 등을 통해 꾸준히 작품을 업데이트하면서 커뮤니티 형성에 필요한 소통이 무엇보다 중요하다.

8 NFT 일상 속으로

NFT는 우리 일상 속으로 점점 스며들고 있으며, 유튜브와 마찬가지로 메타버스 환경 또한 익숙한 일상이 돼 가고 있다. 우리는 가상의 공간에서 생활하며 비대면 생활화가 전혀 어색하지 않게 됐고 스마트폰을 통해 대부분의 생활을 공유하고 있다.

독창적이고 톡톡 튀는 아이디어를 숨김없이 표현하는 MZ 세대가 경제주축이 된 지금, 누구나 스마트폰을 이용해 창작활동을 하고 다른 이들의 작품을 언제든 볼 수 있게 됐다.

지난해 메타버스 테마와 엮이며 꾸준히 존재감을 드러냈던 NFT(대체 불가능한 토큰)가 최근 급격히 성장하고 있다. 재미를 추구하는 일부 마니아층을 대상으로 거래됐던 NFT가 최근에는 일상 영역으로 범위를 넓히고 있다.

최근 서울에 거주하는 직장인 30대 A씨는 처음으로 NFT 거래에 성공했다. 치킨 브랜드인 BBQ가 한정판으로 발매한 NFT를 에어드랍(무상으로 지급 배분받는 행위) 받았다. A씨는 무료로 증정 받은 NFT를 오픈씨를 통해 100클레이(KLAY)에 판매했다. 100클레이는 원화로 환산하면 16만 원 정도다. 클레이는 카카오가 만든 블록체인인 클레이튼 기반의 코인이다.

치킨 브랜드 BBQ는 국가대표 선수들에게 응원메시지를 남기고 설문조사에 응하면 추첨을 통해 NFT를 증정해주는 행사를 진행했다. 1만개 한정으로 발행하는 해당 NFT는 BBQ의 마스코트인 치빡이 이미지를 활용했다. 지난 11일 2500개의 NFT를 선발행한 데 이어 지난 16일에는 2500개를 추가로 발행했다.

성균관대학교는 국내 최초로 NFT 상장을 일부 졸업생에게 부여했다. 이외에도 전세계 유명 대기업과 유명인들은 잇달아 NFT 시장에 뛰어들고 있다.

시장조사기관 댑레이더에 따르면 전 세계 NFT 판매액은 2020년 9490만 달러(약 1136억 원)에서 지난해 250억 달러(약 29조9275억 원)로 불어났다. 지난달 가상화폐가 약세를 보이던

와중에도 세계 최대 NFT 플랫폼인 오픈씨의 월간 거래금액은 전년 동월 대비 837배 증가한 7조원을 돌파하기도 했다.

금융투자업계 한 관계자는 "NFT는 초기에는 디지털 수집품에 그쳤는데 지금은 현실이랑 계속 연동돼 유틸리티를 만들어내려는 흐름도 생겨나고 있다"고 말했다. 이 관계자는 "몇 년 전 비트코인 거품과 비슷하다는 우려를 가지는 사람들도 있는데 초기 비트코인은 아무것도 없이 가상자산에 합의에 의해 결정됐는데, NFT는 초기부터 기업들의 참여로 시장이 커지고 있다"고 말했다.

(출처 : https://biz.chosun.com/stock/stock_general/2022/02/18/NLCDSRDNN5ELTO6XW6V2OECL6M)

한국 기업들이 선택한 NFT, 일상으로 온다!
생활 속으로 스며드는 NFT 기술들

NFT의 가능성을 보고 이 영역을 선점하려는 기업들이 발 빠르게 움직이고 있다. 특히 삼성은 NFT 관련 기업들에 일찌감치 투자 지원을 통해 업계 선점을 시도하는 모습이 포착되기도 했다. 삼성전자의 미래 먹거리를 책임지는 삼성 넥스트는 가능성 높은 스타트업을 발굴하는 역할을 하고 있다. 삼성 넥스트는 NFT 관련 대퍼랩스, 슈퍼레어, 애니모카 등에 투자하며 미래 성장 사업 발굴에 박차를 가하고 있다.

카카오도 IT기업답게 자회사 그라운드X를 통해 본격적인 NFT 플랫폼 사업에 집중하는 추세다. 클레이로 거래가 가능한 '클립 드롭스'를 통해 클레이튼 기반의 다양한 NFT 작품들을 전시하고 유통하는 마켓을 론칭했다.

네이버 역시 라인을 통한 NFT 마켓 서비스 영역을 확장하고 있다. 일본 라인 비트맥스 월렛에서 NFT 거래를 지원하는 마켓을 준비중이라고 밝혔다. 네이버 주력 사업으로 떠오르는 '제페토'도 약 2억명의 가입자를 유치하며 NFT 거래를 위한 기반을 차근차근 다져가고 있다.

엔터 업계에서는 JYP엔터테인먼트가 두나무와 전략적 업무 제휴를 통해 K팝 기반의 NFT 플랫폼 사업에 나선다. JYP엔터는 소속 아티스트의 콘텐츠와 IP(지식재산권)를 제공하며 디지털 굿즈 제작과 유통, 부가 서비스를 지원하는 플랫폼 만드는 작업을 추진하고 있다.

한글과컴퓨터 그룹은 자회사인 한컴인텔리전스를 통해 메타버스 플랫폼 개발사인 프론티스 지분을 인수하며 메타버스 시장에 뛰어들었다. 하반기 출시를 앞둔 XR라이프트윈에서 NFT를 통해 가상 세계 속 토지와 건물 등 가상자산 거래가 이뤄질 전망이다.

엔진(ENJ)

엔진은 이더리움 기반의 게임 생태계를 만드는 기술을 가졌다. 엔진 네트워크를 통해 게임 아이템 제작 및 거래 등 게임에서 쓰이는 통화를 엔진코인이라 부른다. NFT 코인의 시초라고 볼 수 있는 코인으로 엔진, 유비소프트, 울트라 등 여러 기업들이 참여하고 있다. 최근 코인텔레그래프에 따르면 엔진은 유엔 산하 ESG 경영 이니셔티브 유엔 글로벌 콤팩트에 가입해 지속 가능성과 평등에 초점을 맞춘 NFT 토큰 활용 방안을 모색해 나갈 계획이다.

세타토큰(THETA TOKEN)

세타는 블록체인 기반 동영상 플랫폼 서비스를 제공하는 네트워크 기술이다. 블록체인 기술을 통해 기존 스트리밍 서비스 문제를 개선해 차별화된 생태계를 구축하고 있다. 콘텐츠 제작자 뿐만 아니라 사용자에게도 보상을 지급하는 것이 특징이다. 검색 엔진 구글과 파트너십을 발표했으며 삼성과의 제휴를 통해 갤럭시 S20에 분산형 동영상 스트리밍 플랫폼 'Theta.TV'를 사전 설치하는 제휴를 맺기도 했다.

플로우(FLOW)

대퍼랩스에서 만든 개발자 친화적인 블록체인으로, 게임 및 디지털 수집품을 지원하는 디지털 자산 기반으로 설계된 기술이다. NFT 게임의 시초인 크립토키티를 만든 대퍼랩스는 NBA 탑샷을 통해 선수들의 플레이 장면을 NFT로 만들어 거래하는 플랫폼을 활발하게 운영하고 있다. 게임 개발사인 애니모카와 협업해 모터 스포츠 챔피언십을 NFT로 출시하기도 했다. 아티스트나 게임 창작물에 대한 소유권과 저작권을 NFT로 발행할 수 있는 VIV3 플랫폼도 운영하고 있다. 삼성 넥스트가 투자했으며 '농구의 신' 마이클 조던도 NFT 플랫폼에 가능성을 보고 투자에 참여해 성장을 지켜보고 있다.

디센트럴랜드(MANA)

블록체인 가상현실 부동산 게임 프로젝트다. 디센트럴랜드는 게임 내에서 디지털 부동산 소유권을 지닐 수 있으며 거래도 가능한 암호화폐다. 현실 세계의 땅이나 건물 등을 가상으로 옮겨놓은 메타버스에 가장 적합한 구조이다.

칠리즈(CHZ)

스포츠 및 E스포츠 관련 팬 기반 활용 암호화폐다. 소시오스닷컴에서 사용되는 디지털 통화로, 제휴돼 있는 구단 관련 이벤트와 투표, 굿즈 등을 구매할 수 있다. FC 바르셀로나, 유벤투스, 파리 생제르맹, 아스널 FC 등 제휴돼 있는 다양한 구단 활동에 참여할 수 있다.

샌드박스(SAND)

더 샌드박스는 아르헨티나의 블록체인 게임 개발사다. 대체 불가 토큰을 활용해 자신만의 복셀을 제작하는 게임인 더 샌드박스를 개발하고 있으며 사용자는 게임 내 토큰인 랜드(LAND)를 임대하거나 유틸리티 토큰인 샌드를 랜드에 스테이킹해 수익을 낼 수 있는 유저 중심의 탈중앙화 네트워크 시스템을 갖췄다.

(출처 : https://lk.asiae.co.kr/article/2021072316175900027)

"일상의 많은 것들이 NFT가 될 것"

새로운 기술의 열기는 사회를 격렬하게 뒤흔들고서 빠르게 소강 상태에 접어드는 게 보편적이다. 대표적인 사례가 메타버스와 NFT다. 시간이 어느 정도 지난 뒤 과거를 되돌아보면 과대 포장된 과자 속을 들춰본 것 같은 허무한 느낌이 남는다. 이 신기술들이 대체 어떤 면에서 그렇게 대단하다는 걸까? 질문에 대한 답을 찾기 위해서 NFT 산업 관계자와 전문가들에게 직접 물어봤다. NFT는 어떤 면에서 효용성을 찾을 수 있을까.

미래에셋증권의 '코인과 NFT, 이것이 미래다' 리포트는 "과거에도 게임으로 생계를 이어가는 '쌀먹(게임 아이템으로 돈을 버는 행위)'이 존재했지만, NFT는 캐릭터, 아이템 거래에 존재했던 한계를 해결한다. NFT는 개발사, 퍼블리셔의 서버가 아닌 블록체인 퍼블릭 DB에 저장돼 가치의 이전이 자유롭다"고 했다. P2E 모델은 경제적 가치를 창출하지 않았다면 유인할수 없던 이용자도 게임으로 끌어 모으기 때문에 게임 시장은 더욱 성장할 것으로 기대된다.

"NFT는 골동품, 미술품에도 유동성을 공급할 수 있다"

이장우 한양대 글로벌기업가센터의 겸임교수(넥스트아이비 블록체인랩장)는 "앞으로 사람들이 메타버스에서 더 많은 시간을 보낼 것이다. 그 안에서 다양한 활동이 이뤄질 때, 많은 것들이 NFT라는 도구로 표현될 수 있다"고 설명했다. 이어, 이 교수는 "각각의 게임과 메타버스가 세계관이 다르기 때문에 NFT화된 A 게임의 아이템이 완전히 B 게임으로 넘어가는 게 현실적으로 어려운 경우가 있다. 이상적인 상호운용성까진 구현이 안 되더라도, A 게임의 아이템에 대응하는 아이템을 B에서 쓰도록 할 수는 있다"면서 "미래엔 완전한 상호운용이 가능한 게임도 나올 수 있다고 본다"고 설명했다.

한국정보처리학회의 논문 '메타버스의 개념과 발전 방향'은 메타버스를 '현실의 나를 대리하는 아바타를 통해 일상 활동과 경제생활을 영위하는 3D 기반의 가상세계'라고 정의했다. 대표적인 메타버스 플랫폼은 게임 기반의 로블록스, 마인크래프트와 소셜 기반의 제페토 등이 있다. 이들의 특징은 현실이 가상공간으로 확장됐다는 점이다. 일각에선 미래의 메타버스 속 아바타는 현실의 나로부터 책임, 의무, 권리를 위임받아 행동하는 대리인이 될 것이란 의견도 나온다. 메타버스 아타바의 행위가 '나'의 행위와 동격으로 인식돼야, 아바타에게도 사회적 의무와 책임을 부여할 수 있기 때문이다.

"NFT 인증서가 우리의 일상이 될 것"

우리의 일상도 NFT에 의해서 변할 수 있다. 'NFT 디지털 자산의 미래'의 저자인 이임복 작가는 이러한 변화가 인증서에서 두드러질 것으로 예측했다. 이임복 작가는 "학력이나 경력 파일이 NFT화 되면 원본임을 입증할 수 있고, 이 기록을 조작할 수 없다. 누군가가 무슨 과정을 수료했고, 어디를 졸업했다는 기록이 블록체인에 남는다. 그 기록은 누구나 볼 수 있기 때문에 사실 여부를 검증할 수 있다. 이미 호서대에선 NFT로 학위를 발행한 바 있다. 인터넷상에선 과거의 데이터가 사라졌다는 문제가 발생하는데, 블록체인 네트워크에 올라온 데이터는 이런 문제에서 자유롭다."고 말했다.

이어, 이임복 작가는 "앞으론 자신의 전자지갑에 학력인증서 등과 같은 파일을 저장하고, 자유롭게 주고받을 수 있을 것으로 보인다. 지금은 공식적인 인증을 하는 기관이 여러 테스트를 진행하는 중이다. 현재 블록체인을 이용하는 비용이 비싸기 때문에 가격을 낮추는 다양한 시도가 진행되고 있다"고 했다.

(출처 : https://lk.asiae.co.kr/article/2021072316175900027)

1) 크리에이터 시대

지금은 크리에이터 시대라 해도 과언이 아닐 정도로 무수히 많은 창작물이 쏟아지고 사람들은 크리에이터의 생활화가 일상이 돼 버렸다. 꼭 유명한 창작물이 아니어도 각각의 개인이 SNS 크리에이터가 돼 일상을 공유하며 누구나 예술을 창작하고 즐길 수 있는 시대가 됐다. 최근 NFT 크리에이터가 각광을 받으면서 크리에이터란 직업은 유튜브, SNS, NFT와 함께 대중 속으로 파고들었다. 이와 관련해 새롭게 주목받는 인플루언서들도 쏙쏙 등장하고 있으며 이마, 로지, 릴 미켈라와 같은 가상 인플루언서들의 활약도 활발하다.

▲ 국민 프로듀서가 아니라 국민 크리에이터의 시대가 왔습니다.

지난 1~2년간, 개인방송 시장은 비약적으로 성장했습니다. 초등학생들의 장래희망 1순위를 '유튜브 크리에이터'나 '트위치 스트리머' 등이 차지한 것이 다가 아닙니다. 국민 크리에이터 시대는 미래가 아니라 현실로 다가왔고, 젊은 세대는 크리에이터를 동경하거나 꿈꾸는 것을 넘어 행동하기 시작했습니다.

최근 10~30대 사이에서 수십만 원에 이르는 촬영 장비 소비가 늘고 있습니다. 실제로, 오픈마켓 11번가의 최근 1년 촬영용 장비 거래액은 전년 대비 2배가량 증가했습니다. 지난해 말 G마켓의 마이크와 프리뷰 모니터 등 방송 관련 상품 매출도 전년 대비 100% 증가했다고 합니다.

(출처 : //post.naver.com/viewer/postView.nhn?volumeNo=17928377&memberNo=34920570&vType=VERTICAL)

---

(1) 이제는 농업도 크리에이터!

2021년 6월 여주시는 공식 블로그를 통해 여주 관내 농업인들이 마케팅 역량을 키우기 위해 자발적으로 유튜브 스터디 모임을 만들었다. 이를 통해 여주 농산물 및 농장 소개 영상을 제작해 공유하며 지역발전에 앞장서고 있다고 밝혔다.

[그림30] 농작물 수확하는 모습(출처 : pixabay)

(2) 교육도 크리에이터 활동으로!

일반 사립학교와 학원 뿐 아니라 국·공립학교에서도 교육내용을 영상으로 만들어 유튜브에 게시하며 적극적인 크리에이터 활동을 하고 있다. 학교 교사와 학원 강사들은 개인채널을 만들어 주기적으로 교육내용을 게시하고 많은 이들이 궁금해 하거나 알고 싶어 하는 내용을 방송으로 내보냈다. 실제 학생들이나 배움을 필요로 하는 사람들이 유튜브 강의를 듣고 자료를 다운받는 등 적극적으로 활용하고 있다.

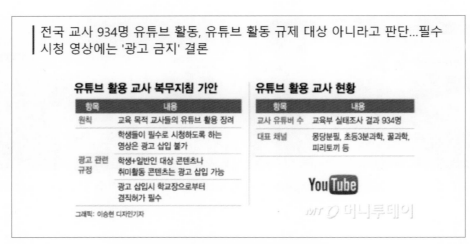
[그림31] 교육부, 유튜브 장려 활동 관련 뉴스
(출처 : https://news.mt.co.kr/mtview.php?no=2019042409461414290)

이처럼 많은 이들이 블로그, SNS, 유튜브 활동을 통해 요리 하는 모습이나 메뉴, 레시피 등을 공유하며 인플루언서가 되기도 하고 여행, 일, 육아, 인테리어 등의 모든 일상을 사진으로 담아 작품으로 간직하거나 공유하고 소통하는 시대에 살고 있는 것이다.

2) 유튜브와 메타버스

방송의 패러다임이 변화하면서 대중방송이 1인 방송으로 바뀌고 사람들은 시청시간을 기다리지 않고 스스로 원하는 방송을 접하게 됐다. 단순히 좋아하는 노래를 듣거나 영화나 비디오를 감상하기 위해 찾는 매체가 아니다. 인터넷 포털과 검색엔진 역할을 동시에 수행하면서 원하는 콘텐츠를 소비하면서 생산하는 곳이 됐다. 사람들은 텍스트보다 영상을 보는 것에 훨씬 더 익숙해졌기 때문이다.

평범한 일반인들이 가수나 연기자, 기자나 피디 같은 전문 크리에이터들처럼 콘텐츠를 만들어 자신을 표현하고, 그중 부지런하고 재능도 있는 이들은 자기표현에 그치지 않고 유튜브를 통해 돈을 벌기도 한다.

[그림32] 골라보는 방송 채널(출처 : pixabay)   [그림33] 1인 크리에이터 시대(출처 : pixabay)

이처럼 유튜브에서 필요한 정보를 공유하고 필요한 지식을 습득하며 경제활동과 소통의 공간으로 활용하고 있다. 여기에 최근 메타버스와 NFT 플랫폼 활용까지 더해지면서 디지털 매체를 활용해 경제활동을 하는 사람은 급격히 늘어나고 있다. 재택근무를 하고 필요한 파일을 주고받으며 학생들은 가상의 학교로 등교해 함께 소통하는 것이 이제는 어색하지가 않게 됐다. 어린 10대들조차 메타버스를 게임만이 아닌 경제생활의 한 부분으로 활용하면서 메타버스의 인기는 더욱 높아졌다.

3) SNS와 생활의 밀접화

너무나 익숙한 SNS 활동! SNS는 특정한 관심이나 활동을 공유하는 사람들 사이의 관계망을 구축해주는 온라인 서비스를 의미하는데 이러한 SNS를 통한 일상소통과 마케팅 시장이 활성화 됐다. 대표적인 SNS 플랫폼은 인스타, 페이스북, 틱톡, 카카오톡, 트위터, 유튜브, 블로그 등이 있는데 일상에서 가장 많이 사용하는 플랫폼들이다.

이제 카카오톡은 국민 메신저가 됐고 네이버 지식인과 블로그는 국민사전이 됐으며 유튜브는 국민방송채널이 됐다. 하루에도 수십, 수백만 개의 정보가 쏟아져 나오고 전 세계인이 SNS를 통해 그 많은 소식들을 공유하며 필요에 따라 뭐든 찾아볼 수 있는 시대에 살고 있는 것이다. 단순히 공유가 아닌 비즈니스적인 활용도 적지 않아 이를 수익화 하려는 SNS 전문가들까지 등장하고 있으며 SNS에 메타버스와 NFT까지 포함한 개념이 되고 있다.

4) 투자와 경제활동

NFT가 대중에게 알려지면서 NFT 구글 검색 량이 급증했고 NFT 플랫폼의 주간 이용자 수도 급격하게 늘어났다. NFT 아티스트들뿐만 아니라 투자를 목적으로 NFT를 접하는 사람들 또한 민팅, 거래, 투자를 통해 많은 이문을 남기며 다양한 산업 군에서 NFT를 활용하고 있다.

투자자들은 NFT를 구매해 작품에 대한 소유권을 가질 수 있고, 구매자가 재판매할 때 발생하는 추가 수수료가 새로운 시장의 흐름을 형성했다. 따라서 원작자는 첫 제작 판매 이후에도 재판매될 때마다 추적 기능을 통해 통상 매매가의 10% 수준의 수수료를 받는 추급권이 인정됐다. 구매자는 희소성 기반으로 시세차익을 노리면서 작품 하나로 여러 개의 수익을 낼 수 있는 시스템을 활용하는 것이다.

재판매 저작권 수수료는 원작자가 NFT를 발행할 때 지정한 비율로 모두 일정하지 않지만 실제로 카카오도 블록체인 사업 클립드롭스를 통해 디지털 아트 등에 대한 재판매 보상 청구권을 인정하고 있다. 절대금액이 높아질수록 보상 비중을 줄이는 형태로 단계적 비율을 적용하고 있다.

그 외에도 증권업계는 물론 여러 투자관련 업계에서도 NFT를 이용해 다양한 자산을 보유하고 거래할 수 있게 됐으며 가상자산 획득을 위해 많은 투자가 이뤄지고 있다. NFT가 시장에서 주목받기 시작한지 고작 일 년밖에 되지 않았기 때문에 가격 변동 폭이 크고 불안정한 실정이긴 하나 NFT가 갖는 가치와 산업적으로 미칠 영향은 큰 관점으로 바라볼 필요가 있다.

] Epilogue [

아티스트뿐만 아니라 전 세계 사람들은 누구나 자신만의 특별함을 표현할 수 있고 그 속에서 서로 소통하고 공감하며 각자의 관점으로 세상을 바라보고 있다.

전 세계인의 소통의 도구가 돼버린 디지털 일상이 급변하는 시대에 실로 엄청난 격차를 벌이고 있는 가운데, MZ 세대 이전에 태어난 중·장년층은 이러한 시대의 흐름을 따라가기조차 힘들어졌다.

[그림34] SNS 일상(출처 : pixabay)

급속한 시대변화 속에서 낯설고 새로운 용어들이 수도 없이 생겨나고, 세대와 세대 간의 격차로 가정 내 또는 한 공동체 내에서조차 공감할 수 없을 만큼 소통과 공유가 힘든 현실이기도 하다. 하지만 IT와 디지털 또는 유튜브와 메타버스 등 새로운 미디어 패러다임에 적응하지 못하더라도 NFT는 쉽게 이해할 수 있다. 아날로그 예술가들에게도 NFT는 분명 새로운 기회가 될 것이다.

현재 NFT 열풍은 이러한 획기적 변화에 상당한 관심을 보이고 있으나 메타버스와 NFT는 시대변화 속 흐름의 한 부분일지도 모른다. 유튜브가 정착해 지금은 일상이 됐듯이 메타버스와 NFT 또한 우리 생활에 금 새 정착하게 될 것이다. 그러나 모두에게 일상이 돼 보편화 된 상황에서는 그 경쟁력 또한 상당하기에 아티스트를 꿈꾸고 다양한 창작 활동을 계획하고 있거나 혹은 아트수집과 투자에 관심이 있다면 지금 도전해 보길 바란다.

NFT 다양한 민팅하기와
판매하기

김 재 영

NFT 다양한 민팅하기와 판매하기

【 Prologue 】

독자 여러분, 지금은 메타버스 시대 특히 그 중에서도 'NFT 시대'이다. 그런데 독자들은 NFT에 대해 얼마나 알고 있는가? 요즘 들어 'NFT 미술작품을 몇 억 원에 팔았다'라는 뉴스를 간혹 접해봤을 것이다. 온전한 메타버스가 아직 구현되지 않은 상태인데도, 디지털 플랫폼은 벌써 전 세계 경제를 이롭게 만들고 있다.

큰돈을 버는 사람들은 항상 정보에 빠르고 실행력은 더 빠르다! 이제 우리는 더 때를 놓쳐서는 안 된다! 이제 막 시작된 'NFT 콘텐츠' 시장이 다양한 분야에서 여러 가지 형태로 열리고 있다. 본인의 작품에 NFT를 붙여 판매하든, NFT 작품을 사들여 투자하든 기본은 'NFT의 개념과 가치'를 미리 알고 시작해야 한다.

지금의 환경은 모두에게 숫자로 따져본다면 1이다. 그러나 NFT는 기회이며 그 가치는 무한하다. 새로운 세상이 열리는 NFT라는 기회를 놓치지 않고 잡기를 바란다.

【 1 NFT를 아는가? 】

NFT란, 블록체인 기술로 암호화한 'NFT(Non-Fungible Token, 대체 불가능 토큰)'을 말한다. 기존의 가상화폐와 달리 디지털 자산(그림, 사진, 동영상 등)에 별도의 고유한 인식코드를 부여해 절대적 진품임을 증명하고, 상호교환이나 해킹이 불가능하게 만든 수단을 말한다.

즉, 블록체인 기술을 활용한 '가상자산 인증서'다. 고유의 주소(토큰)에 소유권, 저작권, 거래 이력 등을 기록할 수 있어, 무한정 '복사해 붙여넣기'(복사+붙여넣기)를 하더라도 원본 소유자를 쉽게 알 수 있다.

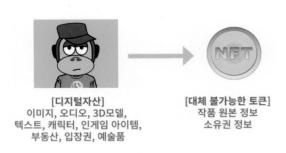

[디지털자산]
이미지, 오디오, 3D모델,
텍스트, 캐릭터, 인게임 아이템,
부동산, 입장권, 예술품

[대체 불가능한 토큰]
작품 원본 정보
소유권 정보

[그림1] NFT란(출처 : NFT의 시대)

예를 들어 '모나리자' 작품 이미지는 구글 검색만 해도 수 만개가 나오고 그것을 출력해서 거실에 액자로 걸 수도 있다. 그렇지만 절대 진품은 박물관에 있다. 그런데 누군가 그 모나리자 진품(약 44조 원)을 거액으로 사들이고 스캔한 후 의도적으로 불태워 없앴다고 가정해 보자. 그후 스캔한 이미지를 NFT화 해 발행했다고 생각해보자. 그러면 이제 지구상의 유일한 단 하나의 진품은 그 스캔한 'NFT 모나리자'가 되는 것이다. 사들인 가격의 몇 배를 불러도 되팔 수가 없는 것이다.

NFT 이해를 돕기 위해 극단적인 예를 들었지만 실제로 위와 같은 사건이 얼마 전에 벌어졌다. 유명 화가 뱅크시의 작품 '멍청이들(Morons)'을 한화 약 1억 7,000만 원에 구입, 스캔해서 NFT로 전환한 후 원본 그림을 불태워 없애버린 것이다. 그 후 그 스캔 작품은 NFT 경매시장 (OpenSea)에서 한화 약 4억 3,000만 원에 거래됐다. 원본의 약 4배에 달하는 이익을 얻은 것이다(수익은 코로나19 구호 활동에 기부).

실물 예술과 디지털 예술의 가치에 대한 이벤트성 사건이었지만 예술계에 큰 충격을 안겨주고 국내 뉴스에도 소개됐다. 이렇듯 우리를 어리둥절하게 만든 기술 NFT는 '넌펀저블닷컴' 발행 보고서에 따르면 NFT 시장규모가 2018년 4,000만 달러에 불과한 시장이었지만, 2020년 기준으로 약 3억 4,000만 달러를 돌파했고, 2021년 1분기는 이미 전년 같은 분기 대비 131배인 20억 달러를 달성하며 급성장하고 있다고 한다.

이는 '메타버스(가상세계)'와도 맞물려 큰 화두가 되며 시장 규모는 기하급수적으로 넘어설 것으로 전망되고 있다. 지금도 NFT 경매시장에선 약 2,000만 개의 NFT가 거래되고 있다.

1) NFT 시장 참여를 위한 준비단계

단 하나의 진품으로 인정하는 암호화 수단은 앞서 설명한 블록체인 기술을 기반으로 디지털 자산에 단 하나의 진품임을 증명하는 대체불가 토큰을 부여해주는 것이다.

(1) 상호교환 불가능

가령 나와 친구가 1만 원씩 교환한다면 같은 가치이기에 가능하다. 비트코인 1비트를 상호교환해도 균등한 조건을 갖고 있기에 가능하다. 반면, NFT는 별도의 고유한 인식 값을 개별로 갖고 있어서 상호교환이 불가능하다. 이는 같은 만 원짜리를 서로 바꾸려고 한다면 바꿀 수 있지만, 쓰고 있던 같은 기종의 '아이폰'을 서로 바꾸려고 한다면 그 안에 추억의 사진, 전화번호부 등이 있으므로 바꾸지 못하는 이치와 같은 것이다. 내제된 가치가 다르기 때문이다.

(2) 해킹 불가

블록체인 기술을 사용한 암호화폐와 동일한 수준의 보안을 보장한다.

(3) 거래 이력 보존

누가 최초로 발행을 했고, 얼마에 내놓았으며, 누구에게 얼마에 팔렸으며, 다시 누구에게 얼마로 되팔았는지 거래 이력이 그대로 기록(부동산 등기부 등본과 유사) 되고 보존된다. 이는 블록체인 기술을 사용해서 가능한 것이다. 거래 히스토리가 그대로 남아 현재 소유자를 알 수 있으며, 역시 진품이라는 것을 증명한다.

2) 전자지갑(가상화폐)이란?

가상화폐 거래소(업비트, 빗썸, 코인원 등)에서 사들인 가상화폐를 다른 곳으로 옮기기 위한 가상의 지갑으로, NFT 판매 사이트(OpenSea 등)와 연결돼 있다. 판매대금 가상화폐가 이곳으로 들어오고, 들어온 가상화폐를 다시 거래소에서 현금화시키는 데 필요한 가상의 지갑이다. 가상화폐 지갑의 다른 기능은 NFT 발행사이트나 판매사이트의 로그인 수단으로도 사용된다. 가상화폐 종류에 따라 가상화폐 지갑은 다양하다.

[그림2] 빗썸 거래소(출처 : 빗썸거래소)

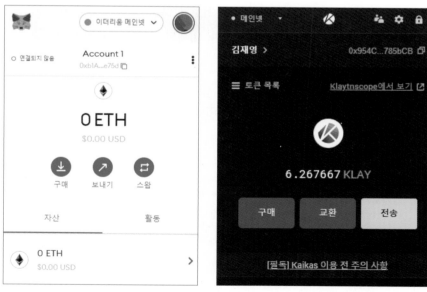

[그림3] 메타마스크 지갑(출처 : 메타마스크) [그림4] 카이카스 지갑(출처 : 카이카스)

[그림5] Opensea 화면(출처 : Opensea)

2 NFT 작품의 종류

등록 가능한 파일 타입을 알 수 있다. 큰 분류로 보면 이미지, 동영상, 오디오 또는 3D 모델링 파일을 등록할 수 있다.

1) PG, PNG, SVG

우리가 알고 있는 그림 파일이다.

2) GIF

우리가 흔하게 알고 있는 일명 '짤방'이다. 동영상과는 다른 움직이는 짧은 그림 파일을 말한다. 인터넷상에서 유명하게 연속으로 회자되는 하나의 에피소드(밈 Meme)에서 많이 활용된다. 일종의 유행, 트렌드 등을 말한다. 거기에 사용되는 오리지널 원본을 본인이 만들었거나, 소장하고 있다면 큰 가치의 NFT가 된다. 본 예는 움직이는 그림은 아니지만 크게 유행했던 사진의 대표를 말해준다. 본 작품의 원본 창작자가 NFT로 발행해 판매한다면 큰돈을 벌 수 있다.

3) MP4, WEBM

동영상 파일이다. 그 어떤 것을, 어떤 상황을 촬영하던지 중요한 가치가 인정되거나, 예술적 가치가 있다면 상품성이 있다. 역사적 상황을 담고 있거나, '밈'의 가치가 있거나, 유명인이 등장하는 희소한 영상이거나, 더 나아가 '모션그래픽아트' 작품까지 확장될 수도 있다. 단, 파일

크기는 40MB로 제한되니 이 점을 유의해야 한다. 당연하게도 성적 영상 등 유해한 영상은 안 된다. 만약 당신이 외계인을 촬영했다면 NFT로 발행해보라.

4) MP3, WAV, OGG

오디오 파일이다. 이는 음악, 육성, 어떠한 상황의 녹음 등 모든 것이 될 수 있다. 유명 음악인은 벌써 자신의 음악을 NFT로 올려놓기도 했으며, 아마도 음악 시장에서 또 하나의 판매 경로가 될 것으로 여겨진다. 그 외의 가치 있는 오디오 예는 '1969년 7월 20일 최초의 달 착륙 성공 아폴로11호 첫 교신 음성 파일' 등이 있다.

또는 '비틀즈 미발표 녹음 파일'이라든지 오리지널로 희소성이 있고 돈으로 가치를 따질 수 없는 희귀한 자료 등이 있다.

5) GLB, GLTF

3D 모델링 파일이다. 어떠한 사물이든, 건축 모델링이든, 인체 모델링이든 그 가치가 있다면 판매될 수 있다. 3D 모델링을 만들기 위해서는 3D max 등 툴이 필요하다. 예술적 가치가 있는 추상적 기하모델이라든지, 정말 살고 싶은 해변 가의 현대적 대저택 모델링이라든지, 게임에서 등장할 여신의 인체 모델링이라든지, 매력 있는 3D모델링을 만들어 NFT로 발행한다.

【 ❸ NFT의 여러 분야 중 '아트(미술)'가 가장 주목받는 이유는? 】

기존 미술시장이 소수의 부자 또는 경매사의 전유물이었다면, NFT 아트는 저렴한 비용으로도 작품을 손쉽게 구매할 수 있어 MZ 세대의 적극적인 참여와 미술 컬렉션 대중화를 이끌어내고 있다.

평론가들로부터 가치를 인정받아 합리적인 가격대까지 형성돼 있는 중견작가의 작품이 주로 거래되는 기존 실물 미술시장과 달리 NFT 아트는 신진작가, 일반인도 얼마든지 거래 플랫폼에 등록·판매할 수 있고 또 누구나 이를 구매할 수 있다.

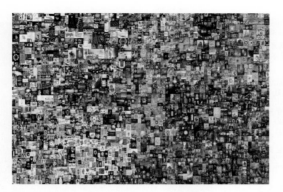

[그림6] 비플, 2007년 5월 1일~2021년 1월 7일까지의 매일 첫 5000일(출처 : 중앙일보)

아랍에미리트(UAE) 두바이에서 중동 최고의 국제 아트 페어 '아트 두바이'가 개최된다. 40개국 100개 이상의 갤러리가 참여하는데, 특히 올해는 NFT 아트 세계를 탐구하기 위한 디지털 섹션 '아트 두바이 디지털'이 신설돼 이목이 집중된다. 오일 머니 파워를 실감한 전 세계 갤러리들이 앞 다퉈 아트 두바이로 몰리고 있는 지금, 뜨거운 사막 위에 세워진 미술시장은 NFT 아트로 급물살을 타게 됐다.

지난해 3월 11일 뉴욕 크리스티 온라인 경매에서 비플(Beeple)의 NFT 아트 작품 '매일 : 첫 5000일(Everydays : The First 5000 Days)'이 약 6,930만 달러(한화 약 840억 원)에 팔렸다. 비플이 2007년부터 5000일간 올린 디지털 이미지(JPG 파일)를 모아 만든 모자이크·콜라주 작품으로 현시점에서 가장 비싸게 팔린 NFT 아트 작품이다. 현존 작가의 작품 중 제프 쿤스의 '토끼', 데이비드 호크니의 '예술가의 자화상'에 이어 세 번째로 높은 경매가를 기록했다.

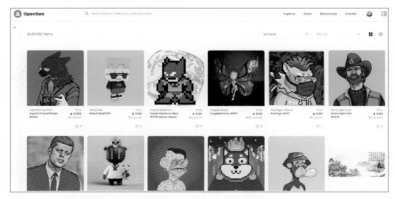

[그림7] NFT 최대 거래소 오픈씨 거래모습(출처 : 오픈씨)

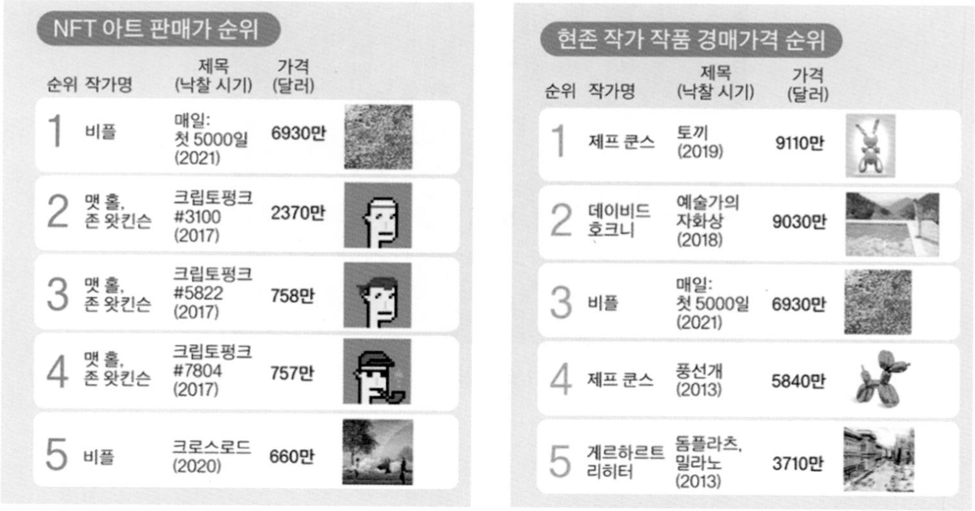

NFT 아트 판매가 순위		
순위 작가명	제목 (낙찰 시기)	가격 (달러)
1 비플	매일: 첫 5000일 (2021)	6930만
2 맷 홀, 존 왓킨스	크립토펑크 #3100 (2017)	2370만
3 맷 홀, 존 왓킨스	크립토펑크 #5822 (2017)	758만
4 맷 홀, 존 왓킨스	크립토펑크 #7804 (2017)	757만
5 비플	크로스로드 (2020)	660만

현존 작가 작품 경매가격 순위		
순위 작가명	제목 (낙찰 시기)	가격 (달러)
1 제프 쿤스	토끼 (2019)	9110만
2 데이비드 호크니	예술가의 자화상 (2018)	9030만
3 비플	매일: 첫 5000일 (2021)	6930만
4 제프 쿤스	풍선개 (2013)	5840만
5 게르하르트 리히터	돔플라츠, 밀라노 (2013)	3710만

[그림8] 전 세계 작가 작품과 NFT 아트 판매가 순위 (출처 : 중앙일보)

4 NFT 마켓 플랫폼

1) 오픈씨(OpenSea)

오픈씨는 전 세계에서 가장 크고 유명한 NFT 마켓플레이스이다. 2021년 기준 1,550만개의 NFT가 거래되고 있으며, 누적 거래액만도 3억 5,400달러에 이른다.

(1) 장 점

- 전 세계 최대 규모 NFT 마켓플레이스이다.
- NFT 제작과 거래가 매우 간편하다.
- NFT 민팅 비용이 없다.
- NFT를 최초로 판매할 때만 가스피 지불하면 된다.

(2) 단 점

- 이더리움 계통의 암호화폐(ERC-20)로만 거래 가능하다.
- 이더리움 블록체인을 이용해 거래에 소요되는 가스피가 비싼 편이다.

2) 라리블(Rarible)

라리블은 거버넌스 토큰(rari토큰)을 만들어 플랫폼에 적극적으로 참여하는 사용자들에 대한 보상으로 제공된 목적으로 설계됐다. 판매금액의 5%를 수수료로 요구하고, 판매자들에게 2,5%씩 부과한다.

(1) 장 점

- NFT의 제작과 거래가 간편하다.
- 커뮤니티가 활성화되어 있다.
- 팔로우 기능을 처음으로 도입, NFT 창작자를 팔로우 해서 창작자의 새로운 NFT가 출시됐을 때 알람을 받을 수 있다.
- '게으른 발행(Lazy Minting)' 기능으로 발행자는 NFT를 무료로 발행할 수 있다.

(2) 단 점

- 암호화폐로만 NFT를 거래할 수 있다.
- 이더리움 블록체인을 이용해 거래에 소요되는 가스피가 비싼 편이다.
- 민팅 시마다 가스피 지불해야한다.

3) 슈퍼레어(SuperRare)

슈퍼레어는 오로지 싱글 에디션만 취급한다. 다른 마켓플레이스에서 취급하지 않는 것을 독점 디지털 아트 NFT만 취급해, 스스로 자부심이 대단하고 별도의 편집섹션도 운영하고 있다.

(1) 장 점

- 희귀한 싱글 에디션 NFT만 취급한다.
- 사용방법이 쉽고 직관적이다.
- 커뮤니티가 매우 활성화되어 있다.

(2) 단 점

- 심사가 까다롭다.
- 가스피가 15%로 높은 편이다.

- NFT 판매하기 위해서는 마켓플레이스의 자체 심사를 거쳐야 한다.
- 아티스트들의 접근성이 어렵다.

[그림9] 플랫폼의 종류 오픈씨 (출처 : 오픈씨)

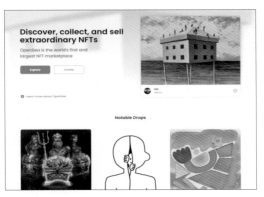

[그림10] 플랫폼의 종류 라리블 (출처 : 오픈씨)

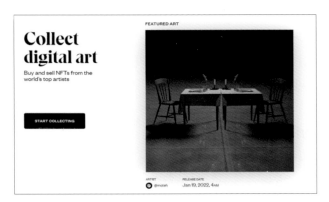

[그림11] 플랫폼의 종류 슈퍼레어(출처 : 슈페레어)

5 휴대폰으로 NFT 민팅 실습(CCCV.to)

[그림12]와 같이 구 글에서 'cccv'를 검색하면 나오는 'CCCV–나를 표현하는 단 하나의 링크 서비스'를 클릭해 연다. [그림13]과 같이 하단의 '지금 만들어볼까?' 버튼을 클릭한다.

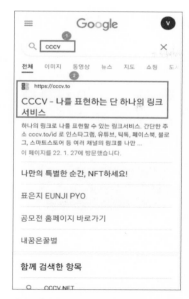
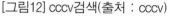

[그림12] cccv검색(출처 : cccv)　　　[그림13] 시작하기(출처 : cccv)

[그림14]와 같이 '구글 로그인'을 선택하고, [그림15]와 같이 '계정선택'을 한다.

[그림14] 구글 로그인 선택(출처 : cccv)　[그림15] 계정선택(출처 : cccv)

이제 NFT 발행하기이다. [그림16]과 같이 우측 상단의 'NFT 발행'을 클릭하고 [그림17]과 같이 '작품 업로드, 작품 제목, 에디션, 창작자' 순으로 작성한다.

[그림16] NFT발행하기(출처 : cccv)　[그림17] 발행내용 적기(출처 : cccv)

⑥ 카카오의 '크래프터 스페이스'에서 NFT 민팅 준비단계

'클레이튼'은 카카오의 블록체인 계열사인 그라운드X에서 만든 NFT 플랫폼이다. 여기에 더해 '그라운드X'는 누구나 쉽게 NFT를 발행할 수 있는 서비스를 내놨는데, 이 서비스의 이름이 '크래프터 스페이스'다. 2021년 5월부터 베타 서비스를 하고 있으며, 베타 기간 동안에는 NFT 발행 시 별도의 수수료(가스비)가 발생하지 않는다. 다만 발행은 무료이나 거래가 되기 위해서는 거래소에 등록해야 하는데, 아직 클레이튼 기반의 자체 거래소가 없기 때문에 제휴돼 있는 오픈씨를 이용해야 한다.

오픈씨에 최초 등록할 때에는 수수료를 내야 하는데, 크래프터 스페이스에서 NFT를 만들 경우 수수료가 조금 더 저렴하고 한글로 돼 있어 편리하게 이용할 수 있다. 하나씩 따라해 보자.

1) 크래프터 스페이스 접속하기

크래프터 스페이스(https://www.krafter.space/ko/explore) 역시 '크롬'에 최적화돼 있어 크롬으로 접속해야 한다. 오른쪽 위의 '로그인'을 누르면 '카이카스'라는 이름의 지갑을 이용하라는 문구를 볼 수 있다. 카이카스는 클레이튼에서 만든 자체 가상화폐 지갑이다.

[그림18] 크래프터 스페이스 홈페이지(출처 : 크래프터 스페이스)

2) 카이카스 설치하기

크롬 웹 스토어에서 '카이카스' 지갑을 검색하면 [그림19] 처럼 나오며 카이카스를 클릭한다.

[그림19] 크롬 웹 스토어에서 카이카스 검색(출처 : 크롬 웹 스토어)

[그림20]에 나오는 상단 우측 '크롬에 추가'를 클릭한다.

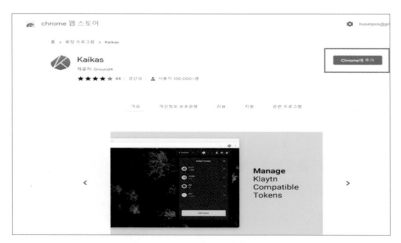

[그림20] 카이카스를 크롬에 추가선택(출처 : 크롬 웹 스토어)

3) 카이카스 지갑 만들기

[그림21] 크롬 창 그림 오른쪽 위 '핀' 모양을 누르면 리스트가 보이고 그중 '카이카스'를 선택한다. 그러면 크롬 창에 카이카스 지갑이 보인다.

[그림21] 카이카스 선택하기(출처 : 크롬 웹 스토어)

[그림22]처럼 'Kaikas가 잠김 상태입니다.'라는 화면이 나오고 비밀번호를 입력하라고 나온다. 비밀번호 입력 후 다음 페이지로 넘어간다.

[그림22] 비밀번호 입력하기(출처 : kaikas)

[그림23]처럼 '비밀번호'를 입력하면 잠금이 해제 된다.

[그림23] 잠금 해제하기(출처 : kaikas)

[그림24]처럼 상단의 '생성'을 누르고 '계정 이름 입력'을 하고 생성을 클릭한다.

[그림24] 생성계정 이름입력하기(출처 : kaikas)

다음은 '시드구문 보관 안내'가 나오는데 종이나 문서에 글을 써서 복사해 놓으라.

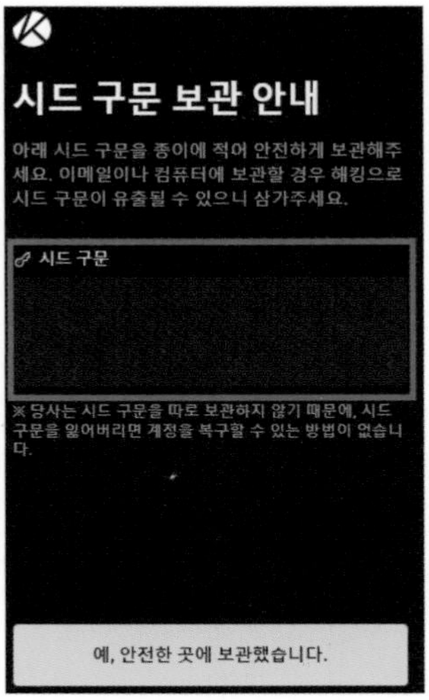

[그림25] 시드 구문 보관 안내(출처 : kaikas)

[그림26]처럼 적어둔 '시드구문'을 그대로 다시 입력한다. 중요한 점은 시드 구문이 3줄로 돼 있는데 절대 엔터키를 누르지 말고 스페이스를 누르면 알아서 두 번째 줄로 내려간다. 시드구문이 맞으면 [그림27]과 같이 완성된 화면이 뜬다.

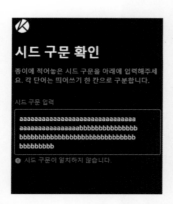 

[그림26] 복사해둔 시드 구문 입력(출처 : kaikas)　　[그림27] 카이카스 지갑완성(출처 : kaikas)

[그림28]처럼 코인을 보낼 때 '전송'을 클릭한다.

[그림28] 코인 전송하기(출처 : kaikas)

[그림29]처럼 '받는 사람 주소'와 '수량'을 입력 후 다음을 클릭한다.

[그림29] 코인 전송(출처 : kaikas)

코인을 받을 때는 [그림30]과 같이 '주소 복사'를 해서 받을 사람에게 보낸다.

[그림30] 코인 받기(출처 : kaikas)

☑ 크래프터 스페이스에서 NFT 발행하기

이제 다시 '크래프터 스페이스'로 돌아가 로그인을 누르면 '카이카스'와 연결된다. 이제 카이카스에 연결하고, 이메일 주소를 입력하고, 인증을 완료하면 회원 가입이 끝난다.

1) 회원가입하기

[그림31] 우측 상단의 '로그인'을 클릭하고 [그림32]와 같이 '카이카스로 로그인' 한다.

[그림31] 크래프터 스페이스 화면(출처 : krafterspace)

[그림32] 크래프터 스페이스 로그인 화면(출처 : krafterspace)

[그림33] 서비스 연결요청 팝업 창에서 '위 서비스를 신뢰하면 ~' 앞 체크박스에 체크하고 하단의 연결을 누른다.

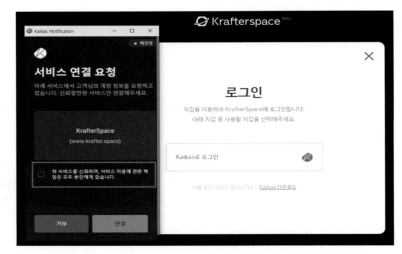

[그림33] 크래프터 스페이스 로그인 화면(출처 : krafterspace, kaikas)

메시지 서명 란의 '서명'을 누른다.

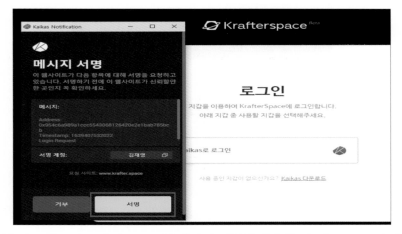

[그림34] 크래프터 스페이스 로그인 메시지 서명하기(출처 : krafterspace, kaikas)

이제 회원가입 화면이 나온다. '닉네임, 이메일 주소 입력 후, 체크박스'에 체크한 후 회원가입을 누르면 가입이 완료되고, 이메일에 가서 확인하면 된다.

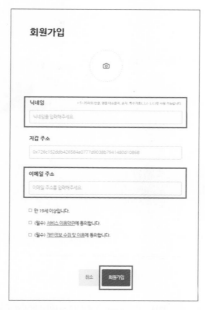

[그림35] 회원가입 화면(출처 : krafterspace)

[그림36]은 필자의 작성 샘플이다.

[그림36] 나의 프로필(출처 : krafterspace, kaikas)

2) NFT 발행하기

회원가입 후 로그인하면 [그림37]로 넘어간다. 이 화면에서 'NFT 발행하기'를 선택한다.

[그림37] 크래프터 스페이스 NFT발행하기 화면(출처 : krafterspace)

발행하기 순서는 [그림38], [그림39]처럼 '파일선택-배경색-이름-설명-컬렉션-발행량'을 작성하고 동의 하고 발행하기 버튼을 누른다.

[그림38] 발행하기 화면1(출처 : krafterspace)

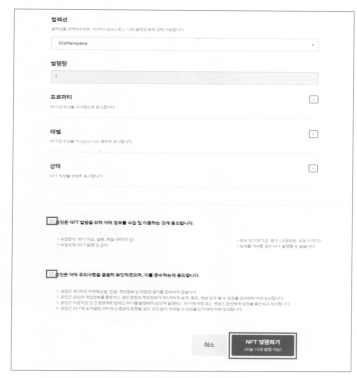

[그림39] 발행하기 화면2(출처 : krafterspace)

이제 발행돼 나의 NFT로 가면 '소유한 NFT'에서 내가 발행한 이미지를 볼 수 있다.

[그림40] 발행 완료된 모습(출처 : krafterspace)

8 NFT 작품 판매하기

1) 오픈씨 접속하기

[그림41]처럼 '오픈씨' 사이트에 가서, 상단 우측에 있는 '사람 모양'을 누른다.

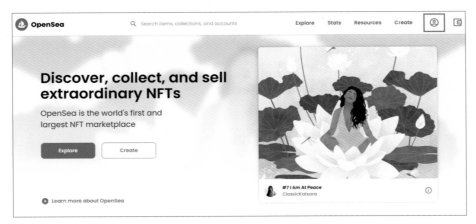

[그림41] 오픈씨 첫 화면(출처 : opensea)

[그림42]와 같이 하단의 'Show more options'를 누르면 지갑 리스트가 보인다.

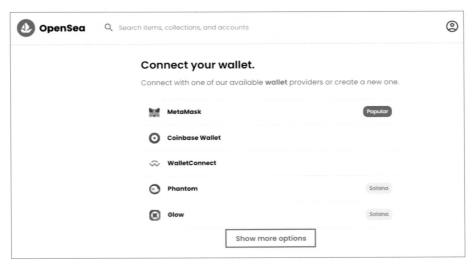

[그림42] Show more options(출처 : opensea)

리스트 중 'Kaikas'를 선택하고 [그림43]처럼 비밀번호 입력창에 '비밀번호'를 입력한다.

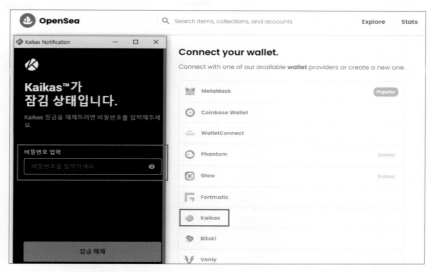

[그림43] Show more optiond(출처 : opensea, kaikas)

[그림44]처럼 '서비스 연결 요청'이 뜨면 '위 서비스를 신뢰하며~'에 체크하고, 하단의 '연결'을 누른다.

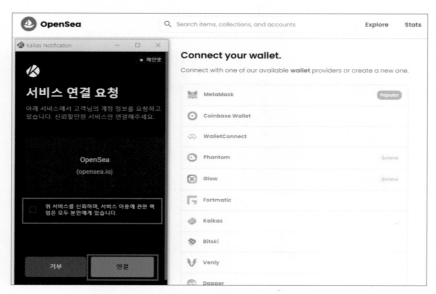

[그림44] 서비스 연결요청 화면(출처 : opensea, kaikas)

2) 오픈씨에 판매 등록하기

[그림45]와 같은 화면이 나온다. 그림 중에 판매하고자 하는 작품을 클릭한다.

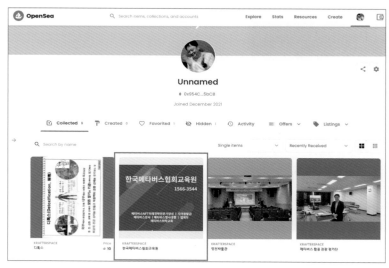

[그림45] 오픈씨 화면(출처 : opensea)

[그림46]에서 우측 상단의 'Sell'을 클릭하고 다음 장으로 이동한다.

[그림46] 판매화면(출처 : opensea)

[그림47]에서는 '판매단가, 판매기간, 수수료'를 입력하고 하단의 'Complete listing'을 클릭한다.

[그림47] 판매조건 입력(출처 : opensea)

다음으로 [그림48]처럼 하단의 'Sign'을 클릭한다.

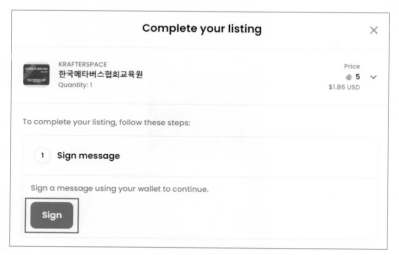

[그림48] sign 화면(출처 : opensea)

[그림49]의 '서명'을 클릭한다.

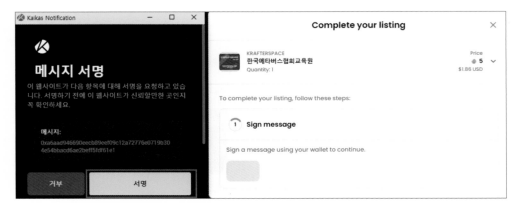

[그림49] 서명 화면(출처 : opensea)

[그림50] 판매등록이 완료됐다. 페이스북, SNS에 바로 올리거나 링크주소 복사 후 전달해 판매하면 된다.

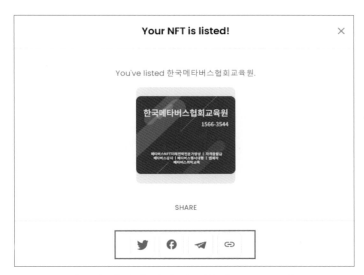

[그림50] 판매 작업 완료(출처 : opensea)

오픈씨 첫 화면 본인의 '프로필'을 누르면 판매 중인 리스트가 보인다.

[그림51] 첫 화면(출처 : opensea)

〔 Epilogue 〕

모든 면을 세심히 생각해보면 2020년 말부터 메타버스 관련 소식은 자주 들려온다. 장기화한 코로나19 상황을 거치면서 가상과 현실이 상호작용하며 발전했다. 그 속에서 정치·사회·경제·문화 활동이 이뤄지면서 가치를 창출하는 방향으로 메타버스를 주목한다.

실제로 메타버스 NFT 관련 기업들은 게임, 공연, 교육, 헬스 케어, 전자상거래 부문 등으로 기술을 확장하며 매우 공격적으로 투자하고 있다. 대중의 관심을 엿볼 수 있는 메타버스 NFT 관련 검색도 최근 급증하고 있으며 향후 한국뿐만 아니라 이는 세계적인 추세이다.

새로운 바람을 막을 수도 없지만, 새롭게 불어오는 신문명의 바람을 어떻게 조화롭고, 유용하게 활용해야 할지에 개발자와 유저 모두가 함께 고민하면서 메타버스 NFT 세상을 맘껏 누리기를 희망한다.

실 전

실 전

Chapter

1

이프랜드에서 행사장 만들기

안 진 영

이프랜드에서 행사장 만들기

[Prologue]

코로나19로 인해 비대면과 가상공간에 대한 경험이 어느 때 보다 중요해진 시기이다. ZOOM 수업이 익숙해진 학생들과 원격 회의와 재택근무를 하는 회사원들까지 우리의 일상이 변화하고 있고 그 속에 적응해가고 있다.

이렇게 간접적인 만남이 늘어나면서 아바타로 가상공간에서 소통하는 것, 즉 메타버스에 대한 이야기를 듣고 직접 경험하고 있다. 이런 흐름 속에 많은 메타버스 플랫폼들이 개발되고 있고 그 중에서도 SKT에서 출시한 매력적인 플랫폼인 '이프랜드(ifland)'에 대한 이야기를 하고자 한다.

이프랜드는 SNS 기능만 하는 플랫폼도 아닌 그리고 2D도 아닌 3D 입체 아바타와 화면에서 화려한 음향과 감정을 표현해낼 수 있는 이모지들과 동작들까지도 재미를 느끼기에 충분한 플랫폼이다. 저자가 느낀 이프랜드는 단순히 게임 적 요소만 가진 플랫폼이 아니다. 자료 공유 기능으로 회의와 모임 등 교육적인 요소도 결합을 시킬 수 있다는 것에 매력을 느낄 수 있었고, 모든 플랫폼의 장점들을 잘 모아서 만든 플랫폼이 아닐까라는 생각을 한다.

또한 음성 채팅과 자료공유로 다양한 주제의 랜드가 개설돼 있어 어린 친구들만 하던 게임이나 소셜네트워크 기능만 하던 앱과는 차별화를 두는 것도 장점이다. SKT가 오큘러스퀘스트 국내 공식 유통사가 돼 있는 것도 앞으로 더 좋은 메타버스 기술력을 발휘하지 않을까 기대한다. 지난 5월 9일에 업데이트 된 화면공유 기능은 User들의 제안을 적극적으로 받아들였다. 필자

또한 이프랜드를 활용한 강의를 하면서 필요한 기능이라고 생각됐던 부분이었기 때문에 꽤 반갑게 느껴졌다.

더 좋은 모습으로 발전될 앞으로의 이프랜드를 기대하며 현재 이프랜드에서 활용할 수 있는 부분을 책에 담아보았다.

1 이프랜드 플랫폼의 이해

'너와 내가 만나는 메타버스, 새로운 세상 속으로 ifland'

대한민국 메타버스 산업을 이끌고 있는 SK텔레콤이 메타버스 플랫폼 '이프랜드(ifland)'를 지난 2021년 7월 14일 선보였다. SKT는 누적 가입자 300만 명이 넘은 SKT의 기존 메타버스 플랫폼 '점프 버추얼 밋업(Jump Virtual Meetup)'을 운영해온 노하우를 바탕으로, 사용 편의성을 높였다. 또한 MZ 세대의 니즈에 맞춘 서비스 기능을 대폭 강화한 새로운 메타버스 플랫폼을 출시했다.

'이프랜드(ifland)'는 메타버스가 가진 초현실적인 개념을 직관적이고 감성적인 이미지로 표현한 브랜드이다. '누구든 되고 싶고, 하고 싶고, 만나고 싶고, 가고 싶은 수많은 가능성(if)들이 현실이 되는 공간(land)'이라는 의미를 담고 있다. 이프랜드에서는 누구나 쉽게 새로운 친구를 사귈 수 있고, 모든 것이 이뤄지는 메타버스 세상을 경험할 수 있다.

실제와 닮아가는 메타버스는 또 다른 현실이다. 메타버스 안의 아바타는 현실의 나와 분리된 자아가 아닌 나 자신이다. 그 안에서 서로 상호작용하며 관계를 맺고, 취미생활을 하고, 나만의 콘텐츠를 만들고, 일을 하는 등 다양한 현실 활동이 실제로 일어난다. 이렇듯 상상했던 것들이 현실이 되는 세계가 '이프랜드'이다.

[그림1] 이프랜드 홈페이지(출처 : SK텔레콤 NEWSROOM)

2 이프랜드 특징

이프랜드는 간편하고 쉬운 프로세스로 누구나 접근이 수월하도록 만든 메타버스 플랫폼이다. 3D 아바타(이프미)로 다양한 메타버스 활동이 가능하며, 마음껏 감정표현이 가능하도록 만든 플랫폼으로 모든 아이템이 무료라는 장점이 있다.

1) 직관적이고 쉬운 조작

홈 화면에 이프랜드의 주요 기능이 다 모여 있어 직관적이고 조작이 쉽다. 상단에는 나의 아바타와 프로필이, 하단에는 내 이용 패턴을 기반으로 추천된 메타버스 룸들이 리스트 업 된다.

2) 간단한 방(room) 개설과 편리한 방 참여

'방(room)'을 직접 개설하는 방식도 간단하다. 이프랜드 앱 화면 하단에는 본인이 직접 방을 개설할 수 있는 버튼이 상시 활성화돼 있어, 누구나 제목만 입력하면 메타버스 룸을 쉽게 만들고 운영할 수 있도록 지원한다. 또한 개설 예정인 룸을 미리 관심 등록을 해두면 10분 전에 참여 알림을 받을 수 있어 놓치지 않고 참여할 수 있다. 개설된 룸들은 나의 관심 영역에 맞춰 분류하고 검색하는 것도 가능하다.

3) 8000여 종의 아바타 코스튬

이프랜드에서는 나를 닮은, 나와는 완전히 다른 또는 나의 개성을 표현하는 부캐를 만들 수 있다. 성별, 헤어스타일 등은 물론 아바타의 키와 체형까지 총 800여 종의 '코스튬(외형, 의상 등)'을 통해 나만의 아바타를 만들고 다른 아바타들과 소통할 수 있다. 플랫폼 내 재화를 사용해 구입할 필요 없이 모두 무료로 사용가능하다.

4) 다양하고 화려한 이모지

높은 퀄리티의 '이모지' 그래픽과 모션들이 이용자에게 더 큰 즐거움을 준다. 음향 또한 직접 대면으로 대화하는 듯한 효과를 줘 가상세계이지만 현실세계와 같은 느낌을 갖게 한다.

5) 소셜(social) 기능

내 사진과 소개 글로 나를 표현하고, 내 관심사나 취미를 간략히 남길 수 있는 '프로필' 기능이 있다. 메타버스 룸에서 친구들의 프로필을 쉽게 확인할 수 있고, 관심 있는 아바타는 팔로우(follow)가 가능하다.

6) 모임, 강연, 회의 등에 적합한 플랫폼

'자료 공유 기능(PDF, MP4 등)'이 있어 자료 활용이 필요한 강연 및 회의 등에도 적합하다.

7) land 공간(20여개의 테마 룸)

이프랜드에는 학교운동장, 대형 콘퍼런스 홀, 야외무대, 루프탑 등 20여종의 '룸 테마공간'이 준비돼 있다. 테마 별로 날씨, 시간대, 바닥, 벽지 등 배경을 추가로 선택할 수 있어 같은 테마 룸이라도 이용자의 취향에 따라 다양한 콘셉트를 연출할 수 있는 현실감도 더했다. 공개와 비공개 설정이 가능하며, 비공개로 설정하면 비밀번호를 입력하고 입장가능하다. 방의 인원수가 130명까지 무료로 입장이 가능해 대규모 모임도 가능하다.

8) 화면공유 기능

새로 업데이트 된 기능으로 줌(ZOOM)의 화면공유 기능처럼 내 화면을 공유할 수 있는 베타 버전 기능이 업데이트 됐다.

❸ 이프랜드 기능 알기

1) 이프랜드 설치 및 로그인

앱스토어 OR 플레이스토어에서 '이프랜드'를 검색해 설치한다. [그림2, 3]과 같이 폰 OS에 맞게 다운로드하면 된다.

[그림2] 이프랜드 앱 설치 (iOS)

[그림3] 이프랜드 앱 설치(Android)

설치하면 마이크 및 사진/미디어/파일의 '접근 권한 안내'가 나오고 이에 동의를 하면 이프랜드가 시작된다.

[그림4] 이프랜드 설치 후 첫 화면   [그림5] 이프랜드 접근 권한 안내

로그인 방법을 선택하고 로그인한다. 필자는 '구글로 로그인' 하는 방법을 선택했고, 이 방법이 가장 편리하다. 로그인이 됐다면 이프미(ifme)로 활동할 나의 아바타 닉네임을 입력한다.

[그림6] 로그인화면   [그림7] 아바타 닉네임 설정

'이프미(ifme) 꾸미기'를 눌러, 아바타를 꾸며준다.

[그림8] 아바타 꾸미기 시작   [그림9] 신발 꾸미기

아바타의 복장, 헤어, 신발, 소품 등 수없이 많고 다양한 형태가 있으니 이것저것 눌러보고 내가 원하는 아바타의 모양으로 멋지게 꾸며 부캐를 만들고 반드시 저장을 눌러 완성한다. 다 완성되면 [그림11]과 같이 이프랜드의 메인화면이 나온다.

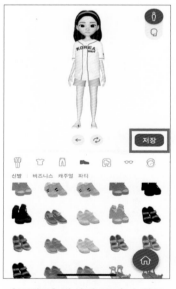

[그림10] 아바타 꾸미기 완료   [그림11] 이프랜드 메인화면

2) 이프랜드 화면 안내

메인 화면에는 나의 아바타가 나오고 아래쪽에는 랜드리스트들이 있다. 하단에는 ① 메인(홈화면) ② 즐겨찾기 ③ Land와 닉네임 검색 ④ 나의 프로필 확인 및 편집 기능의 아이콘이 있다.

[그림12] 홈 화면   [그림13] 랜드 리스트

3) Land 만들기

메인 화면 아래에 '+' 표시를 눌러 'Land'를 만들 수 있다. Land 만들기 화면이 뜨면 [그림15]와 같이 빈 칸에 Land의 '제목'을 입력한다.

[그림14] 랜드만들기   [그림15] 랜드 이름 작성하기

랜드 테마 20여종 중에 원하는 '테마'를 선택하고, 랜드의 운영시간을 '바로시작' 또는 '예약'
으로 선택할 수 있다.

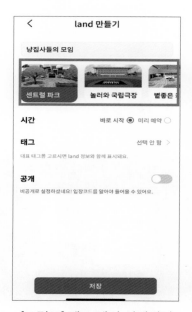

[그림16] 랜드 테마 선택하기   [그림17] 시간 선택하기

랜드의 '태그'를 '5개'까지 선택할 수 있다. Land를 공개할지 또는 비공개로 할지가 선택이 가능하다.

[그림18] 태그 선택　　　　　　[그림19] 공개 여부 선택

저장을 눌러 Land 개설을 완료하고, 추가 그래픽 다운로드 여부에 '예'를 눌러줘 랜드로 입장한다.

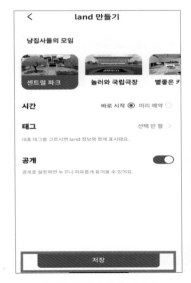

[그림20] 방 개설 완료

[그림21] 추가 그래픽 다운로드

4) Land 입장하기

[그림22]는 랜드에 입장한 화면이다.

[그림22] 홈 화면

(1) Land 조작법

👆 손가락으로 zoom in : 화면확대

👆 손가락으로 zoom out : 화면축소

✛ 화면드래그 : 손가락으로 드래그하는 방향으로 화면 이동

🎮 조이스틱 : 아바타의 이동

(2) Land 속 기능

👥 1/131 : 입장 가능한 인원 131명 중에 Land에 입장한 인원 수

💬 : 대화창으로 Land 속 입장한 사람들과 대화를 할 수 있다

ℹ️ : Land의 정보를 볼 수 있다.(Land이름, Host, Land 운영시간, 비공개일 경우 입장코드, Land 접속 링크 주소)

🌐 : 다른 Land탐색

👤⁺ : Land에 초대하기(링크 주소 보내기)

🎛️ : 리모컨 버튼. 자료공유하기(PDF, MP4파일)

📷 : 사진 촬영 (기기에 바로 저장 가능)

🎤 : 마이크 On/Off

⚙️ : 설정(소리 듣기, Land수정, 공지등록, 마이크권한 설정, 채팅권한 설정, 호스트변경)

🚪 : Land 나가기

[그림23] land 정보

[그림24] 자료 공유 버튼

[그림24]의 자료공유 리모컨 아이콘 선택하면 [그림25]의 화면으로 전환된다.

[그림25] 자료공유 클릭

자료공유 버튼을 클릭하면 [그림26]처럼 공유할 화면이 뜬다.

[그림26] 공유할 화면

공유할 파일을 선택한다.

[그림27] 공유파일 선택

[그림28]은 공유할 자료 선택 후 확인화면이다.

: 메인화면으로 이동
: 공유 끝내려면 공유 중지

[그림28] 공유화면

[그림29] 설정화면

다양한 감정표현이 가능한 이모지 선택도 가능하다.

[그림30] 이모지 선택

❹ 이프랜드를 활용한 행사 사례

이프랜드에서는 코로나19 거리두기 제한으로 사람들의 모임이 어려워지자 각 대학교, 은행권, 지자체 축제 등 여러 행사를 '이프랜드'에서 개최했다. 이프랜드에서의 행사는 대면에서 느낄 수 있는 즐거움과 행사 본연의 목적을 성취하기에 부족함 없이 성공적인 결과를 도출했다. 다음은 다양한 분야의 활용 사례로 몇 가지 소개하고자 한다.

1) 지자체 행사

다음은 SKT에서 진행한 '벚꽃 축제 행사'이다. SKT는 사회적 거리두기로 인해 올해도 전국의 많은 벚꽃축제들이 취소되는 점을 감안, 고객들이 가상세계에서 벚꽃놀이를 즐길 수 있도록 이번 서비스를 기획했다.

이프랜드 '벚꽃엔딩' 랜드에는 국내 최대 벚꽃축제로 유명한 진해 군항제 등을 모티브로 ▲호수 둘레길 ▲기차길 ▲소원 Zone ▲한옥카페 ▲피크닉 Zone 등 총 6개의 테마로 제작됐다.

코로나19로 봄의 분위기를 제대로 느끼지 못하고 있었으나 이프랜드 속의 화려한 벚꽃 축제 랜드 속에서 유저들이 모여 봄의 축제를 즐겁게 즐겼다.

[그림31] '이프랜드 유저들이 '벚꽃엔딩' 랜드에서 벚꽃놀이를 즐기고 있는 모습
(출처 : SKTelecom newsroom)

2) 과학계

이프랜드에서 진행한 '누리호 발사 중계' 화면이다. SK텔레콤이 순수 국내 기술로 개발한 최초의 한국형 발사체 '누리호' 발사를 메타버스 플랫폼 '이프랜드(ifland)'에서 21년 10월 21일 중계했다.

기존 영상으로만 발사 중계를 보던 방식에서 이프랜드 유저들이 모여서 다양한 감정모션을 표현하기도 하고 아바타가 응원하는 모습은 색다른 방식이었다. 발사 성공 축하공연도 이프랜드 속에서 함께해 볼거리를 더했다.

[그림32] 이프랜드에서 누리호 발사 중계를 관람하는 유저들(출처 : 뉴데일리경제)

3) 금융계

하나은행은 메타버스 플랫폼 이프랜드(ifland)를 통해 MZ 세대를 위한 총 3편의 맞춤형 금융교육 콘텐츠 방송을 진행했다. 하나은행은 이프랜드 속에서 MZ 세대 고객들에게 금융정보를 재미있게 전달하고 참여자들에게 자유롭게 소통할 수 있는 기회를 마련했다.

[그림33] 하나은행 전문가와 유저들이 금융교육 방송을 시청하는 모습(출처 : 하나은행)

4) 교육계

순천향대학교에서는 국내 대학 최초로 이프랜드에서 입학식을 진행했다. 21년도에 코로나19로 인한 거리두기로 대면 입학식 또한 취소되고 어려워지자 순천향대학교는 이프랜드 메타버스 플랫폼을 통해 가상의 대학 캠퍼스에서 만나 소통할 수 있는 색다른 메타버스 입학식을 개최해 많은 관심을 받았다.

2022학년도 신입생 입학식 또한 이프랜드를 활용한 가상 메타버스 방식으로 개최했다.

[그림34] 순천향대 입학식(출처 : 순천향대학교)

5) 정치계

이프랜드에서는 대선개표방송을 진행해 화제가 됐다. 2022년 3월 9일 대선에는 지상파 3사와 종편 등 주요 방송사들의 실시간 개표 방송을 이프랜드내에 룸 내에서 진행했다. 이프랜드 이용자와 인터뷰를 진행하기도 하는 등 자유롭게 의견을 주고받기도 해 재미를 더했다.

[그림35, 36] 대선 개표방송(출처 : 이프랜드 랜드리스트)

1) 학교 단체교육

학급 학생들과 모여 '단체 교육'을 실시한다. 마이크 기능을 켜고 Land 속에서 음성을 들을 수 있도록 해 현장감을 높인다.

[그림37] 이프랜드 활용한 단체교육(출처 : 직접 활용 중 캡처)

2) 체육대회

'트랙 달리기'를 통해 체육활동을 실시한다. 달리기로 학생들을 집중시키고 흥미를 북돋아준다.

[그림38] 체육대회(출처 : 직접 활용 중 캡처)

3) 워크숍, 레크레이션

단체복을 입고 워크숍이나 레크레이션 활동을 한다. 자료공유 기능(PDF파일)으로 OX 퀴즈나 넌센스 퀴즈를 활용해 단체에 활력을 북돋아준다.

[그림39] 워크숍이나 단체 레크레이션(출처 : 직접 활용 중 캡처)

4) 졸업식, 수료식 등 행사

수료식 및 졸업식 행사를 진행한다. '자료 공유기능'을 활용해 대상자들의 사진 및 정보를 공유하고 다양한 이모지를 활용해 인사, 선서 등의 단체행동을 같이 해보며 자칫 경직된 분위기가 될 수 있는 행사에 재미를 줄 수 있다.

[그림40] 졸업식 행사(자료제공 : 한국메타버스협회)

5) 축제 및 공연

영상파일 공유기능(MP4 파일 또는 본인 화면공유)을 활용해 축제 및 공연을 메타버스 플랫폼에서 즐길 수 있다.

[그림41] 공연장면(출처 : 머니투데이)

[Epilogue]

책을 쓰며 이프랜드는 '새로운 세상 속으로'라는 주제에 딱 맞는 플랫폼임을 다시 한 번 느꼈다. 가상 세계에서 주제에 맞는 '모임' 중심에 뚜렷한 목적이 있었고, 자료를 공유하는 회의가 가능한 점 또한 매력적인 플랫폼으로 다가왔다.

3D 모델링 교육을 하는 저자에게 그래픽이나 모션 그리고 공간도 재미가 있었으며, Land 속에서 나의 목적에 따라 활용법을 연구해 잘 이용한다면 충분히 본인에게 가치 있는 플랫폼으로 만들 수 있을 것이다.

저자는 이프랜드를 소개할 수 있어 즐거운 시간이었다. 또한 더 많은 기능을 보완해 향후 이프랜드의 다양한 활용성에 더 큰 기대를 하며 설레는 맘으로 글을 마친다.

제페토 크리에이터
(아바타 옷 만들기) 도전!

윤 형 숙

Chapter

02

제페토 크리에이터(아바타 옷 만들기) 도전!

▌Prologue

원래 예쁜 옷을 보면 입어보고 싶고, 사고 싶고 액세서리로 코디를 하고 분위기에 맞게 요일마다 옷 갈아입는 게 취미였다. 직장에 다닐 때도 아침마다 이 옷, 저 옷을 놓고 색깔을 고민하고 질감을 고민하면서 어떤 옷을 입을지 생각하다가 지각한 적도 한 두 번이 아니다.

이런 나의 취향에 딱 맞는 새로운 일이 있다니 궁금해서 도전해보게 됐다. 그것은 바로 '아바타 옷 만들기'라는 새로운 세계다. 우선 아바타가 무엇인지 얘기해 보자. 네이버 지식백과에 따르면 '가상사회에서 자신의 분신을 의미하는 시각적 이미지'라고 적혀있다.

2019년 코로나 팬데믹이 시작되면서 같이 모일 수도 없고, 함께 얘기할 기회가 줄어들자 온라인 세계에서 모든 것을 해결할 수밖에 없게 됐다. 그러자 사람들은 온라인 가상세계에서 자신의 아바타를 꾸미고 가상세계에서 만남을 갖게 됐다. 이러다보니 실질세계에서 옷을 사 입는 일이 줄어들고, 출근도 하지 않고 재택근무를 하니 아바타를 갖고 놀고 꾸미는 횟수가 점점 늘어나게 됐다. 더불어 아이템을 제작하고 판매 할 수 있다고 하니 너무 재미있게 생각됐다.

제페토에서 옷을 만들어 팔려면 특별한 기술이 필요한 것은 아니고 핸드폰을 갖고 잘 놀면 된다. 제페토에서 옷 만들기는 일단 올라와 있는 템플릿이 한정적이고 예쁜 옷감도 저작권 문제가 걸리면 안 되기에 매우 제한적이기는 하다. 하지만 외국 유저들이 제페토를 많이 방문하기에 충분히 옷을 만들어 팔 수 있다.

게임과 연관돼 특히 남자들의 의상을 만드는 것도 돈을 버는 방법이라고 할 수 있을 것이다. 아바타 옷 만들기는 요즘 제페토에서 월드를 방문하는 해외 이용자가 많아지면 많아질수록 멋지게 꾸미고 싶은 욕구 또한 늘어나기 때문에 좀 더 독특하고 개성 있는 아이템을 출시하면 더욱 인기가 많을 것으로 생각된다. 실제로 그 옷을 입고 다니는 것은 아니기에 더욱 과감하고 개성이 강한 아이템을 개발해야 할 것으로 기대된다.

점점 더 많은 사람들이 월드를 제작하고 승인받고, 월드에서 만나고 놀고 하기 때문에 새로운 옷을 제작해 많은 사람들에게 입히도록 할 수 있다. 이제 그럼 제페토 크리에이터 옷 만들기를 시작해 보자.

1 제페토 시작하기

먼저 제페토 앱을 찾아서 바탕화면에 깔아보자. 먼저 구글 플레이스토어에서 '제페토'를 검색해 나오는 'ZEPRTO: 3D 아바타, 월드, 채팅'이라고 뜨는데 여기서 초록색의 '설치'라는 버튼을 눌러 설치한다.

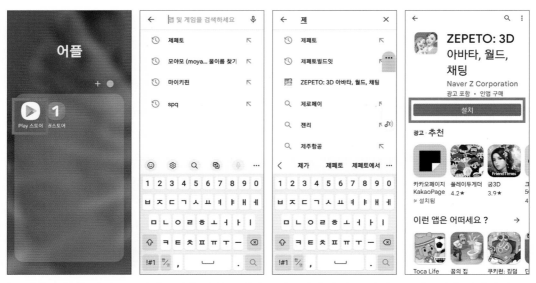

[그림1] 구글 플레이스토어　[그림2] 제페토 검색　　[그림3] 제페토 선택　　[그림4] 설치하기

설치가 완료되면 '열기' 버튼이 생겨있는 것을 볼 수 있다. 이 버튼을 누르면 제페토 입장이 가능하다.

[그림5] 설치 중

[그림6] 열기

제페토에 입장하면 '이용 약관 동의' 팝업이 뜨고 '동의합니다' 버튼을 누른 뒤, 나만의 캐릭터를 고르고 다음 버튼을 누른다.

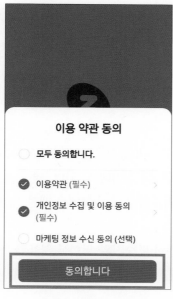

[그림7] 이용 약관 동의

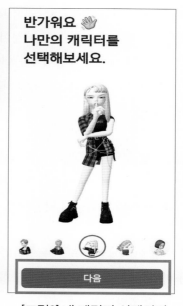

[그림8] 내 캐릭터 선택하기

캐릭터를 고르고 다음을 누르면 '생년월일을 입력해주세요.'라고 나오면 생년월일을 입력하고 정확하게 입력이 되었으면 '확인'을 누르면 됩니다.

[그림9] 생년월일 입력하기   [그림10] 생년월일 확인

캐릭터 이름은 한글을 사용해도 되고, 여러 나라 사람들이 사용하므로 영어가 들어가면 더욱 좋다. 회원가입은 기존에 만들어진 구글 계정이나 카카오톡 계정이 있으면 구글이나 카톡을 선택하면 자동으로 연동돼 제페토 계정이 만들어진다. 이어서 제페토에서 아이디를 설정해 주고 동의하기를 누르면 제페토 회원 가입이 완료되는 것이다. 아이디는 기억하기 쉽게 자주 사용하는 것으로 정하면 좋다.

제페토 계정은 주로 구글 계정과 카톡 계정을 연동해 생성하는 방법이 있고, [그림14, 15]처럼 그 외 페이스북, 트위터, 라인 계정을 연동해 생성하는 방법도 있다. 연동 계정이 없는 경우라면 휴대폰번호와 이메일을 사용해 인증 번호 4자리를 받아서 제페토 계정 생성이 가능하다.

제페토 계정 생성 이후에 개인정보 동의하기를 하고 숫자와 영어를 사용해 아이디를 만들고 기억하기 쉽게 비밀번호를 설정하면 제페토 회원가입이 완료 돼 [그림22]처럼 제페토 홈 화면이 설정된 것을 볼 수 있다.

[그림11] 캐릭터 이름 정하기

[그림12] 연동 계정 선택하기

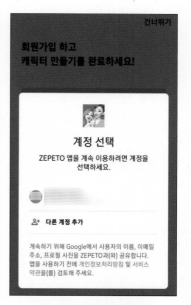

[그림13] 연동계정 선택

[그림14] 다른 옵션 보기

[그림15] 다른 옵션 선택하기

[그림16] 휴대폰 번호 입력하기

[그림17] 이메일 주소 입력하기

[그림18] 인증번호 넣기

[그림19] 개인정보 동의하기

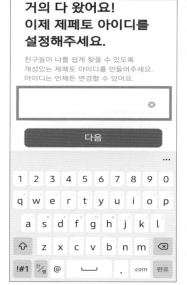

[그림20] 아이디 설정하기

[그림21] 비밀번호 넣기

[그림22] 가입 직후 제페토 홈 화면

캐릭터 설정하고 아이디까지 다 정했으면 제페토 회원 가입이 됐으니 제페토 홈페이지를 살펴보자. 제일 먼저 기본 화면이 나온다. 기본 화면에서 오른 쪽에 '캐릭터'와 '상점'이라는 것이 나온다. 먼저 캐릭터를 누르면 아바타 전신이 나오며 흰 바탕으로 바뀐다. 다음에 'my, 하트, 뉴, 상표꼬리, 속옷 한 벌, 상하의 한 벌, 곰돌이, 상의, 외투, 치마, 양말, 신발, 헤어, 모자, 안경, 장신구, 액세서리, 갈아입을 옷, 신발, 마스크, 머리장식' 등이 죽 나온다. 여기서 적당히 골라서 상의, 하의를 갈아 입고, 무료코인으로 지불하면 된다. 젬으로 표시 된 것들은 가격이 높은 편이다.

[그림23] 캐릭터 선택하기

[그림24] 캐릭터 꾸미기

캐릭터를 누르면 갈아입을 옷들이 주르륵 나오고, 얼굴모양을 누르면 얼굴이 클로즈업 되면서 선택할 수 있는 머리모양과 다양한 머리색과 헤어스타일을 바꿀 수 있다. 캐릭터 밑에 다양한 칼라의 점을 누르면 다양한 피부색이 나온다. 이어서 여러 가지 칼라로 이어진 원모양을 클릭하면 '헤어, 피부, 눈썹 등 모든 얼굴 파트의 컬러를 구매한 기간 동안 자유롭게 바꿀 수 있어요!'라고 돼 있다. 참고로 1젬은 2일, 7젬은 7일, 14젬은 30일 동안 사용가능 하다고 돼 있다.

[그림25] 아바타 얼굴 꾸미기 화면

2 제페토 둘러보기

다시 제페토 메인 페이지로 들어가면 중간쯤에 '인기 검색, 튜토리얼, 퀘스트, 무료코인, 스타일, 크루, 링크, 이벤트, 카메라, 플레이'까지 총 8개의 항목이 나온다. 한 개씩 눌러서 알아보고 가자.

1) 튜토리얼

먼저 네이버 어학사전에서 찾아보면 '소프트웨어나 하드웨어를 움직이는 데 필요한 사용 지침 따위의 정보를 알려주는 시스템'이라고 돼 있다. 이와 같이 튜토리얼은 사용지침인데 들어가 보면 동영상으로 돼 있어 알기 쉽게 사용방법을 알려준다. 튜토리얼만 잘 보아도 이용방법을 알 수 있을 것이다.

[그림26] 제페토 홈페이지 가운데 피드   [그림27] 튜토리얼 시작 화면

왕초보 튜토리얼에 들어가면 '제1탄 아바타 꾸미기'로 동영상이 1개 나오고, '아바타 꾸미러 가기'가 마지막에 나온다. 두 번째로 '제2탄 무료로 제화 얻기'에는 2개의 동영상이 나오고, '퀘스트 바로가기'가 마지막에 나온다.

'제3탄은 카메라 기능 사용하기'로 1개의 동영상이 올라와 있고, '카메라 사용하기'를 누르면 바로 사용할 수 있도록 돼 있다. '제4탄은 포토부스와 피드 사용하기'로 3개의 동영상이 올라와 있고, 부스 찍으러 가기를 누르면 바로 실행이 된다.

'제5탄은 월드에서 즐기기'로 2개의 동영상이 올라와 있고, 마지막에 월드 둘러보기를 누르면 여러 가지 다양한 추천 월드가 나온다. '제6탄은 월드에서 백배 즐기기'로 2개의 동영상이 올라와 있고, '월드 만끽하기'를 누르면 바로 추천 월드가 나온다. 마지막으로 '제7탄 렛츠 플레이(LET'S PLAY!)'가 나오고, 1개의 동영상이 있고, '파티게임 하러 가기'를 누르면 바로 오징어게임 같은 표시가 나오고 게임이 바로 시작된다.

다시 제1탄 '아바타 꾸미기'를 하기 위해 '아바타 꾸미기' 버튼을 누르면 내 아바타를 꾸밀 수 있도록 내 얼굴이 크게 나온다. 제2탄은 '무료로 재화 얻기'이고 '퀘스트 바로가기'를 누르면 '무료로 코인'을 얻는 방법이 나온다.

| [그림28] 제1탄 아바타 꾸미기 화면 | [그림29] 아바타 꾸미기 화면 | [그림30] 제2탄 무료로 재화 얻기 화면 | [그림31] 퀘스트 화면 |

제3탄은 '카메라 기능 사용하기'인데 '스튜디오, 액션, 카메라' 3가지 기능이 나온다. 스튜디오에서는 내가 포토스튜디오에 서 있다고 생각하고 여러 가지 사진을 찍어 저장할 수 있다. 실물의 나를 찍는 것이 아니라 내 아바타가 하는 동작을 찍는 것이다. 발아래 빨간 버튼은 동영상을 촬영할 수 있고, 동영상 바로 옆에 있는 사진을 누르면 동그라미만 생기면서 사진을 촬영하고 저장할 수 있다.

스튜디오 다음에 있는 액션을 누르면 '표정 따라 하기'가 나온다. 내 아바타가 내 얼굴의 움직임을 그대로 따라한다. 신기하고 재미있다. 마지막 카메라는 본래의 내 얼굴이 나오기도 하고 아바타가 내 얼굴 위에 씌워지기도 한다.

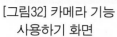
[그림32] 카메라 기능
사용하기 화면

[그림33] 내 아바타
촬영 화면

[그림34] 카메라에서
액션 화면

[그림35] 카메라

이어서 제4탄 '포토부스와 피드 사용하기'가 나온다. 버튼을 누르면 멋진 배경에서 사진을 찍을 수 있는 여러 개의 네모 박스 같은 것이 나온다. 인기 있는 포토부스를 캡처해서 올렸다.

[그림36] 피드 사용하기

[그림37] 포토 부스

[그림38] 여러 가지
포토 부스

[그림39] 수능대박
포토 부스

제5탄 '월드에서 즐기기'를 누르면 2개의 동영상이 뜨고, 이어서 '월드 둘러보기'를 누르면 '월드 추천'이라고 나온다. 기본으로 8개까지 나오니 원하는 곳을 골라 월드 입장하고 구경을 해 보면 된다. 요즘 벚꽃시즌이어서 '벚꽃월드'가 유행이다. 추천월드로는 'Doll House, 신비아파트 고스트, 동물탐험대, 포피 어드벤쳐(POPIT ADEVEVNTURE), 롯데월드, JUNP! Wonderland, 빌리프와 아더월드, DJ Neon Party'로 8개의 월드가 나온다. 하지만 추천월드는 수시로 바뀐다.

[그림40] 월드에서 즐기기 [그림41] 추천 월드1 [그림42] 추천 월드2 [그림43] 추천 월드3

제6탄 '월드에서 백배 즐기기'가 나오고, 2개의 동영상이 있고, 더 내려가면 '월드만끽하기'가 표시된다. 월드만끽하기를 누르면 5탄과 똑같이 '월드 추천'이 나온다.

[그림44] 월드에서 백배 즐기기   [그림45] 추천 월드 4

　이어서 제7탄은 '크루/스타일로 소통하기'이고, 동영상 2개가 나오고, 이어서 '스타일 구경하기'를 누르면 스타일에서 4개의 항목이 뜬다. '홈, 인기, 추천, 활동' 4개의 항목으로 스타일이 나눠져 있다. 모든 항목마다 '+스타일 만들기', '보라색+'으로 스타일 만들기를 누르면 원하는 배경과 포즈를 골라 스타일을 만들고 저장할 수 있다.

　플러스 스타일을 누르면 핸드폰 화면 중간에 7개의 동그라미가 나오는데, 6번째는 팔레트가 나와서 마음대로 '배경색'을 섞어서 배경을 바꿀 수 있다. 7번째는 배경색으로 구성된 50개의 색 동그라미가 나오는데 맘에 드는 색 동그라미를 누르면 '배경'이 바뀐다. '나만의 포즈와 추천 항목' 2개가 나오는데 이것저것 눌러보면 포즈를 바꿀 수 있다. 홈, 인기, 추천, 활동 항목도 수시로 바뀐다.

[그림46] 스타일로 소통하기

[그림47] 스타일

[그림48] 인기 스타일

[그림49] 추천 스타일

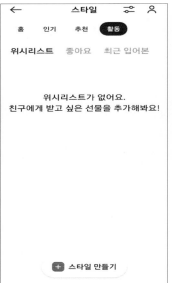

[그림50] 활동 스타일

[그림51] 윗줄 배경을 바꾸는 팔레트

마지막 제8탄 'LET'S PLAY!', '아직도 파티 게임을 플레이 해본 적이 없다구?'라고 문구가 적혀있다. '파티게임 하러가기'를 누르면 오징어게임 표시 같은 것이 나오며 '플레이어 모집 중'이라고 나온다. 총 3개의 게임이 진행된다. 게임이 종료되면 획득한 코인이 얼마인지 나온다.

[그림52] 렛츠 플레이   [그림53] 게임 시작

2) 튜토리얼 뒤쪽 살펴보기

제페토 홈페이지로 들어가면 '공주테스트, 퀘스트, 무료코인, 스타일, 크루, 이벤트, 카메라, 튜토리얼, 더보기'까지 9개의 항목이 나온다. 한 항목씩 눌러서 나온 사진을 캡처해 올린다. 먼저 공주테스트가 있다. '테스트하기'를 누르면 9개의 질문에 1개씩 답을 고르다보면 결과가 나온다. 결과 나온 것을 캡처해서 올린다. 한 번 재미로 해 봤다.

[그림54] 화면 중간 피드

[그림55] 공주 테스트

이어서 퀘스트를 눌러 테스트 해 봤다. 무료코인도 한 번 눌러보고, 스타일, 크루화면, 이벤트 화면, 카메라화면, 튜토리얼이 있고 더 보기 화면까지 눌러보자.

[그림56] 공주 테스트 결과   [그림57] 퀘스트   [그림58] 퀘스트 얻기   [그림59] 스타일

스타일 화면까지 소개해 보았고 이어서 다시 화면 중간에 더 나온 항목을 먼저 캡처 한 부분이다. 이번에는 튜토리얼이 맨 뒤로 이동해 있다.

[그림60] 홈 화면 중간 추가

[그림61] 크루

[그림62] 카메라

[그림63] 더 보기1

[그림64] 이벤트

[그림65] 더 보기2

3) 홈 화면 들어가는 방법과 기능

맨 아랫줄에 5개의 버튼마다 기능을 소개한다. 첫 번째 '집모양'의 버튼을 누르면 '홈 화면'으로 가게 된다. 버튼을 누르면 검정색이 채워지면 서 활성화된다. 두 번째 버튼은 '월드 입장'을 알려주는 버튼이고, 3번째 '+모양'의 버튼은 '만들기'이다. 4번째 버튼은 누르면 '인기 동영상', 5번째 사람 모양의 버튼을 누르면 '나의 계정'이 소개돼 있는 나의 계정이 나온다.

[그림66] 맨 아랫줄 피드   [그림67] 월드가 활성화된 화면   [그림68] 만들기   [그림69] 동영상이 나온 화면

③ 제페토 크리에이터 되기

제페토에서 크리에이터 되고 템플릿을 다운 받아서 옷본 저장하기까지 하면 1차 작업이 완료된다. 화면 위쪽 오른쪽구석에 있는 '톱니바퀴' 모양의 버튼을 누르면 화면 중간에 빨간색으로 'C'라고 쓰여 있는데, '크리에이터 되기'를 누르면 본격적으로 크리에이터가 돼 옷을 만들 수 있다.

1) 제페토 옷 만들기

크리에이터 되기를 누르고 나면 '만들고 싶은 아이템을 선택 하세요'라고 나오고, 아이템을 하나 골라 클릭하면 우리의 주인공 대머리 아가씨가 나온다. 우선 인기라고 나온 템플릿을 다운 받아 보겠다. 편집버튼을 누르면 화면이 회색으로 바뀌며 '템플릿 다운로드'와 '업로드 하기' 2개의 버튼이 나온다. 이미지 업로드는 옷본을 다 만든 뒤에 1번만 누르면 끝이 난다.

여기서 주의 할 점은 '다운로드를 1번만 누르는 것'이다. 아니면 템플릿이 수십 개가 다운로드 된다. 다운로드 1번을 정확히 누르면 '저장됐습니다.'가 나왔다가 사라져서 다운 받았는지 잘 모르는 경우가 많아서 템플릿이 10개 이상 다운돼 있다(꼭 주의할 것).

[그림70] 홈에서 톱니바퀴로 설정

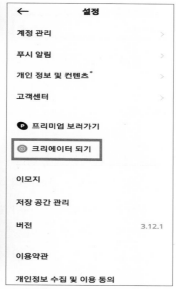

[그림71] 크리에이터 되기 선택

[그림72] 만들고 싶은 아이템 선택

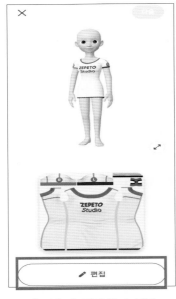

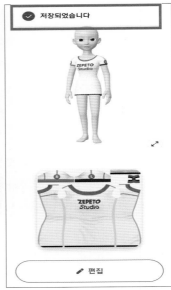

[그림73] 편집하기 선택   [그림74] 업로드하기   [그림75] 업로드하기 후 저장 메시지

2) 'B612' 앱 설치하기

여기까지 했으면 그대로 놔두고 내 폰에서 홈버튼을 눌러 다시 플레이스토어를 찾아 연다. 어플 중 'B612'를 찾아 '설치'를 누르면 '설치 중'이라고 나타나며 이어서 동그라미가 돌아간다. 이어서 'B612 Camera 설치 중'이라는 문구가 나타난다. 설치가 끝나면 초록색 '설치' 버튼이 '열기' 버튼으로 바뀌어져 있는 것을 볼 수 있다. 이제 '열기' 버튼을 누르면 설치가 완료 된 것이다. 폰 화면에는 민트색 바탕에 흰색으로 'B612' 아이콘이 설치 된 것을 볼 수 있다.

[그림76] 플레이 스토어
실행하기

[그림77] 'B612' 검색
및 설치하기

[그림78] 'B612'
설치 중

[그림79] 'B612' 열기

　'열기' 버튼을 누르면 화면이 바뀌면서 '동의하고 시작하기' 맨 앞에 체크버튼을 누르면 시작이 된다. 'B612 필수 권한'에서 '계속하기'를 눌러야 앱 설치가 진행된다. '허용안함'을 누르면 앱 설치가 취소돼 진행되지 않는다. '앱 사용 중에만 허용'과 '이번만 허용' 둘 중에 하나를 눌러야 앱 설치가 진행된다. 카메라에 자신의 얼굴이 보이면 앱 설치가 완전히 된 것이다.

[그림80] 동의하기

[그림81] B612
필수권한 계속하기

[그림82] 허용여부

[그림83] B612가
설치 된 화면

3) 이미지 사이즈 설치하기

다음으로 '이미지 사이즈' 앱을 다운 받자. 앱이 설치 된 것을 미리 캡처해 뒀다. 검정색 바탕에 하늘색 다이아몬드 모양의 앱이 설치된다. B612와 마찬가지로 구글 플레이 스토어에서 '이미지사이즈'를 검색하면 초록색 '설치' 버튼이 생성된다. '설치'를 누르면 '이미지 사이즈 설치 중...'이라고 뜨고, 곧 이어 설치가 완료돼 초록색 '열기' 버튼이 생긴다.

이어서 '열기' 버튼을 누르면 화면이 바뀌고 '이미지 사이즈에서 기기의 사진 및 미디어에 엑세스하도록 허용하시겠습니까?'라는 질문이 나오면 '허용'을 누르면 이어서 앱 설치가 진행된다. 설치된 모습은 검정 테두리가 있고 가운데 하얗게 사진 모양처럼 나온다. 그러면 2개의 앱 설치가 끝난다. 이미지 사이즈는 40% 정도로 맞춘다.

[그림84] 이미지 사이즈 화면

[그림85] 이미지 사이즈 설치하기

[그림86] 이미지 사이즈 설치 중

[그림87] 이미지 사이즈 열기

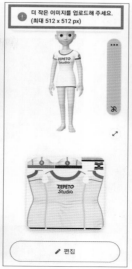

[그림88] 허용하기 　　[그림89] 앱 설치가 　　[그림90] 업로드 　　[그림91] 이미지
　　　　　　　　　　　　　완료된 화면 　　　　　오류 메시지 화면 　　　사이즈 줄이는 화면

4) 다시 제페토에서 이미지 업로드하기

　제페토 앱을 깔아 템플릿은 저장을 해 놓았으니 이제 사진보정에 좋은 어플인 'B612'를 연다.
왼쪽 아래에 있는 '보정' 버튼을 누르면 앨범이 나오고 템플릿 화면을 선택해서 눌러준다. 템플
릿화면 외에는 까맣게 나오고 아래쪽에 여러 가지 도구가 있다. 새로 템플릿을 다운 받으니 새
로운 옷본이 있다. '인기'라고 떠 있어서 다시 다운 받았다.

　맨 아랫줄에 '스티커. 뷰티, 자르기, 필터, 얼굴보정, 메이크업, 스티커, 텍스트, 이펙트, AR필
터, 브러시, 조정, 여백, DSLR, 체형보정'까지 15개의 항목이 나온다. 폰 화면 오른쪽으로 이동
해서 '브러쉬'를 찾아 누르고, 붓 사이즈를 가장 크게 맞춘다. 원하는 색을 골라 템플릿 위에 완
전히 덮게 색칠을 한다. 이어서 여러 개의 네모모양이 반짝이 스티커처럼 또 주르륵 나온다.

[그림92] 보정하기　　　[그림93] 내 폰에서 앨범　[그림94] B612에서 다운 받은 템플릿

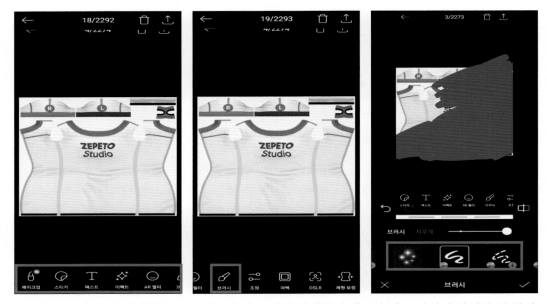

[그림95] 폰 화면 맨 아래쪽에 도구　[그림96] 브러시 선택하기　[그림97] 브러쉬가 활성화 된 화면

반짝이 스티커 모양이 6개가 나오고 더 쪼그만 칼라 동그라미가 있는 붓을 누르면 테두리가 초록색으로 활성화가 된다. 그러면 빨강, 주황, 노랑, 연두, 하늘. 파랑, 보라, 핑크, 연회색, 진회색, 검정, 살색 동그라미까지 나오며, 원하는 색의 동그라미를 누르면 가운데 흰 점이 생겨서 그 색으로 칠 할 수 있다.

다시 아래쪽으로 이동하면 아까 보았던 반짝이 스티커 상자들이 나온다. 그 상자를 1번 클릭하고, 파란 색 위에 마구 여러 번 마음대로 클릭하면 파란 천에 무늬가 새겨진다. 마음대로 눌러도 된다. 그러면 예쁜 천이 완성이 된다. 브러시 오른쪽 구석의 '체크'를 누르면 브러시가 종료된다. 이번에는 정말로 우측 상단의 '저장' 버튼을 누른다.

[그림98] 색깔 동전 팔레트   [그림99] 파란 동그라미 가운데 흰색   [그림100] 색칠하기   [그림101] 저장하기

다음 순서는 너무너무 중요한 순서다. 이미지 사이즈를 420과 420으로 했는데도 이미지가 계속 크다고 나온다. 해결방법을 알아보자. 내 갤러리로 가서 두 번째에 나와 있는 '연필 모양'을 누르고, 둘째 오른쪽 아래 구석에 '점 3개'를 누른다. 이어서 '크기변형'을 누르고 아미지 크기변형에서 '40%'에 체크하면 된다.

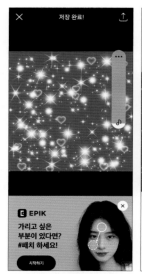

[그림102] B612에
저장된 화면

[그림103] 연필모양
선택하기

[그림104] 점 3개
선택하기

[그림105] 크기변경
선택하기

[그림106] 이미지
크기 변경 화면

[그림107] 이미지 크기
변경 40% 선택 화면

[그림108] 이미지
크기 변경 후 화면

[그림109] 내 갤러리에
옷본이 저장된 화면

여기까지 됐으면 다시 제페토로 돌아가자. 돌아가 B612에서 만들어 저장한 이미지를 불러와 '업로드' 한다. '업로드 하기'를 터치하면 이미지를 선택할 수 있는 화면이 나오니 '이미지'를 선택하라. 그리고 내 폰 갤러리에 B612 폴더에서 작업한 이미지를 찾아 선택한다. 그러면 캐릭터에 새 옷이 입혀진 화면을 볼 수 있다.

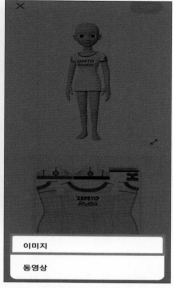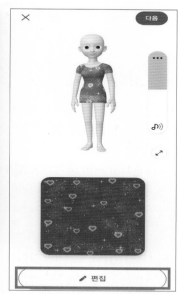

[그림110] 저장된 이미지 업로드하기 [그림111] 이미지 선택하기 [그림112] 옷이 입혀진 화면

필자는 이 과정이 제일 신기하고 재미있었다. 템플릿을 다운 받고 천을 예쁘게 만들어 저장한 것뿐인데 업로드하면 대머리 아가씨에게 저절로 옷이 입혀지니 신기하고 신기할 따름이다. 저장하는 데 조금 시간이 걸리기는 하지만 기다려 볼 만 하다.

이어서 저장을 완료하며 '저장됐습니다.'라는 메시지가 뜨고 아이템에 '이름'을 적어주면 된다. '한 벌 의상. 치마, 바지, 상의, 하의' 등등으로 적으면 된다. 카테고리 선택하고, '태그는 5개'까지 달 수 있다고 뜨는데 1개 이상만 적으면 되고, 검색이 잘 되는 이름으로 저장하면 좋다. 가격도 결정하고 다 됐으면 우측 상단의 '제출하기'를 누른다.

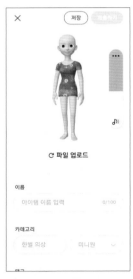

| [그림113] 저장 중 | [그림114] 저장 처리 중 | [그림115] 아이템 이름 저장하기 | [그림116] 태그 달고 제출하기 |

5) 내 아이템 확인하기

내가 만든 아이템을 확인 하려면 제페토 홈에서 사람 모양 클릭 → 톱니바퀴 모양 클릭 → 크리에이터 되기 클릭 → 아이템 선택하기 → 내 아이템을 누르면 내가 만든 옷을 전부 다 볼 수 있다. 내 아이템을 클릭하면 '내 아이템'이 까맣게 활성화돼 있는 것을 볼 수 있다.

홈 화면에서 '종 모양'을 누르면 '알림'을 열어볼 수 있다. 메시지가 1 또는 2(내가 제출한 아이템 수)이라고 표시가 된다. '제스처 그리고 ①②③④'라고 표시된 동그라미 중 아무것을 눌러도 멋진 포즈로 내가 만든 옷을 입은 아바타를 볼 수 있다. 출시가 승인이 나면 젬이 표시가 되고 '활성'이라고 표시된다.

[그림117] 내 아이템
찾아 클릭하기

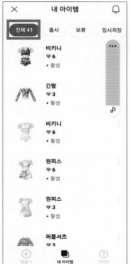

[그림118] 내 아이템 전체

[그림119] 승인이 난
화면

[그림120] 보류된
내 아이템

[그림121] 거부된 이유

[그림122] 홈 화면에
종 모양의 알림 메시지

[그림123] 알림
전송 화면

[그림124] 종 모양을
눌러 들어간 알림

6) 제출하고 심사 기다리기(꼭 먼저 미리보기 해보기)

다 만들어진 옷은 홈 알림에 들어가면 미리보기를 할 수 있다. 제스처로 이러 저러한 자세로 사진을 찍어 본다. 또 만든 옷에 수정할건 없는지 뒷모습까지 살펴본다. 그리고 링크를 복사해 다른 사람에게 보내면 미리 시장조사를 할 수도 있다. 태그는 5개까지 입력이 가능하고 5개 모두 안 넣어도 된다. 필자는 여름, 블루, 원피스를 태그 해서 넣어 봤다.

제출이 완료 됐으면 이제는 기다리는 날만 남았다. 필자가 만든 옷을 구경해 보자. 미리 승인 받아 활성된 것이다. 마지막으로 제페토 홈을 누르면 '게시물, 태그, 스타일, 아이템'이라는 4개의 항목이 나온다. 내가 만든 게시물과 태그와 스타일과 아이템을 구경할 수 있다.

| [그림125] 제스처 테스트 화면 | [그림126] 링크 복사 눌러 내보내기 | [그림127] 제출하기 | [그림128] 제출 됐다는 알림 메시지 |

[그림129] 홈 화면
게시물 화면

[그림130] 홈 화면
태그 화면

[그림131] 홈 화면
스타일

[그림132] 홈 화면 제작
아이템(승인)

[그림133] 미리보기
화면

[그림134] 아이템 심사
3개까지 가능

[그림135] 내 아이템
미리 보기(점 3개)

[그림136] 휴대폰에서
미리보기

[그림137] 내 아이템 미리 보기 알림   [그림138] 여러 가지 포즈 가능

4 아이템 삭제 방법

핸드폰만 가지면 제페토 아이템 제작부터 제출, 승인 모두 가능 하나 임시저장 된 이미지 삭제는 노트북이나 PC에서만 가능하다.

① 노트북에서 제페토 앱 열고 회원 가입한다.
② 지우고 싶은 아이템 선택하고 오른쪽 끝으로 가면 점 3개가 있다.
③ 점 3개를 누르면 빨갛게 삭제 글씨가 나온다.
④ 삭제를 누르면 '해당 아이템을 정말로 삭제 하시겠습니까'라는 질문이 나온다.
⑤ 취소와 확인 중 '확인'을 누르면 '삭제가 완료됐습니다.'라는 문구가 나온다.

[그림139] 아이템 옆 점 3개 클릭하기

[그림140] 삭제하기

[그림141] 삭제 여부 확인

[그림142] 삭제 완료 화면

Epilogue

　제페토 옷을 만들어보니까 어떤가? 만들어 볼 만한가? 쉽게 만드실 수 있었나? 메타버스 강의 중에 제일 호기심 가는 부분이 아이템 만들기였다. 필자는 '이비스 페인트' 앱도 깔아서 옷 만드는 것도 해 보았다. 좀 더 섬세하고 아기자기하며 고급스러운 옷을 만들어 보고 싶었다. 제페토에 더 많은 종류의 템플릿을 제작해 달라고 하고 싶기도 하다.

　한복 템플릿이 있다가 없어졌다고 한다. 한복 템플릿으로 한복을 만들어 보면 정말 재미있을 것 같다. 예쁜 천 이미지를 많이 다운 받아 놓으면 옷 만들기가 더욱 수월 할 것 같다. 외국인 유저들이 많이 놀러 온다고 하니 남녀 할 것 없이 좀 더 독특한 옷을 만들어 보면 좋겠다. 제일 인상적인 부분은 천만 만들어 놓으면 옷이 저절로 입혀지는 마법 정말 신나고, 옷을 입고 벗을 필요 없이 업로드만 하면 옷이 저절로 입혀지니까.

　같이 공부한 분 중에 한분은 어머님께서 직접 옷 만드는 것을 가르쳐 달라고 하셔서 직접 가르쳐 드리고 만들어 보았다고 한다. 늘 새로운 것에 호기심을 갖는 분들이 젊게 사는 비결인 것 같다.

　메타버스 세상 속에서는 서로가 다른 공간에 있지만 제페토에 접속해 만나 한 공간에 같이 있으면 무척 친근한 느낌이 든다. 그래서 월드에서 만나고 초대하는 것이 더욱 인기를 끌고 있는 것 같다. 또 한편으로 내가 그린 그림 이미지를 갖고 옷을 만들면 세상에 하나밖에 없는 옷이 만들어진다. 또는 추억의 사진을 갖고 이미지를 입혀 옷을 만들면 또 지나간 추억을 기억 할 수도 있을 것이다.

제페토 옷 만들기와 아이템 크리에이터가 더욱 활성화 돼 많은 외국인 유저들이 유입 된다면, 한국에서 먼저 제페토로 아이템을 많이 제작하고, 다양한 시도를 통해 멋진 옷들이 만들어 져서 내가 만든 옷이 많은 사람들에게 인기 있는 아이템이 되기를 기원해본다.

하지만 문제도 있다. 어른, 아이 구별이 필요 없고, 아이템 제작에 특별한 기준이 없다보니 또 가입에 나이 제한 등도 없어 핸드폰 번호만 있으면 누구나 가입이 가능하기에 너무 자유분방하게 옷을 입거나 선정적인 옷들이 문제가 되는 것 같다.

오늘 잠시 제페토에 들어갔다가 스타일을 보고 있는데 아주 야한 속옷 차림으로 스타일을 찍어 올린 것을 순간 보게 됐다. 어린 아이들도 제페토 월드에서 놀고 포토부스, 여러 가지 스타일 등에서 놀고, 사진 찍고 하는데 너무 선정적인 옷차림은 반드시 규제 대상이 돼야 한다는 생각이 들었다.

아바타 옷 만들기에서 시작해서 규제 이야기까지 이어지게 됐다. 또 한 가지 핸드폰으로 옷을 만들어 입는 것은 환경오염이 발생하지 않으니 환경문제 해결에는 많은 도움이 된다. 만드는 것도 쉽지만 버리는 것은 삭제만 누르면 되기에 환경오염 문제가 없다.

제페토 아바타 옷 만들기는 누구나 쉽게 옷을 만들 수 있고, 누구나 크리에이터가 될 수 있다는 점, 승인이 나면 옷을 팔 수 있다는 점(예를 들어 '렌지'의 경우는 회사를 차려 아이템을 제작해 많은 수익을 내고 있다) 등으로 누구나 쉽게 접근 가능하지만, 수익화를 위해 좀 더 많은 공부와 노력이 필요할 것으로 보인다.

게더타운 공간디자이너가
되려면?

김 선 정

게더타운 공간디자이너가 되려면?

[Prologue]

　게더타운은 2020년 5월에 개발을 시작해 그해 9월에 설립된 Gather Presence라는 회사에서 운영을 하고 있다. 실리콘밸리의 스타트업으로 시작해 창립 후 1년도 안 돼 사용자가 400만 명을 넘는 현재 메타버스의 대표 플랫폼으로 자리매김 하고 있다.

　다음해 3월에는 첫 투자로 2,600만 불, 우리 돈으로 약 300억 원의 투자를 받으며 기업 가치가 2억 불에 달하는 탄탄한 가업으로 시작을 했다. 게더타운을 만든 사람은 현재 CEO인 필립 왕과 대학을 함께 졸업한 친구들이며 1년간 연구 끝에 만든 서비스이다.

　화려한 그래픽의 입체감이 뛰어난 3D 플랫폼도 아닌 2D의 8bit 그래픽은 마치 싸이월드와 바람의 나라를 연상하게 하지만 조작이 단순하고 캐릭터 이동이 쉬워 MZ 세대 보다 중·장년층에게 더 친숙하게 다가가고 있다.

　현재 많은 기업체, 관공서, 학교 등 다양한 환경에서 교육 및 각종 행사 등을 진행하는데 사용되고 있으며 앞으로는 개인들의 블로그처럼 모두가 하나씩 자신만의 가상공간을 만들어 블로그 주소나 홈페이지 주소를 주고받는 것처럼 게다타운 주소를 주고받지 않을까 생각한다.

　게더타운은 여러 장단점을 갖고 있지만 장점 먼저 살펴보자.
　첫째, 다른 화상회의 플랫폼처럼 일방적으로 화면만 바라보며 집중해야하는 피곤함을 줄이기 위해 작고 귀여운 아바타가 공간을 돌아다니며 사람들과 자연스럽게 어울리고 대화에 참여할 수 있다. 아바타에게 가까이 다가가면 상대방의 화면이 켜지고 멀어지면 화면이 꺼져서 마치 현실에서처럼 자연스런 만남이 이뤄진다.

둘째, 소그룹이나 팀을 만들어 그들만의 대화를 할 수 있는 Private Area를 지정할 수 있다.

셋째, 여러 개의 방을 만들어 방과 방 사이를 자유롭게 이동하며 각기 다른 테마의 룸으로 이동할 수 있다.

넷째, 외부링크를 연결해 홈페이지나 문서 및 이미지를 보여줄 수 있으며 유튜브 영상을 시청할 수 있도록 링크삽입이 가능하다.

다섯째, 별도의 앱을 설치하지 않아도 크롬 브라우저로 접속이 가능하며 25명까지는 무료로 시간제한 없이 사용가능 하며 동시에 130명 이상 접속가능하다.

여섯째, 여러 목적에 따라 다양한 템플릿을 제공하고 있기 때문에 초보자도 비교적 쉽게 제작할 수 있다.

다음은 게더타운의 단점이다.

첫째, PC에 최적화 돼 있어서 모바일 사용에 제한적이다.

둘째, 메뉴가 영어로 돼 있어 한국 사용자들은 다소 불편함을 느낄 수 있다.

셋째, 오브젝트의 사이즈 조절이 안 되기 때문에 외부 이미지를 삽입할 때는 사이즈를 따로 조정해 업로드 해야 한다.

넷째, 서버가 많이 개선됐지만 아직 다소 불안정해 인원수에 맞는 비용을 지불했음에도 불구하고 랙이 걸리거나 다운되는 일이 간혹 있다.

코로나 팬데믹이 끝나더라도 메타버스 플랫폼을 통한 재택근무와 같은 비대면 업무진행이나 비대면 교육 등을 효율성 측면에서 선호하리라 생각한다. 앞으로 펼쳐질 디지털 지구에 나만의 세계를 만들기 위해서는 낯설고 익숙지 않지만 게더타운과 같은 2D의 편안한 플랫폼으로 시작해 보는 건 어떨까?

필자와 함께 게더타운 하나부터 열까지 알아보자. 결코 게더타운 맵 제작이 어렵지 않으리라 생각한다.

■ 게더타운 시작하기

1) PC 크롬 브라우저로 접속

홈페이지 주소(https://www.gather.town)를 브라우저 주소 창에 입력하거나, 구글 검색에서 'gather town'을 검색해 홈페이지 접속한다.

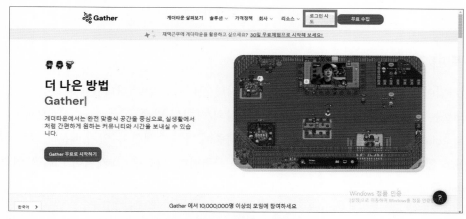

[그림1] 게더타운 홈페이지

2) 회원 가입 및 로그인

[그림1]의 로그인 시도를 클릭하면 회원가입 화면이 나오는데 구글 계정만 있다면 따로 회원 가입하지 않고 ① 구글 아이디로 로그인이 가능하다. 구글 계정이 없다면 ② 이메일 가입, 또는 ③ 구글 계정 만들기를 진행하면 된다. 이메일로 로그인을 하려면 입력한 이메일로 오는 ④ 6자리 코드번호를 매번 입력해야 하는 다소 불편한 과정을 거쳐야 하기 때문에 구글계정으로 로그인 하기를 추천한다.

[그림2] 회원가입

3) 캐릭터 꾸미기

회원가입이 되고 로그인이 잘 됐다면 바로 캐릭터 꾸미기 화면이 나타난다.

① Base는 피부/머리색/수염을, Clothing은 상의/하의/신발을, Accessories는 모자/안경/기타를, Special은 특별캐릭터를 선택할 수 있다. 나중에 다시 수정할 수 있기 때문에 너무 신중하지 않아도 된다. 모두 꾸몄다면 ② Next Step을 클릭한다. 다음은 ③ 캐릭터 이름을 입력하고 ④ Finish를 클릭하면 회원가입이 완료된다.

[그림3] 캐릭터 꾸미기

2 템플릿을 이용해 스페이스 만들기

1) 로그인 화면 구성

왼쪽 상단에는 왼쪽부터 ① 게더타운 로고가 있고 이 로고를 클릭하면 홈페이지로 이동한다. ② Explore는 팀을 위한 새로운 게임을 경험할 수 있고 ③ Event는 내가 진행하고자 하는 이벤트를 개최할 수 있으며 진행한 이벤트 맵이 추가 된다. ④ My Speace는 내가 만든 스페이스나 내가 방문한 스페이스를 볼 수 있다.

오른쪽 상단에는 ⑤ 로그인 된 나의 캐릭터와 이름이 표시돼 있으며 ⑥ Resources에는 도움말 센타/업데이트 내용/커뮤니티/파트너사/가격정책/앱 다운로드/지원팀에게 문의하기로 구성돼 있다. ⑦ Create Space는 새로운 스페이스를 만들기 위해서 사용된다. ⑧ Last Visited는 내가 방문한 스페이스를 시간 순서대로 보여 주며 ⑨ Create Space는 내가 만든 스페이스만 보여준다.

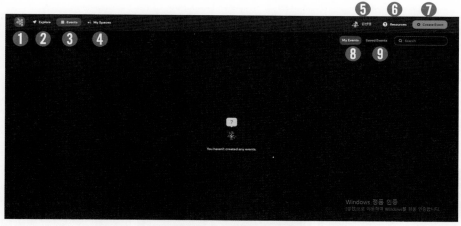

[그림4] 로그인 화면 구성

2) 템플릿 사용해 새 스페이스 만들기

Create Space를 클릭하면 3가지 유형의 ① 스페이스(Remote office/Team social/Conference)를 맞춤형으로 제작할 수 있으며 ② Advanced setup for experts를 클릭하면 100개의 템플릿 중에서 선택해 제작할 수 있다.

[그림5] 새 스페이스 만들기

(1) Office 공간 만들기

①번을 클릭하고 'Select Space'를 클릭하면 ② Office Size를 정할 수 있고, Confirm Selection을 클릭 후 ③ Space name을 정한다. 이름은 영어로만 가능하다.

[그림6] Office 공간 만들기

(2) Team social (팀소셜) 공간 만들기

① Team social 클릭한 후 ②스페이스의 이름을 정하고 ③ Cerate space를 클릭한다.

[그림7] Team social 만들기

팀 활동을 진행할 Room을 고른다.

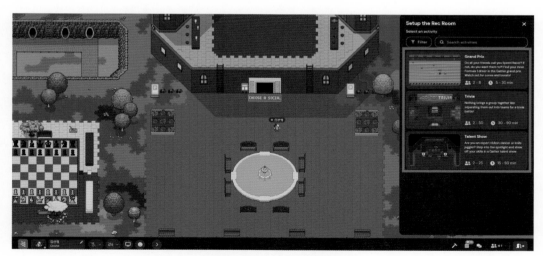

[그림8] 팀 활동 선택하기

① Grand Prix 은 스피드 레이서 경기를 진행할 수 있다.
② Trivia 은 팀을 나눠서 퀴즈 대결을 진행할 수 있다.
③ Talent Show 은 자신의 장기를 자랑할 수 있다.

How to play 클릭하여 게임 방법을 숙지한 후 Set up room을 클릭하고, 친구를 초대하여 팀별로 게임을 진행한다.

[그림9] 3가지의 팀 활동

팀 활동을 선택할 때마다 입구 디자인이 바뀐다.

[그림10] 활동에 따른 입구 디자인 변경

(3) Conference (이벤트, 회의) 공간 만들기

Conference 를 클릭 한다.

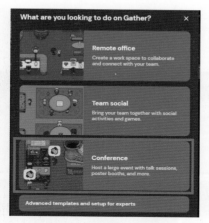

[그림11] 이벤트 공간 만들기

① 맞춤 공간을 제공하기 위해 5가지 질문이 시작된다.
② 이벤트의 종류 : 콘퍼런스, 컨벤션 또는 엑스포/회의 또는 네트워킹 이벤트/토크 또는 세미나/파티 또는 사교 모임/수업 또는 워크샵/기타
③ 이벤트의 범주 : 전문 또는 비즈니스/커뮤니티 또는 조직/교육 또는 학계/기타
④ 참석자의 소속 : 내 회사 또는 조직/회사 또는 조직 외부
⑤ 참석지 예상 인원 : 0~25/25~50/50~100/100~200/200+
⑥ 원하는 공간의 형태 : 새 공간/기존 공간에 대한 링크

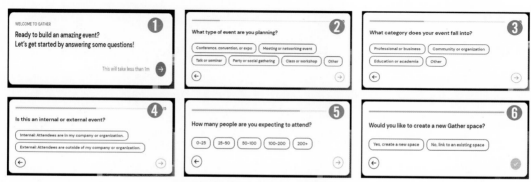

[그림12] 맞춤 설정을 위한 5가지 질문

참석자의 인원수에 따라 공간의 크기가 정해지고 연결되는 룸의 개수가 달라진다. 참석자가 ① 0~25명이면 최대 5개의 룸을 추가할 수 있고 ② 25~50명은 최대 7개 ③ 50~100명은 10개 ④ 100명 이상은 최대 10개의 룸을 각각 추가할 수 있다. ⑤ 룸의 유형은 6종류이며 각각의 룸을 '+' 버튼을 클릭해 추가하면 된다.

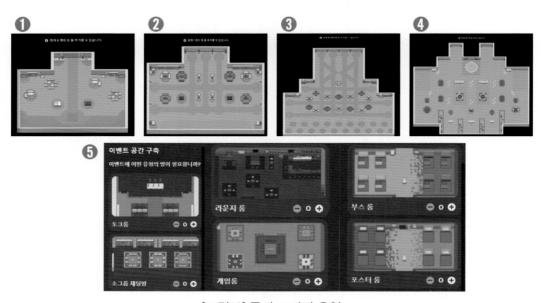

[그림13] 룸의 크기와 유형

룸을 추가하게 되면 각 룸에 룸의 이름이 표시된다. 다음으로 'Finish adding rooms'를 클릭한다. Finish adding rooms을 클릭하면 ① 이벤트 이름과 이벤트 시작일, 종료일을 달력 아이콘을 클릭해 지정한 다음 ② Create event를 클릭한다.

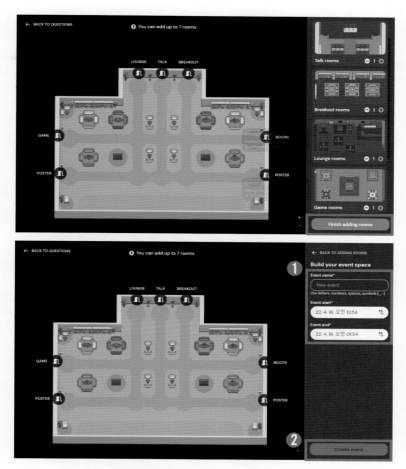

[그림14] 룸 추가하고 이벤트 공간 만들기

다음으로는 새 이벤트 스페이스가 만들어지고, 이벤트 설정을 단계별 체크리스트를 통해 완성한다. ① Open setup checklist를 클릭한다. 새로운 창이 열리면서 체크리스트 설정을 진행한다. 이벤트 일정 추가를 위해 ② Add session을 클릭한다.

[그림15] 체크리스트 설정하기

새 창이 열리면 새 일정을 추가하기 위해서 'Add session'을 클릭한다.

① 이벤트의 제목 ② 간단한 내용 설명 ③ 이벤트 시작일과 종료일을 입력한다. 현재 진행되는 이벤트의 ④ 스페이스 이름이 입력돼 있으며 6개의 룸 중에서 이 세션이 진행되고 있는 ⑤ 룸이 명시돼 있고, 강의를 진행할 ⑥ 연사를 초대하고 연사의 이름과 약력을 간단하게 입력할 수 있다. 모두 입력 했다면 ⑦ Save를 클릭 후 ⑧ Back to checklist를 클릭한다.

새 일정이 추가됐으며 또 다른 일정을 룸별, 날짜별, 내용별로 다양하게 추가할 수 있다.

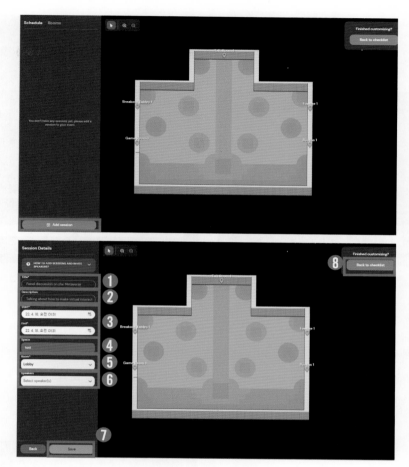

[그림16] 새 일정 추가

이벤트 랜딩 페이지를 만들기 위해 'Create'를 클릭한다.

방문 페이지 상단에 표시될 ① 표지 이미지를 업로드 한다. 가로 세로 비율이 16:9인 2MB이하의 이미지를 사용한다. 이벤트를 ② 주최하는 사람의 이름을 입력하고 ③ 이벤트의 중요한 정보를 입력해 참가자의 흥미를 유도한다. 참가자가 이벤트에 참가하고 퇴장할 수 있는 ④ 시간을 설정한다. ⑤ 랜딩 페이지 미리보기 화면을 클릭해 확인한다.

[그림17] 이벤트 랜딩 페이지 만들기

이벤트 게시를 위해 ① Publish your event를 클릭하고 ② Preview Space를 클릭해 미리보기 화면을 체크한 후 ③ Publish event를 클릭해 게시한다. 게시가 완료되고 나면 링크를 공유할 수 있는 항목이 하단에 나타난다. ④ 링크를 복사해 SNS 또는 메일로 전송한다.

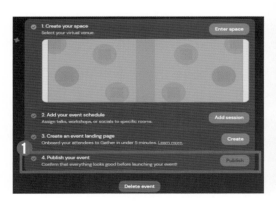

[그림18] 이벤트 게시

3) 전문가를 위한 고급 설정을 이용해 공간 만들기

다양한 템플릿으로 내가 원하는 환경을 구체적으로 필터링하여 스페이스를 만들 수 있다. 7개의 카테고리에 100개 템플릿으로 구성돼 있으며 카테고리의 구성은 Office(26)/Seasonal(8)/Experience(9)/Social(44)/Conference(4)/Education(6)/Blank(3) 이다. 'Advanced setup for experts'를 클릭하고 'Select Space'를 클릭한다.

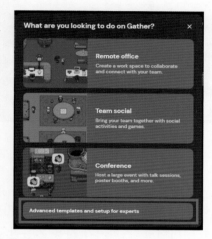

[그림19] 전문가를 위한 고급 설정을 이용해 공간 만들기

'Office' 카테고리의 'Industrial Office'를 선택해 클릭한다. 스페이스를 클릭한 후 오른쪽 하단에 ① 스페이스 이름(영문으로만 가능) ② 비밀번호 사용여부 ③ 스페이스 사용목적(Remote Office/Event/Social Exoerience/Education/Other)을 입력한 후에 ④ Create space를 클릭한다.

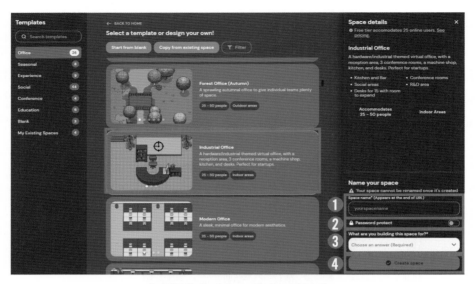

[그림20] 오피스 스페이스 만들기

① 캐릭터 수정과 ② 카메라와 마이크를 켜고 끌 수 있으며 카메라가 켜져 있다면 얼굴이 화면에 보일 것이다. ③ 카메라, 마이크, 스피커가 사용 가능한지를 체크한 후 ④ Join the Gathering을 클릭한다.

[그림21] 캐릭터 설정하기

스페이스에 입장하면 튜토리얼 화면이 먼저 나온다. 처음 접속한 사람은 3가지의 튜토리얼을 따라 하면서 기본기능을 익힐 수 있다.

① Moving around는 캐릭터를 움직이는 방향을 키보드의 화살표 키나 W, A, S, D 키를 알려준다. ② Muting and unmuting은 아래 창에서 마이크 사용법을 알려준다. ③ Interacting with objects는 오브젝트 근처에 갔을 때 노란색으로 테두리가 바뀐다면 키보드에서 X키를 눌러서 해당 오브젝트와 상호작용을 할 수 있다. 3가지 모두 실행해 봤거나 이미 체험 했었다면 ④ Skip Tutorial을 클릭하고 빠져나오면 된다.

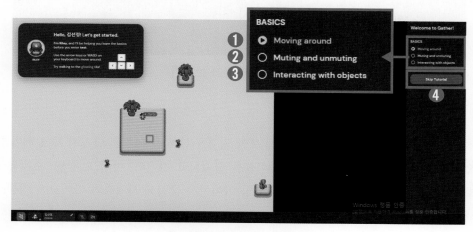

[그림22] 튜토리얼 익히기

튜토리얼 화면을 빠져나오고 나면 해당 스페이스로 이동하게 되고 잠시 후에 팝업으로 초대 링크 창이 뜬다. 초대 링크를 복사해 SNS에 붙여넣거나 이메일 주소로 링크 보내기를 통해 참가자를 초대한다. 초대하지 않아도 되면 팝업 창을 닫으면 된다.

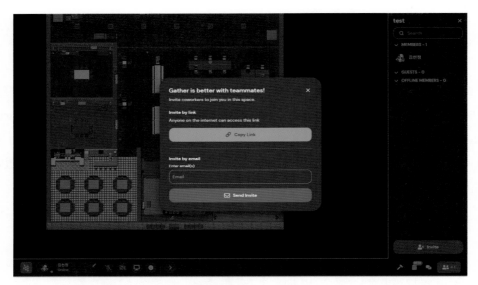

[그림23] 초대링크 보내기

시작 전에 카메라와 마이크를 내 PC에서 보안 연결 권한 허용 여부를 반드시 체크 해야 한다. 주소입력창의 왼쪽에 있는 '열쇠 모양' 아이콘을 클릭하고 카메라, 마이크, 알림, 소리를 모두 활성화한다. 주소입력창 오른쪽에 카메라 모양 아이콘을 클릭해 카메라와 마이크에 엑세스 하도록 허용을 체크 한다.

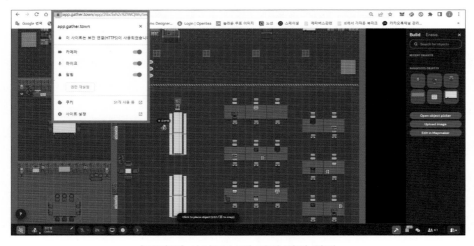

[그림24] 사이트 보안 연결 권한 확인

❸ 스페이스 화면 구성 알아보기

스페이스 첫 화면을 보면 아래쪽과 오른쪽으로 다양한 메뉴들과 아이콘들이 보인다. 명칭부터 하나씩 알아보자.

① 메인 메뉴 ② 비디오 ③ 개인 메뉴 ④ 마이크 ⑤ 카메라 ⑥ 화면공유 ⑦ 이모티콘 ⑧ 미니맵 ⑨ 빌드 ⑩ 캘린더 ⑪ 채팅 ⑫ 참가자 ⑬ 패널이다.

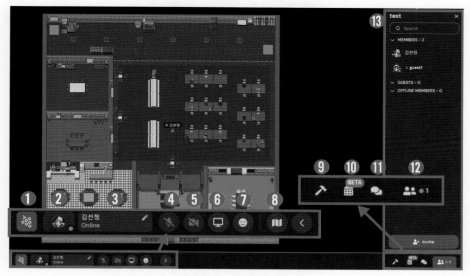

[그림25] 스페이스 화면 구성

지금까지 전체화면 구성 명칭을 알아봤다면 지금부터는 각 메뉴들의 세부 내용을 알아보도록 하자.

1) 메인 메뉴 (로고)

- Invite : 초대하기이다.
- Home : 나의 스페이스가 있는 화면으로 이동이다.
- Manage Space : 대시보드가 있는 페이지를 새 창으로 열기이다.
- Setting : 설정 창이 팝업으로 뜬다.
- Help Center : 도움말 페이지를 새 창으로 연다.

- Send Feedback, See updates : 기능 요청 또는 질문을 하는 페이지를 새 창으로 연다.
- Send Beta Feedback : 베타버전에 대한 피드백을 팝업으로 연다.
- Open in Gather Desktop App : PC 버전 앱을 다운로드 할 수 있다.
- Report Issues : 문제 발생 시 담당자에게 문의를 할 수 있는 화면을 팝업으로 연다.
- Sign Out : 로그아웃

[그림26] 메인 메뉴 (로고)

2) 비디오

카메라가 켜져 있을 시 아이콘 위로 커서를 가져다 놓으면 작은 비디오 화면이 위로 뜨고, 커서를 다른 곳으로 옮기면 아이콘 화면으로만 보인다. 압정 모양의 아이콘을 클릭하면 작은 비디오 화면이 고정되고, 확대 아이콘을 클릭하면 전체화면으로 볼 수 있다.

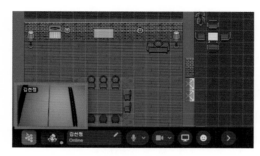

[그림27] 비디오 화면

3) 개인 메뉴

　이름을 변경할 수 있고 상태를 바꿀 수도 있다. 아바타를 변경할 수 있으며, 방해금지 모드로 전환해 아무 소통을 안 할 수도 있다. Respawn을 클릭하면 아바타가 처음에 입장했던 위치로 이동한다.

[그림28] 개인 메뉴

4) 마이크

　마이크를 켜고 끌 수 있다.

5) 카메라

　카메라를 켜고 끌 수 있다.

6) 화면공유

　내 컴퓨터의 전체화면, 창, Chrome 탭을 공유할 수 있다. 영상 공유 시 소리 공유가 필요하면 [그림29]처럼 아래쪽의 시스템 오디오 공유를 체크 해야 한다.

[그림29] 화면공유

7) 이모티콘

6개의 이모티콘이 있으며 1~6번까지 숫자마다 이모티콘을 지정할 수 있다. 이모티콘을 클릭하면 캐릭터의 머리 위에 보인다. 다른 이모티콘은 잠시 후면 사라지지만 손들기 이모티콘은 x를 클릭하거나 숫자 0을 누르지 않으면 사라지지 않는다. 연필 아이콘(Edit)을 클릭하면 내가 원하는 이모티콘을 밖으로 꺼내서 사용할 수 있다.

[그림30] 이모티콘

8) 미니 맵

맵이 크면 한 화면 안에 보이지 않기 때문에 전체 맵을 작은 크기로 보여 주며, 현재 캐릭터의 위치를 알려준다.

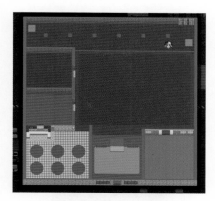

[그림31] 미니 맵

9) 빌 드

망치 모양의 아이콘을 클릭하면 현재 맵에 오브젝트를 추가하거나, 이미지 추가, 맵 메이커로 이동이 가능하다. SUGGESTED OBJECTS에 있는 오브젝트들 중에 하나를 선택하면 마우스를 따라 오브젝트가 이동하며 원하는 위치에 왼쪽 마우스를 클릭해 배치한다.

Open object picker를 클릭해 더 많은 오브젝트를 사용할 수 있다. 그뿐 아니라 Upload image를 클릭하면 다양한 이미지를 삽입할 수 있으며, Edit in Mapmaker는 새 창으로 맵 메이커 화면을 열어 여러 가지 특수 기능들을 적용할 수 있다.

[그림32] 빌드

10) 캘린더

구글 캘린더와 연동이 가능하며 이벤트 일정을 만들 수 있다.

[그림33] 캘린더

11) 채 팅

참가자와 채팅을 할 수 있으며, Nearby는 내 근처에 있는 사람과, Everyone은 현재 스페이스에 있는 모든 사람과 대화할 수 있으며, 특정인을 선택해 둘만 대화할 수 있다.

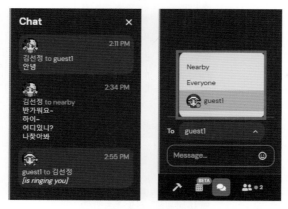

[그림34] 채팅하기

12) 참가자

현재 스페이스에 참가한 사람들의 목록을 볼 수 있다. 참가자 중 특정인을 클릭하면 왼쪽 패널이 나타난다. Send Message를 클릭해 메시지를 보낼 수 있고 ① Locate on map을 클릭하면 해당 참가자에게로 가는 검은색 선이 표시된다. ② Follow를 클릭하면 내가 특정인을 따라다닐 수 있고 ③ Request to Lead를 클릭하면 나를 따라오라고 요청할 수 있다. ④ Spotlight는 해당 특정인에게 스포트라이트 기능을 부여해 스페이스에 있는 모든 사람에게 방송을 할 수 있다.

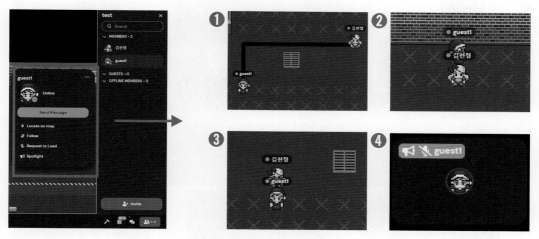

[그림35] 참가자와 상호작용

❹ 캐릭터 이동 방법과 환경 설정

1) 캐릭터 이동하기

캐릭터를 움직일 때는 ① W(위), A(왼쪽), S(아래), D(오른쪽) 키, 또는 ② 키보드의 화살표 키를 사용해 움직인다. 화면에 보이는 특정 위치로 이동할 때는 해당 위치에 커서를 두고 더블 클릭한다. 특정 캐릭터 옆으로 이동할 때는 해당 캐릭터를 더블 클릭한다.

캐릭터들이 많이 모여 있어서 지나갈 수 없을 때는 ③ 고스트 모드로 바꾸면 캐릭터가 반투명하게 되면서 다른 캐릭터를 지나갈 수 있다. 키보드의 G키를 누르고 화살표 키를 동시에 누르면 된다. 캐릭터가 신나서 ④ 춤추고 싶을 때는 키보드의 Z키를 누르면 되고 ⑤ 축하를 위해서 꽃가루를 뿌리고 싶다면 키보드의 F키를 누르면 된다.

마지막으로 기능이 있는 오브젝트와 상호작용을 하려면 키보드의 X키를 누르면 동영상 시청, 웹 사이트 연결, 큰 이미지 보기, 메모 보기, 외부의 줌 화상회의 연결 등이 가능하다. 상호작용에 관해서는 맵 메이커에서 상세히 다루도록 하겠다.

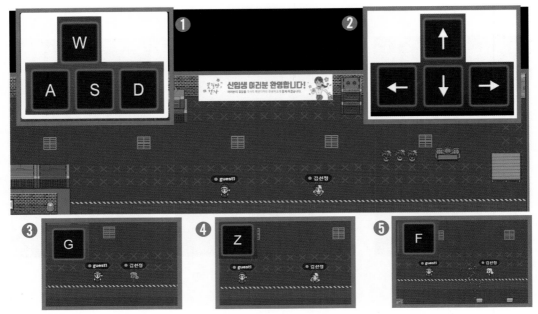

[그림36] 캐릭터 이동 방법

2) 특정 캐릭터와 상호작용 하기

특정 캐릭터에 마우스 커서를 놓고 오른쪽 마우스를 클릭한다. ① Start bubble은 해당 캐릭터와 버블을 만들어 두 사람만 대화할 수 있으며 3명 이상도 버블을 만들어 대화할 수 있다. ② Follow는 내가 해당 캐릭터를 따라다니며 해당 캐릭터 뒤에 위치한다. ③ Request to Lead는 나를 따라오라고 상대에게 요청하며 해당 캐릭터의 앞에 위치한다. ④ Send chat은 해당 캐릭터에게 메시지를 보낼 수 있으며 ⑤ Move here은 내가 해당 캐릭터가 있는 곳으로 갈 수 있다.

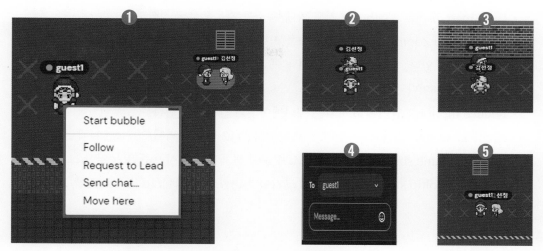

[그림37] 특정 캐릭터와 상호작용 하기

3) 환경설정

(1) User 설정

① Audio / Video

- Devices : 비디오, 마이크, 스피커를 확인하거나 변경한다.
- Audio Level : 음성을 재생해 오디오를 테스트한다.
- Large grid : 그리드 모드에서 16개의 비디오를 표시한다.
- Auto Idle Muting : 탭에서 떨어져 있는 동안 오디오 및 비디오를 자동으로 음소거 한다.
- Use HD Video Quality : 가능한 경우 항상 비디오를 HD로 만든다. 비활성화하면 성능이 향상될 수 있다.
- Chat sounds : 채팅 소리 재생이다.
- SFX volume : 일부 맵에는 내장된 사운드가 포함돼 있다. 여기에서 모든 맵 내 사운드의 볼륨 레벨을 조정한다.
- Use Original : 마이크로 들어가는 원래 소리를 그대로 전달한다.
- Audio Debug mode : 수신 및 발신 비디오의 통계를 볼 수 있다.

② Appearance

- Beta features : 새로운 기능이 널리 출시되기 전에 사용하는 버전이다.

- Use Smart Zoom : Gather가 지도 확대/축소를 자동으로 조정한다.
- Manual Map Zoom : 지도 확대/축소를 직접 설정한다. 더 큰 확대/축소를 사용하면 성능이 향상될 수 있다. 디스플레이에 보기 좋게 표시되는 몇 가지 확대/축소 수준을 표시한다. 권장 줌 150%이다.
- Reduce motion : 화면에 표시되는 애니메이션의 양을 제한한다.
- Name label size : 이름 크기를 조절한다.(8픽셀/12픽셀/16픽셀/20픽셀/24픽셀)
- Constant name sizes : 지도 확대/축소 수준에 관계없이 표시 이름은 동일한 크기이다.
- Constant tooltip sizes : 툴팁 레이블 크기이다.(8픽셀/12픽셀/16픽셀/20픽셀/24픽셀)

③ Graphics

- Hardware Acceleration : 하드웨어 가속. 렌더링할 때 컴퓨터의 그래픽 카드 사용을 활성화한다. 화면에 나타나는 그래픽에 문제가 있는 경우에만 이 설정을 끈다.
- Limit Frame Rate : 프레임 속도 제한. 화면을 다시 그리는 빈도를 제한한다. 성능 문제가 발생하면 이 값을 낮춘다. (전류 제한: 30FPS)

(2) Space 설정

① Space Preferences

- Space-wide Calendar : iCal 링크를 입력한다.
- Pinned Moderator Message : 공지사항, 스페이스에 있는 모든 사람이 볼 수 있도록 채팅 상단에 고정한다.
- Preserve Chat History : 대화 기록을 보존해 새로 고침 후에도 채팅이 표시되도록 한다. 끄면 향후 채팅만 저장되지 않으며 기존 채팅 기록은 영향을 받지 않는다.
- Beta Features : 널리 출시되기 전에 전체 공간에서 새로운 기능을 사용할 수 있다. 스페이스의 모든 사용자가 액세스할 수 있다.
- Hide Tutorial in this Space : 이 공간에서 튜토리얼을 건너뛸 수 있다. 사용자는 가입 즉시 공간에 입장할 수 있다.
- Preload all assets at the loading screen : 기본적으로 Gather는 사용자의 현재 지도를 기반으로 자산 로드의 우선순위를 지정한다. Space에 들어가기 전에 가능한 한 많은 자산을 로드하려면 이 설정을 활성화해야 한다.
- Disable Invite Button : 참가자 목록에서 초대 버튼을 비활성화 한다. 비공개 이벤트에 유용하다.

② Space Customization

- Global Build : 글로벌 빌드가 켜져 있으면 접속한 모든 사용자가 빌드할 수 있다.
- Customize Space : 맵 메이커에서 이 공간을 사용자 정의로 하거나 왼쪽 탐색 메뉴에서 망치를 선택해 맵 메이커로 들어갈 수 있다.

③ Space Access

- Space Password : 이 비밀번호를 입력한 사용자만 공간에 들어갈 수 있다. 이것은 이전 공간 암호를 덮어쓴다.
- Require Login : Gather 계정을 갖고 로그인해야 한다.
- Allow Staff Access : 활성화되면 Gather 직원이 비밀번호를 몰라도 내 공간에 들어올 수 있다. Gather 직원은 절대 나의 비밀번호를 묻지 않는다.
- Shut Down Space : 이렇게 하면 이 공간에서 모든 사람이 제거 된다.(경고)

④ User Roles Advanced

- Add Members : 이 공간에 새 구성원을 추가할 수 있다.
- Space Members : 구성원 및 구성원 역할을 관리한다. 점 3개를 클릭하면 Edit roles(Admin/Builder)와 Remove Member의 두 가지 메뉴가 보이고 관리자, 빌더, 멤버 삭제를 관리할 수 있다.

⑤ Advanced

고급 옵션과 Space를 업그레이드하기 위해 Space 대시보드로 이동한다.

[5 맵 메이커 알아보기]

1) 맵 메이커 접속하기

맵 메이커로 접속하는 방법은 4가지가 있다.

첫 번째, 게더타운 로그인 화면의 My Spaces에서 해당 스페이스의 아래쪽 점 3개를 클릭하게 되면 Manage Space/Edit Map/Copy URL 3가지 메뉴가 나오는데, 그중에서 Edit Map을 클릭하게 되면 현재 탭에서 바로 접속할 수 있다.

두 번째, 해당 스페이스에서 대시보드 창의 Space Preferences에서 Edit Space를 클릭하면 된다.

세 번째, 해당 스페이스 설정 창의 Space에서 Space Customization의 Open Mapmaker를 클릭하면 접속이 가능하다.

네 번째, 해당 스페이스의 망치 아이콘을 클릭하고 Edit in Mapmaker를 클릭해서 접속할 수 있다. 이렇게 다양한 방법 중에서 네 번째 방법을 가장 많이 사용한다.

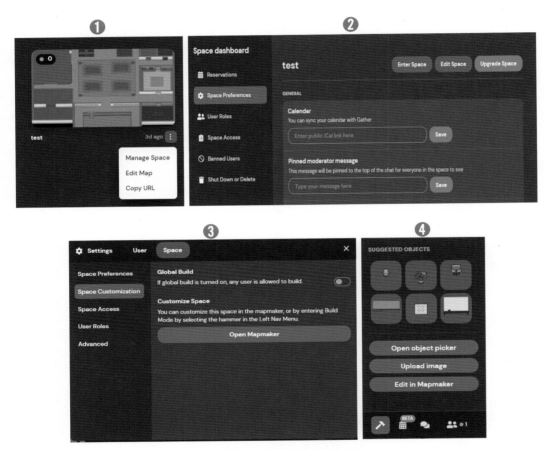

[그림38] 맵 메이커 접속 방법 4가지

2) 맵 메이커 화면 구성 알아보기

맵 메이커는 나만의 공간을 제작하기 위해 벽도 세우고, 바닥도 깔고, 가구도 배치하는 등 내가 원하는 공간을 만들기 위한 기능이다. 많은 오브젝트와 다양한 효과들을 적용해 유튜브를 볼 수 있고, 외부링크를 연결해 홈페이지 등 웹 사이트를 방문할 수도 있으며, 멋진 그림이나 이미지를 업로드 해 전시회를 개최할 수도 있다. 이렇게 멋진 작업을 혼자서 진행하기엔 어려울 수도 있지만 필자와 함께 하나씩 배워 간다면 멋진 작품을 완성할 수 있으리라 생각한다.

그럼 제일 먼저 맵 메이커의 화면 구성부터 알아보자. 우선 아이콘들의 명칭을 익혀보자.
화면 가장 왼쪽 모서리에 ① 옵션 아이콘이 있고, 그 아래쪽으로 도구 패널이, 화면 가장 상단에는 메뉴 패널이 있고, 오른쪽 상단에는 ⑭ 속성패널, 그 아래쪽으로는 ⑮ Room 패널과 List of objects 패널이 있다.

도구 패널에는 ② 화살표 ③ 도장 ④ 지우개 ⑤ 손바닥 ⑥ 확대 ⑦ 축소 ⑧ 되돌리기 ⑨ 취소 전 상태로 돌리기, 메뉴 패널에는 ⑩ 오브젝트 ⑪ 타일효과 ⑫ 벽과 바닥 ⑬ 저장 등의 메뉴들이 있다.

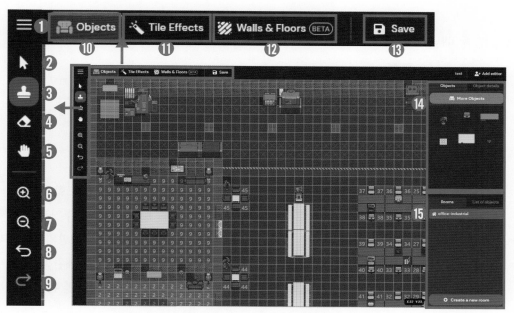

[그림39] 맵 메이커 화면 구성과 명칭

3) 맵 메이커 메뉴 상세 알아보기

(1) 도구 패널

[그림40] 도구모음

- Sellect(화살표) : 오브젝트를 선택해 원하는 위치로 이동 시킨다(단축키 V).
- Stamp(도장) : 오브젝트를 원하는 위치에 놓고, 벽이나 바닥 깔 때 사용한다(단축키 B).
- Eraser(지우개) : 타일이나 오브젝트를 삭제할 때 사용한다(단축키 E).
- Hand(손) : 캔버스 화면 자체를 움직일 때 사용한다(단축키 H).
- Zoom in(확대) : 캔버스 화면을 확대한다(단축키 ctrl + 마우스 휠 밀기).
- Zoom out(축소) : 캔버스 화면을 축소한다(단축키 ctrl + 마우스 휠 당기기).
- Undo(취소) : 작업한 것을 최근 순서대로 취소한다(단축키 ctrl + Z).
- Redo(복구) : 취소한 작업을 최근 순서대로 복구한다(단축키 ctrl + Y).

(2) 메뉴 패널

① 옵션 아이콘

- Go to Space : 지금 작업하고 있는 맵을 아바타가 등장하는 스페이스 화면으로 새 창에서 연다.
- Manage Space : 대시보드 화면을 새 창으로 연다.
- Help Center : 맵 만드는 방법을 자세히 설명한 창을 새로 연다.
- Background & Forground : 배경 이미지나 전경 이미지를 업로드, 다운로드할 수 있다.
- Extension Settings : 게더타운에서 업그레이드 하고 있는 새로운 기능이 추가된 오브젝트의 사용 여부를 체크하는 내용을 팝업으로 보여준다(베타기능 활성화). 비밀의 문, 자라는 식물, 지정된 시간에 바뀌는 개체, 박수갈채, NFT 아트, 투표, 세계시계, 애완동물, 고카트 등을 선택하고 Activate Extension을 클릭 후 Apply Changes를 클릭하면 된다.

[그림41] 옵션 아이콘 및 베타 기능 설정

② Objects (오브젝트)

- See All(모두보기) : 모든 오브젝트를 보여 주며 검색할 때는 반드시 체크하고 검색해야 한다.
- Newly Added(새로 추가) : 최근 새로 추가된 오브젝트를 빠르게 볼 수 있다.
- Spring(봄) : 봄에 피는 꽃과 나무 오브젝트 이다.
- Ramadan(라마단) : 이슬람교의 전통 행사 때 사용하는 오브젝트 이다.
- Passover(유월절) : 유대교 명절에 사용하는 오브젝트 이다.
- Easter(부활절) : 부활절에 사용하는 오브젝트 이다.
- Remote work(사무실) : 사무실에서 사용하는 오브젝트 이다.
- Professional Event(전문 이벤트) : 세미나, 전시관 등 전문적인 행사에 사용하는 오브젝트 이다.
- Social Event(소셜 이벤트) : 사교 모임이나 소모임 등에 사용하는 오브젝트 이다.
- Wayfinding(길찾기) : 표지판이나 화살표, 키오스크 등 안내에 사용하는 오브젝트 이다.
- Furniture(가구) : 쇼파, 의자, 테이블, 책장 등 공간을 꾸밀 수 있는 오브젝트 이다.
- Decorations(장식) : 행사에 사용하는 소품들과 행사장을 꾸밀 수 있는 장식과 음식 오브젝트 이다.
- Rugs(러그) : 다양한 크기와 무늬의 카페트 오브젝트 이다.
- Lighting(조명) : 불빛이나 네온사인, 양초 오브젝트 이다.
- Nature(자연) : 나무, 꽃, 돌, 시냇물 등 자연 오브젝트 이다.
- Games(게임) : 테트릭스, 주사위, 스도쿠 등 다양한 게임 오브젝트 이다.

- Sounds(소리) : 오브젝트 자체에 소리가 삽입돼있어서 설정거리 안에서 자동 재생된다.
- Insert Text(텍스트 삽입) : 원하는 문구를 직접 삽입할 수 있다.
- Upload New(업로드 이미지) : 포스터나 배너 등 원하는 이미지를 삽입할 수 있다.

※아래 기능성 오브젝트들은 설정에서 '베타 기능 활성화'를 체크해야 사용 가능하다.

- Doors(문) : 키보드의 X키를 누르면 문이 열리고 닫히는 상호작용이 가능한 오브젝트 이다.
- Password Doors(PW Doors, 비밀의 문) : 비밀번호를 입력해야 열리는 문(힌트 설정 가능)이다.
- Friendly Plant(친절한 식물) : X키를 누르면 식물에 물을 주고 식물이 조금씩 자란다.
- Timed Objects(시간제한 개체) : 정해진 시간에 미리 정해 놓은 오브젝트로 바뀌는 오브젝트 이다.
- Deca Art(데코 아트) : NFT 작품을 X키를 누를 때마다 랜덤하게 보여주는 오브젝트 이다.
- Vote With Your Feet(투표) : 두 장소를 정해 놓고 투표를 진행, 집계할 수 있는 오브젝트 이다.
- World Clock(세계시계) : 내가 접속한 국가와 도시를 입력해 놓으면 알아서 시간을 알려준다.
- Pets(애완동물) : 강아지 집을 놓고 X키를 누르면 강아지가 캐릭터를 따라다닌다.
- GoKarts(고카트) : 고카트 키오스크를 설치하고 X키를 누르면 자동으로 타고 내릴 수 있다.

가) 오브젝트 배치

오브젝트를 원하는 위치에 배치하려면 먼저 ① Object를 클릭하고 ② 도장 클릭 ③ More Object 클릭 ④ 원하는 오브젝트 클릭 ⑤ Object Details에서 오브젝트의 방향을 바꾸거나 색상을 변경하고 ⑥ Object Interaction에서 특별한 기능을 추가하지 않는다면 ⑦ Select를 클릭해 선택한 다음 원하는 위치에 배치하면 된다.

선택한 오브젝트가 마우스를 계속 따라다니기 때문에 이를 해제하기 위해서는 화살표 아이콘을 클릭하면 더 이상 따라다니지 않는다. 오브젝트는 겹쳐서 놓을 수 있는데 마지막에 놓은 오브젝트가 맨 위에 놓이게 된다. 순서를 바꾸려면 해당 오브젝트를 클릭하고 오른쪽 패널 중간에 위치한 List objects에서 해당 오브젝트 위에 커서를 올려놓으면 오른쪽 끝으로 점 3개가 나타난다. 점 3개를 클릭하면 맨 앞이나 맨 뒤, 위로 이동, 아래로 이동, 복사, 삭제 등을 할 수 있다.

[그림42] 오브젝트 배치하기

나) 특정 기능을 가진 오브젝트

게더타운에서는 미리 특정 기능을 가진 오브젝트는 두 종류를 제공한다. 하나는 게임 오브젝트 이고 다른 하나는 사운드 오브젝트 이다.

'게임 오브젝트'의 게임은 게임마다 해당하는 웹 사이트를 불러와서 게더타운 안에서 진행할 수 있도록 미리 링크가 연결 돼 있다. 게임 종류는 15가지로 테트리스, 코드네임, 콜로니스트, 도미노, 낱말 맞추기, Draw battle, Fish bowl, 한밤의 늑대인간(마피아 게임), 피아노, 포커, Set, Skribbl.io, 스도쿠, Surviv.io, Witch dice 등이 있다.

'사운드 오브젝트'는 일정한 소리를 자동으로 재생하게 돼 있어서 캐릭터가 설정거리 안에 있을 때 자동으로 재생된다. 장작 타는 소리, 분수대 물소리, 시냇물 소리, 레스토랑 등 많은 사람이 모여 있는 곳에서의 소음 소리 등이 있다. X 키를 누르지 않아도 자동 재생되며, 볼륨은 참가자 각자의 설정에서 User의 SEX volume을 조절하면 된다.

다) 텍스트 오브젝트

간단한 텍스트를 입력할 수 있는 기능은 ① Insert Text를 클릭하면 사용할 수 있다. ② 텍스트를 입력하고 ③ Font Size에서 글자 크기를 조절할 수 있다. 타일 한 칸은 가로 32px, 세로

32px이므로 적절한 폰트 사이즈를 입력하기 바란다. 기본은 24px로 돼 있다. ④ Offset x와 Offset y는 텍스트가 놓이게 되는 가장 왼쪽 첫 번째 타일의 왼쪽 위에서부터 얼마나 띄울지를 정하는 값이다. 마지막으로 ⑤ Create and select를 클릭한다. 기능이 있어서 사용하기는 하지만 검정색 밖에 사용할 수 없어서 예쁘지는 않다. 만약 더 멋진 텍스트를 원한다면 이미지로 작업한 파일을 업로드 해 사용할 것을 추천한다.

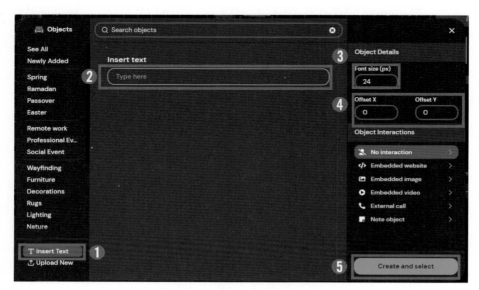

[그림43] 텍스트 오브젝트 사용하기

라) 이미지 업로드

내 PC에 있는 이미지를 업로드해서 오브젝트처럼 사용할 수 있는 기능은 ① Upload New이다. ② Drag image or click to upload를 클릭해 내 PC에서 이미지 파일을 찾은 다음에 오브젝트 ③ 이름을 입력하고 ④ Cerate and select를 클릭해 원하는 곳에 배치한다.

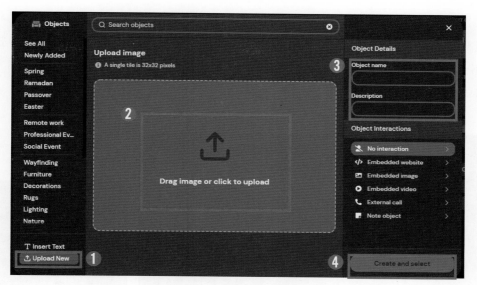

[그림44] 이미지 업로드하기

마) 상호작용(Interaction) 오브젝트 만들기

대부분의 오브젝트는 참가자와 상호작용이 가능한 기능을 추가할 수 있다. 총 6종류의 옵션
이 있으며 기능이 없는 옵션도 포함된다. 옵션은 2가지를 동시에 적용할 수 없다.

· No interaction : 인터렉션 기능이 없다.

· Embedded website : 웹 사이트 연결이다.

· Embedded image : PC 이미지 업로드이다.

· Embedded video : 유튜브 등 공유 사이트에 업로드 된 영상 연결이다.

· External call : Zoom 등 외부 화상회의 링크로 연결이다.

· Note object : 메모 가능한 포스트잇 팝업이다.

특정 오브젝트 중에는 상호작용 기능을 미리 지정해 둔 오브젝트도 있지만 거의 모든 오브젝
트에 위와 같은 기능들을 추가할 수 있다. 지금부터 상호작용(Interaction) 기능을 추가하는 방
법을 알아보자.

㉠ Embedded website

먼저 연결해 보여주고자 하는 웹 사이트의 주소를 복사한 뒤 ① 오브젝트를 선택하고 ② Embedded website의 ③ Website (URL)*에 붙여넣기 한 후 ④ Activation distance에 캐릭터와의 활성화 거리를 지정해 주고 ⑤ Sellect를 클릭하면 된다.

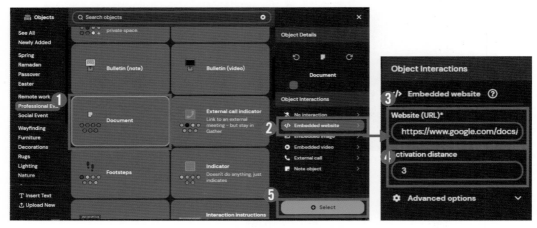

[그림45] 웹 사이트 연결하기

㉡ Embedded image

오브젝트를 선택하고 Embedded image를 클릭한 후 ① Image*와 ② Preview image* ③ Activation distance를 입력 후 Select를 클릭하면 된다. 추가로 고급기능을 설정하면 자세한 이미지 정보를 입력할 수 있다. ④ Prompt message는 캐릭터가 지정한 거리 안으로 들어오면 오브젝트 위로 안내 문구를 보이게 하고 ⑤ Object image는 미리보기 이미지가 화면 가운데 하단에 나타나게 하며, 미리보기 크기는 450×100픽셀이다. ⑥ Active image는 키보드의 X 키를 누르면 전체이미지를 보여주며, 이미지크기는 최소 1000×600픽셀 이상을 추천한다. 이미지가 너무 작으면 이미지가 깨져 보이기 때문이다. PNG, JPG 형식의 파일을 사용하며 최대 3MB 이하만 업로드 할 수 있다. ⑦ Caption은 이미지 설명을 ⑧ Display (start)는 이미지가 보이는 시간을 ⑨ Display (end)는 이미지가 사라지는 시간을 설정할 수 있다. 이렇게 고급기능 설정은 모든 Interaction 설정에 적용가능하다.

[그림46] PC 이미지 업로드 및 고급 기능 설정하기

ⓒ Embedded video

유튜브 등 웹 사이트에 올라가 있는 영상을 링크 공유를 통해 볼 수 있는 기능을 제공한다. Video (URL)* 란에 동영상 주소를 입력하면 되는데, 일부 동영상은 재생이 안 되는 경우도 있다. 이럴 때는 동영상이 비공개 상태인지를 확인하기 바란다. 혹시 유튜브에서 동영상을 공개했는데도 재생이 안 된다면 해당 영상의 '퍼가기'가 허용돼있는지 확인해야 한다.

ⓔ External call

Zoom 등 외부 화상회의 기능을 연결하는데 사용된다. Call (URL)* 란에 줌 회의 주소를 입력하면 되는데, 캐릭터가 X 키를 클릭하면 줌 주소로 안내 창을 보여주고 그 ① 주소를 클릭하면 줌 화상회의로 접속된다. 화상회의가 끝나고 나면 ② Re-enter를 클릭해서 다시 게더타운으로 돌아올 수 있다. 이때 줌에서 카메라와 마이크를 사용하게 되면서 게더타운의 카메라와 마이크는 잠시 꺼지게 된다.

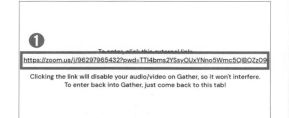
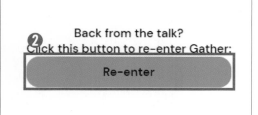

[그림47] 외부화상회의 연결하기

ㅁ Note object

포스트잇을 팝업으로 보여주는 기능이다. 포스트잇에 보여줄 문장을 Message에 입력하면 되는데 입력란이 한 줄로 돼 있어서 Enter 키를 눌러도 줄 바꿈이 안 된다. 이때는 \r 또는 \n을 입력하면 줄 바꿈을 할 수 있다. 또한 빈 줄을 만들고 싶다면 \r\r을 입력하면 된다. 만약 링크 주소를 입력한다면 자동으로 링크가 걸리기 때문에 신경 쓰지 않아도 된다.

③ Tile Effects (타일 이펙트)

타일 이펙트는 타일에 특별한 기능을 적용해서 공간을 제어하는 기능을 한다.

- Impassable : 캐릭터가 통과할 수 없는 타일
- Spawn : 캐릭터가 처음 등장하는 타일
- Portal : 다른 룸이나 다른 스페이스로 이동하게 하는 타일
- Private Area : 그룹 활동, 팀 미팅 등 다른 사람들과 분리돼서 얘기하거나 회의 가능
- Spotlight : 룸 전체에 방송 가능

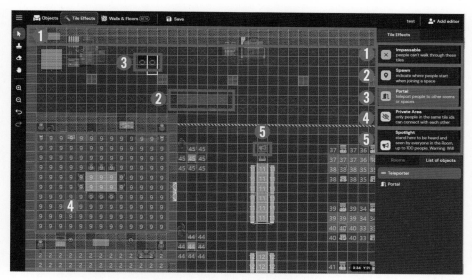

[그림48] 타일 이펙트 종류 알아보기

가) Impassable

임파서블은 캐릭터가 통과할 수 없는 타일로 벽이나 물건, 가구 등 현실 세계에서 통과할 수 없는 것은 게더타운에서도 똑같이 통과할 수 없다. 미로 게임이나 방 탈출 게임을 만들 때도 많이 사용한다. Tile Effects를 클릭하고 impassable을 클릭한 후, 사방 벽을 드래그하면서 적용한다. 타일 한 칸씩 클릭하면서 놓을 수도 있다.

나) Spawn

스폰은 캐릭터가 스페이스에 접속할 때 처음 위치하는 곳을 말한다. 스폰 타일은 참가자 수에 따라 적정하게 배치해야 한다. 동시 접속자는 많은데 스폰 타일이 적으면 접속할 때 아바타가 위로 겹쳐지게 된다. 주의해야 할 점은 스폰 타일을 위치시킬 때는 사용영역 바깥쪽에 위치시키면 안 된다. 또 내 스페이스를 만들고 스폰 타일을 놓지 않고 저장하게 되면 경고 메시지가 뜨므로 반드시 체크하고 저장하기 바란다. Tile Effects를 클릭하고 Spawn을 클릭한 후에 원하는 위치를 선택해서 지정하면 된다.

[그림49] 스폰 타일 지정할 때 주의할 점

다) Portal

포털은 다른 룸이나 다른 스페이스로 이동할 때 사용하는 타일이다. 예를 들어 현재 있는 곳이 사무실인데 공원이 있는 바깥으로 나가고 싶다면 공원이라는 룸을 새로 만들고 사무실과 공원을 포털로 연결하면 마치 순간 이동하는 것처럼 공원으로 가게 된다.

그렇다면 룸을 한번 만들어 보자.

① Rooms 클릭 후 ② Create a new room을 클릭하고 ③ 룸 이름을 적은 다음 ④ Create a new room을 다시 한 번 더 클릭한다. 그러면 3가지 유형(새로운 방/템플릿/다른 스페이스) 중 ⑤ 하나를 선택하면 되는데 필자는 게더타운에서 제공하는 템플릿 중에 하나인 ⑥ park-t를 선택했다.

[그림50] 룸 만들기

룸을 만들어 놨다면 이제 포털을 연결해 보자. ① Tile Effects를 클릭하고 ② Portal을 클릭하면 파란색 타일이 마우스 포인터를 따라다니는데 설치하고자 하는 위치에(teleport 오브젝트를 미리 준비해 놨다면) ③ 파란 타일을 위치시키고 클릭한다. 클릭하자마자 새로 Pick Portal Type 이라는 팝업 창이 뜨는데, 이 중에서 ④ Portal to a room을 클릭하면 Pick room to Portal to라는 창이 또 새로 뜨고, 여기서 내가 가고자 하는 룸을 선택한다. 여기서는 ⑤ 공원을 클릭한다.

공원 맵 메이커 창이 열리고 내가 등장하고자 하는 위치에 ⑥ 파란색 타일을 놓으면, 놓자마자 바로 처음 시작했던 사무실 룸으로 이동하게 된다. 이렇게 하면 하나의 Portal을 연결한 것이다. 포털도 스폰처럼 한 개만 설치하지 말고 2~3개 설치하기를 추천한다.

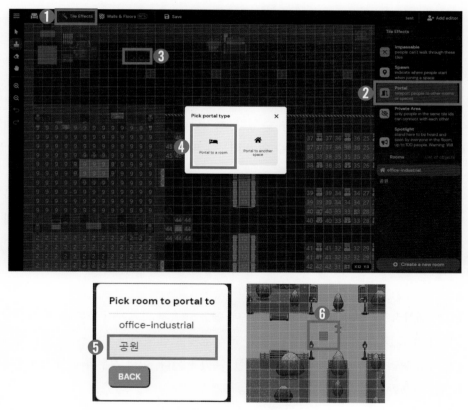

[그림51] Portal 설치하기

Portal to another space를 선택하면 Input space to Portal to 팝업이 뜨고, 해당 스페이스의 URL을 입력하고 나서 CONFIRM을 클릭하면 기존에 만들어 놓은 다른 스페이스를 연결할 수 있다.

[그림52] 기존에 만들어 놓은 스페이스를 연결하는 방법

라) Private Area

프라이빗 에어리어는 그룹 회의나 조별 활동 등을 지정한 장소 내에 있는 사람들끼리만 화상회의를 진행할 때 사용하는 타일이다. 원래 게더타운은 기본적으로 5칸 이내로 가까워지면 카메라와 마이크가 켜지면서 대화를 나눌 수 있다. 하지만 팀별 미팅을 진행할 때는 팀원 외에 다른 사람이 다가와서 회의에 지장을 줄 수 있기 때문에 따로 장소를 지정해야 할 필요성이 있다.

먼저 ① Tile Effects를 선택하고 ② Private Area를 클릭 후 ③ Area ID를 숫자나 문자로 입력한 뒤 원하는 장소를 ④ 드래그 하듯 선택하면 타일이 흐린 분홍색으로 채워진다. 이때 아이디가 같다면 멀리 떨어져 있는 장소라도 회의에 참여할 수 있다. 만약 Area ID 입력 후 아래에 color tiles을 체크한다면 지정한 장소에 ⑤ 컬러 동그라미가 보인다.

프라이빗 에어리어는 유용하게 사용이 되는데 예를 들자면 학교에서 조별 활동 시간에 선생님은 일일이 각 조를 돌아다니지 않아도 된다. 교탁 옆에 조별 아이디가 있는 Private Area를 설치한다면 아주 편리하게 조별 활동을 컨트롤 할 수 있게 된다. 이런 경우와 같이 사무실에서 부서별 회의를 진행할 때도 임원진의 참여가 가능하게 된다.

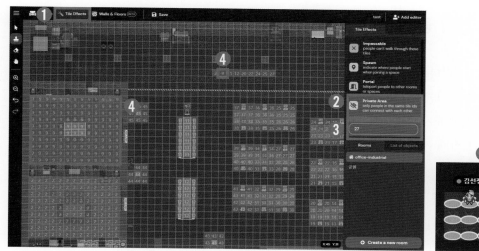

[그림53] Private Area 지정하기

마) Spotlight

스포트라이트는 현재 룸에 있는 모든 사람에게 방송할 때 사용한다. 다른 룸에는 적용이 안된다. 스포트라이트 기능을 설치하고 어디에 설치했는지 모를 수도 있기 때문에, 반드시 확성기 오브젝트를 먼저 배치해 놓고 진행하는 것이 좋다. 스포트라이트는 여러 개 설치하는 것보다는 한두 군데만 설치하는 것이 혼란스럽지 않다. 스포트라이트에 캐릭터가 올라가면 비디오 화면에 주황색 확성기 아이콘이 뜨면서 비디오 화면이 모든 사람에게 보이게 된다. Spotlight는 강의나 안내를 할 때 사용하면 좋다.

[그림54] 스포트라이트 사용

⑥ 나만의 공간 제작하기 (My Home)

지금까지 게더타운에서 제공하는 사무실 템플릿으로 게더타운을 구석구석 알아보았다면 지금부터는 나를 위한 공간을 만들어 보자. 내가 살고 있는 집이나 살고 싶은 집을 생각하면서 나의 집을 설계해 보자. 투룸의 정원이 있는 단독 주택을 만들어 보도록 하겠다. 순서대로 따라오면서 함께 제작해 봅시다.

1) 새 스페이스 만들기

로그인 화면의 ① My Spaces 화면에서 ② Create Space를 클릭해 ③ Advanced setup for experts를 선택한다.

[그림55] 새 스페이스 만들기

Templates 중에서 ① Blank를 클릭하고 ② Blank(Start from Scratch)를 선택한 후에 ③ 스페이스 이름을 영문으로 작성한다. 비밀번호 설정은 비활성화로 놔두고 ④ 스페이스의 유형은 Remote Office를 선택한 후 ⑤ Open Mapmaker를 클릭한다.

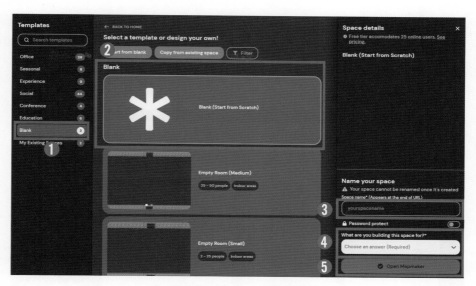

[그림56] 스페이스 이름 정하기

2) Walls & Floors (벽과 바닥) 설치하기

빈 공간 맵 메이커의 첫 시작 화면은 바닥이 흰색이고 좌표(0,0) 자리에 초록색 스폰이 설치 돼있다. 제일 먼저 벽과 바닥을 설치하기 위해서 'Walls & Floors'를 클릭하면 기존에 있던 배경화면이나 바닥이 삭제될 수도 있다는 경고 문구가 뜬다. 이때 기존 템플릿의 바닥이 있거나 배경화면을 업로드해서 배경이 이미 있다면 신중하게 생각하고 선택해야 한다. Yes를 선택했을 때는 기존 배경이 삭제되기 때문이다. 지금은 아무것도 없는 빈 공간에서 시작하기 때문에 Yes 를 클릭한다.

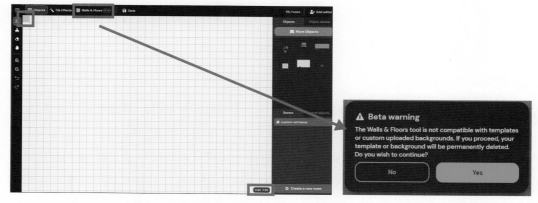

[그림57] 맵 메이커 시작 화면과 Walls & Floors를 클릭했을 때 나타나는 경고 문구

먼저 ① Walls을 클릭해 ② Walls의 오브젝트 중에 하나를 선택해 벽을 그리고 ③ Done을 클릭한다. ④ Floors를 클릭해 오른쪽 ⑤ Floor tiles 중에서 마음에 드는 색을 선택해 구역별로 바닥을 완성한다. 그리고 반드시 ⑥ Done을 클릭하고 Save까지 클릭해야 한다.

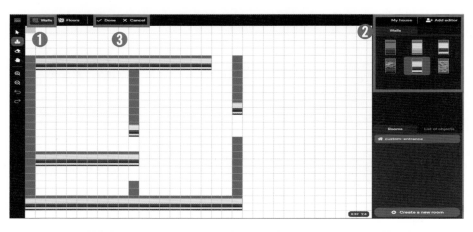

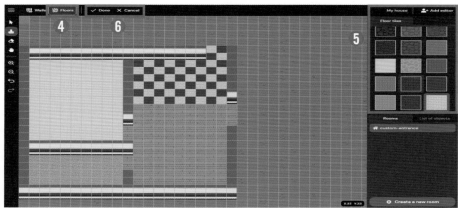

[그림58] 벽과 바닥 만들기

3) 오브젝트 배치하기

벽과 바닥이 완성됐다면 설계한 대로 필요한 가구나 식물들을 원하는 자리에 배치한다. 오브젝트를 배치하다가 바닥과 색 조합이 안 맞거나, 분위기가 어색하면 바닥 색을 수정하면서 전체적인 그림을 본다. 베타기능의 Door 오브젝트를 설치해서 아바타가 출입할 때 키보드의 X 키를 눌러야 문이 열리는 인터렉션 오브젝트를 사용했고, 강아지가 나를 따라다니게 하는 기능은 Pet bad 오브젝트를 설치하면 된다. 다음은 상호작용이 가능한 인터렉션 오브젝트를 설치해 보자.

- Embedded website의 웹 사이트 연결은 두 가지로 설치했으며 하나는 블로그를 연결해 블로그 바로가기가 가능하도록 젠 테이블에 적용을 시켰다. 다른 하나는 방명록을 작성할 수 있도록 패들랫 연결을 책상 위에 있는 노트에 적용을 시켰다.
- Embedded image의 PC 이미지 업로드는 현관문을 들어오면 보이는 그림 액자에 업로드 시켰다. 그림은 픽사베이의 무료 이미지를 다운 받아 사용했다.
- Embedded video의 유튜브 공유는 '레디플레이어원' 이라는 영화 설명 영상을 유듀브 공유하기로 주소를 복사해 입력했다.
- Note object는 검은 고양이 오브젝트에 고양이에 관한 소개 글을 입력해 적용했다.
- Inter Text는 '바닷가 가는 길' 이라는 텍스트를 직접 입력해 적용했다.
- Upload New는 욕실에 있는 변기, 세면대, 거울, 수건 등의 이미지를 다운받아 사이즈를 축소해서 업로드 했다.

[그림59] 다양한 오브젝트와 인터렉션 오브젝트 설치

4) Tile Effects 적용하기

마지막으로 Tile Effects만 적용하면 나만의 공간인 My House를 완성한다. Impassable은 벽과 가구 오브젝트들, 나무, 시냇물, 자동차에 적용했다. Spawn은 화면 제일 아래쪽 중앙에 7개 설치했다. Portal은 바닷가로 연결되도록 새 룸을 만들어 적용했으며, Private Area는 테이블과 의자가 있는 곳으로 6개 구역에 지정을 했다. 마지막으로 Spotlight는 안방 의자 옆에 설치해 정원에 나가 있는 사람들과 이야기할 때 사용하기 위해서 설치했다.

[그림60] Tile Effects 효과 적용하기

 지금까지 게더타운의 간단한 버튼의 기능에서부터 일일이 알아보았다. 글로 표현하기 어려운 부분들도 많이 있었지만 이해를 돕기 위해 자세한 그림 자료를 많이 삽입했으니 참고해서 도움이 되길 바란다.

 비대면 재택근무로 인해 메타버스 플랫폼들이 많이 활용됐다. 특히 게더타운의 국내 활용은 아마도 가장 많지 않을까 싶다. 그로인해 게더타운도 수시로 업데이트 되고 있으며 보다 편리하게, 기능은 더 보완해서 선보이고 있다.

 특히 게더타운은 메타버스 플랫폼 중에서 공간디자인 차원에서 가장 많이 활용되고 있다. 게더타운과 비슷하고 좀 더 간단한 아이코그램즈도 있지만 가벼운 느낌 때문에 다시 게더타운을 찾는 이들이 많다.

 공간이 필요할 때, 모임 할 때, 회의 시, 수업 등 다양한 분야에서 게더타운의 활용이 활발한 만큼 수시로 작은 맵에서부터 시작해 다양한 기능의 대형 맵까지 도전해 보길 바란다. 게더타운으로 공간디자이너로서 활동과 수익 창출도 가능해질 것이다.

 자, My Home 게더타운은 언제든지 열려 있으니 직접 방문해서 나만의 공간 제작에 도전할 수 있기를 바란다.

게더타운 2.5D 맵 구현하기

이 송 하

Chapter

04

게더타운 2.5D 맵 구현하기

▌ Prologue

올해 초 정부에서는 메타버스 신산업 선도전략을 발표하고 2026년까지 세계 5위 메타버스 선도 국이 되겠다고 발표했다. 2022년 현재 핫 키워드는 '메타버스'라고 해도 될 만큼 핫이슈가 되고 있다. 이미 분야를 막론하고 다양한 곳에서 메타버스 플랫폼을 활용해 다양한 활동이 이어지고 있는 중이며, 이제 나의 아바타가 가상공간에서 활동하는 메타버스 세상이 돼가고 있는 중이다.

우리는 다양한 메타버스 플랫폼 중에 2020년 미국 스타트업 'Gather Presence'에서 출시한 가상 오피스 플랫폼으로 시작한 '게더타운(Gather town)' 메타버스 플랫폼을 너무나 익히 잘 알고 있다.

게더타운은 초보자들도 쉽게 제작이 가능하며, 아바타를 통해 소통이 가능하고, 상호작용 오브젝트를 활용해 다양한 상호작용을 할 수 있다. 화면공유가 가능해 줌에서 하던 강의도 여기서도 가능한 다양한 장점이 있다. 하지만 현재 다양하고 화려한 3D그래픽의 플랫폼과는 다른 단순한 2D 디자인이라 공간감과 현실감이 떨어진다는 단점이 있다.

게더타운을 활용하는 다양한 기관들과 맵 제작자들은 기본의 2D그래픽을 벗어나 이미 2.5D 맵을 활용해 공간감이 느껴질 수 있도록 설계하고 있다. 또한 이미 입체감 있게 제작된 많은 맵들을 우리는 찾아볼 수 있다.

이에 저자는 본 내용에서 2D그래픽에서 벗어나 2.5D 게더타운 맵의 구현과 활용방법을 알아보고자 한다. 또한 조금 더 입체적인 공간으로 느껴질 수 있도록 게더타운 맵을 새롭게 재구성해보고자 한다.

다양한 활용사이트와 활용 가능한 툴이 있지만, 저자는 누구나 쉽게 초보자도 2.5D 맵을 접근하고 활용할 수 있는 '아이코그램'과 파워포인트를 활용해 2.5D 맵을 위한 배경을 디자인하는 방법을 본 내용에 담아보고자 한다.

▌ 1 게더타운 2.5D 맵 활용

게더타운에서 제공하는 맵은 기본적으로 2D 백그라운드를 제공한다. 그래서 현실감이 떨어지고 공간감이 느껴지지 않는다는 단점이 있다. 이에 2.5D 그래픽을 활용해 앞, 측면, 위까지 한눈에 볼 수 있는 2.5D 그래픽을 활용하고, 조금 더 입체적인 공간으로 느껴질 수 있도록 활용하고자 한다.

1) 2.5D 맵 제작 활용 사이트

(1) 아이코그램(Icograms)

'아이코그램(https://icograms.com)'은 2.5D 아이소메트릭 그래픽이다. 다양한 아이콘과 템플릿을 보유하고 있고 회원가입 없이도 무료로 사용할 수 있다.

(2) 타일드

'타일드(https://www.mapeditor.org)'는 가상공간을 제작할 수 있는 프로그램이다. 게더타운에서 제공하는 기본 템플릿들이 바로 타일드를 사용해 제작된 맵이다. 무료로 다운 받아 실행해 사용할 수 있다.

(3) 아이소매트릭러브

'아이소매트릭러브(https://www.isometriclove.com)'는 디자인을 위한 귀여운 2.5D로 구현된 일러스트, 아이콘을 무료로 다운받을 수 있다. 개인적으로 사용은 무료로 다운로드 가능하나 상업적 용도 시에는 구매가 필요하다.

(4) 아트스텝

 '아트스텝(https://www.artsteps.com)'은 가상전시 공간, 작품전시회, 전시관 등의 가상현실전시 공간을 구현할 때 활용 가능한 프로그램이다.

2) 파워포인트 활용하기

 '파워포인트'의 도형효과 3차원 회전과 3차원 서식 등을 활용하고 2.5D로 편집해 맵 구현에 활용할 수 있다. 문자를 작성한 후 3차원 회전의 평행을 활용해 2.5D 디자인을 구현할 수 있다. 파워포인트에서 제공되는 다양한 도형을 3차원 회전과 3차원 서식 등을 활용해 다양한 사물과 건물들을 2.5D로 디자인해 맵 구현에 활용할 수 있다.

❷ 아이코그램 사이트 활용하기

1) 아이코그램은?

① 다양한 2.5D의 540개 템플릿소스와 3,840개 이상의 아이콘이 포함돼 있다.
② 온라인 그래픽 편집기로 그리기 도구를 사용해 아이소매트릭 아이콘을 만들 수 있다.
③ 교사와 학생을 위한 교육용 에디션으로 활용할 수 있다.
④ 모든 아이콘을 등각 투영법을 사용해 2.5D 아이소메트릭 그래픽을 제공한다.
⑤ 개인 그래픽을 주문할 수 있다.
⑥ 편집 가능한 벡터 그래픽을 제공한다.

[그림1] 아이코그램 사이트

[그림2] 독특한 디자인 기능(출처 : 아이코그램 사이트)

2) 아이코그램 요금제

아이코그램은 기본적으로 무료사용이 가능하나 상업적인 용도로 사용하고자 할 때에는 유료 요금제를 선택해 사용해야 한다. 기본적으로 제공되는 아이콘과 템플릿은 동일하지만, 요금제에 따라 저장할 수 있는 파일의 수량과 크기가 상이하며, 최대 사용자 업로드 수 또한 상이하다. 무료로 사용 시에는 다운로드 파일이 'PNG'와 'JPG'만 가능하며, 다운 후 아이코그램의 워터마크가 함께 내보내진다.

[그림3] 아이코그램 요금제

3) 아이코그램 가입 및 로그인

아이코그램 사이트로(https://icograms.com) 접속한다. 아이코그램 사이트 우측 상단의 '등록(Register)'을 클릭 한 후 가입절차에 따라 기록해준다.

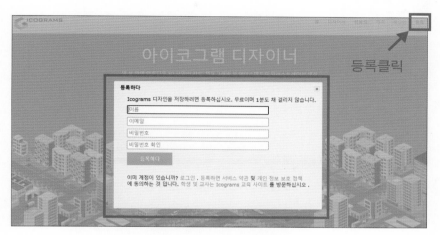

[그림4] 아이코그램 가입방법

4) 아이코그램 시작하기 / 편집화면소개

로그인 후 시작하기 버튼을 클릭해준다.

[그림5] 메인화면에서 시작하기

아이코그램의 마름모 한 칸의 규격은 가로 64px, 세로32px이다.

[그림6] 아이코그램 화면구성

5) 디자인 이름, 사이즈, 화면색상 수정하기

하단에 '이름변경' 아이콘을 클릭 한 후 디자인 이름과 사이즈를 수정한다.

[그림7] 이름과 사이즈 수정하기

하단에 '색상변경' 아이콘을 클릭해 화면 전체 색상을 변경할 수 있다.

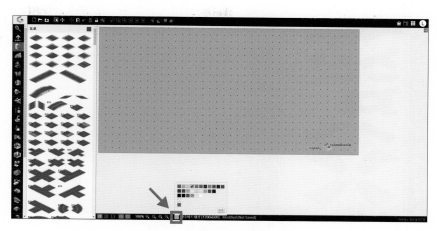

[그림8] 색상변경

6) 오브젝트 가져오기, 복사하기, 삭제하기

'선택 및 이동모드'를 선택한 후 마우스로 오브젝트를 끌어서 화면에 놓는다.

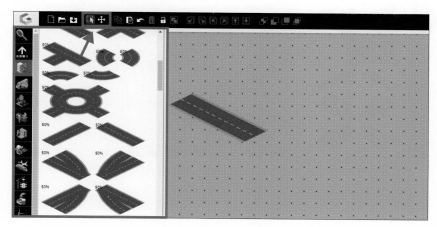

[그림9] 오브젝트 가져오기

오브젝트를 클릭 한 후 '복사와 붙여넣기' 아이콘을 차례로 클릭하면 오브젝트가 복사된다.

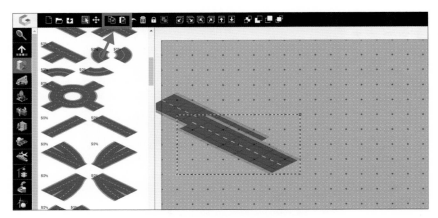

[그림10] 오브젝트 복사하기]

오브젝트를 클릭한 후 '삭제' 버튼을 클릭하면 오브젝트가 삭제된다.

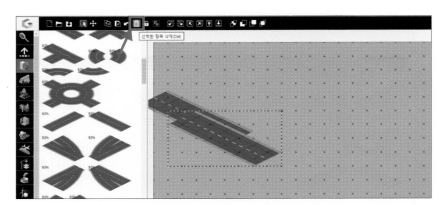

[그림11] 오브젝트 삭제하기

7) 방향대로 복제하기

오브젝트를 선택한 항목에 따라 방향대로 복제해준다.

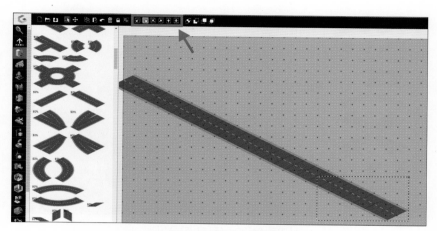

[그림12] 오브젝트 방향대로 복제하기

8) 속성 창 (좌우회전, 확대축소기능)

오브젝트를 클릭하면 오른쪽 화면에 '속성 창'이 나타난다. 속성 창에는 오브젝트의 좌·우회전 기능과 확대, 축소 그리고 오브젝트의 색상을 변경할 수 있다.

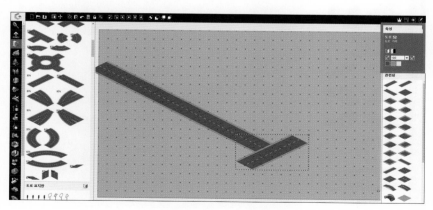

[그림13] 오브젝트 속성창

9) 선택항목 잠금, 그룹화 기능

오브젝트를 클릭하고 '잠금' 아이콘을 클릭하면 해당 오브젝트가 잠겨 움직이지 않는다.

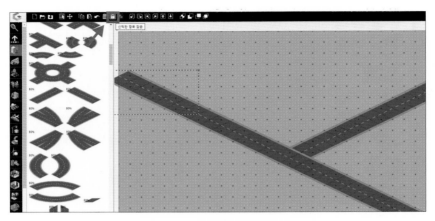

[그림14] 오브젝트 잠금기능

그룹 화할 오브젝트는 전체 선택 후 '그룹화' 아이콘을 클릭하면 해당 오브젝트를 하나의 그룹으로 만들어 준다.

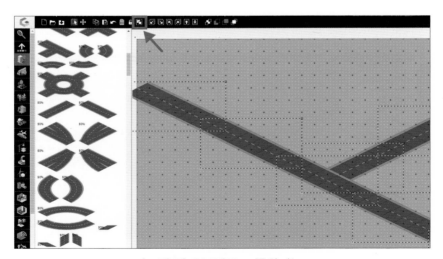

[그림15] 오브젝트 그룹화기능

10) 오브젝트 검색, 외부이미지 업로드

오브젝트에 '검색'을 클릭한 후 검색 명을 입력해 오브젝트를 검색한다.

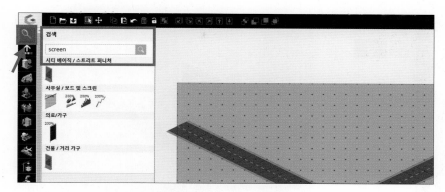

[그림16] 오브젝트 검색

오브젝트의 '업로드'를 클릭하고 외부 이미지를 업로드 해 삽입할 수 있다.

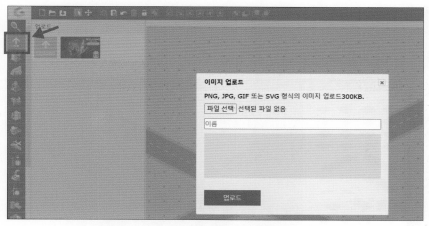

[그림17] 외부이미지 업로드

11) 업로드 이미지 편집하기

업로드 한 2D 이미지를 속성 창을 활용해 2.5D로 편집 할 수 있다.

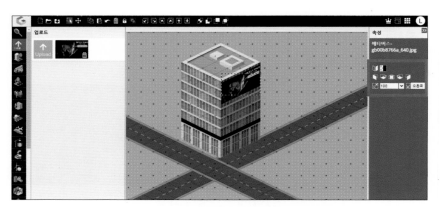

[그림18] 업로드 이미지 편집

12) 다운로드 및 내보내기

'내보내기' 아이콘을 클릭해 PNG/JPG 파일로 다운받을 수 있다. SVG는 유료 사용 시 다운로드 가능하다.

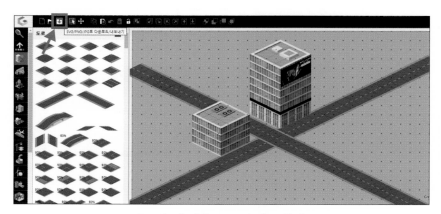

[그림19] 다운로드 및 내보내기

3 PPT 도형효과 활용하기

1) 글자활용 2.5D 편집

PPT에서 글자를 적은 후, 우 클릭해 '도형효과 → 3차원 회전'을 클릭한다.

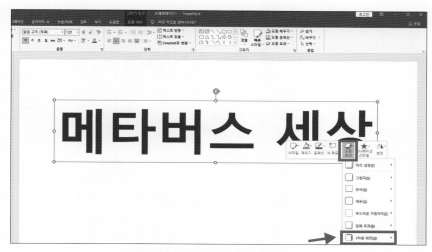

[그림20] 도형효과 활용하기

3차원 회전에서 '평형'을 활용해 글자를 2.5D로 편집한다.

[그림21] 3차원 회전 활용하기

문자 외에도 다양한 '도형'을 활용해 3차원 도형효과를 활용해 2.5D를 구현해 활용할 수 있다.

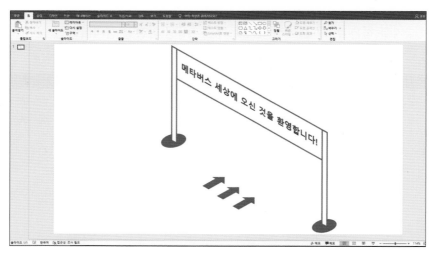

[그림22] 3차원효과 도형 활용하기

2) 도형활용 2.5D 편집

도형을 가져온 후 '도형서식 → 3차원회전 → 평행'에서 방향에 맞는 평행을 선택한다.

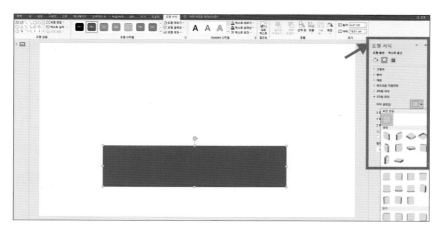

[그림23] 도형 3차원회전 활용하기

도형서식 → 3차원서식에서 '깊이의 값'을 조절해 높이를 설정해준다.

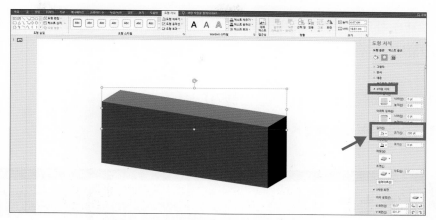

[그림24] 도형 3차원서식 활용하기

'3차원 회전'과 '3차원 서식'을 활용해 다양한 디자인의 2.5D를 구현해 활용할 수 있다.

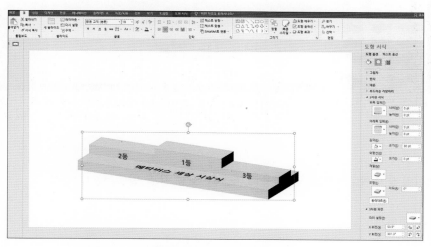

[그림25] 디자인 구현하기

4 게더타운 2.5D 맵 만들기

아이코그램을 활용해 마을을 디자인 한 후, 게더타운의 백그라운드 업로드를 통해 게더타운 맵을 제작해보도록 하겠다.

1) 아이코그램 배경 만들기 (마을 만들기)

하단에 디자인의 '이름과 배경색상'을 변경해준다.

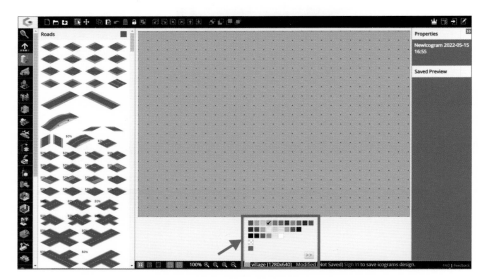

[그림26] 배경색상변경하기

시티베이직 오브젝트의 '도로'를 활용해 마을의 '도로 길'을 만들어준다.

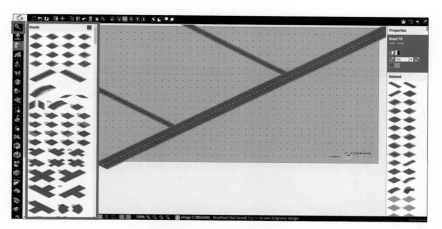

[그림27] 도로 디자인하기

시티베이직 오브젝트의 '자연'을 활용해 '해변'과 '바다'를 만들어준다.

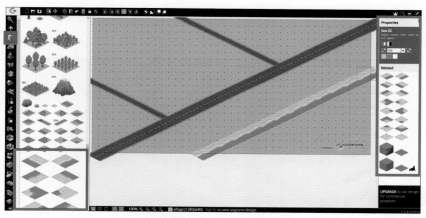

[그림28] 해변과 바다 디자인하기

반복적인 오브젝트는 '복제기능'을 활용해 디자인해준다.

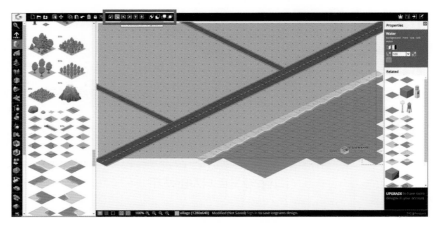

[그림29] 반복 복제기능 활용하기

물류 오브젝트에서 '항공기'와 '배' 등을 활용해 '바다'와 '해변'을 디자인해준다.

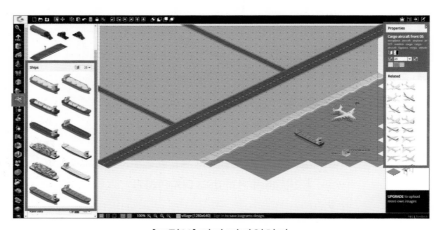

[그림30] 바다 디자인하기

농장 오브젝트에서 '도로'를 활용해 '마을의 도로'를 디자인해준다.

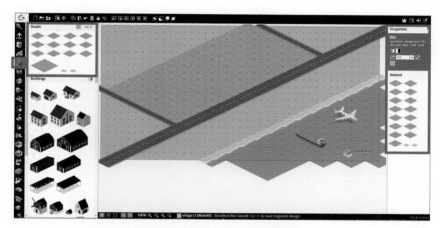

[그림31] 마을 도로 디자인하기

시티베이직 오브젝트에서 '건물'과 스포츠의 '경기장' 등의 공간을 만들어준다.

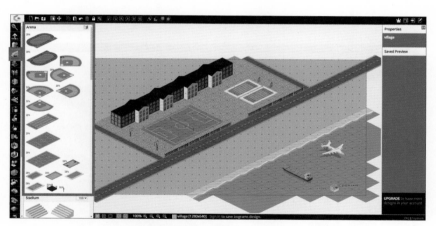

[그림32] 건물을 활용하여 마을 디자인

시티베이직 오브젝트에서 '자연'을 활용해 '자연배경'을 디자인해준다.

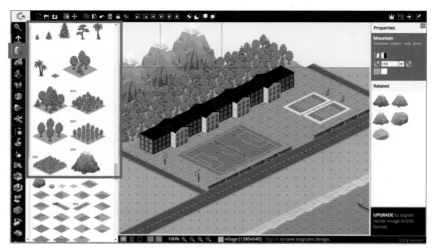

[그림33] 자연 디자인하기

시티베이직 오브젝트에서 '자연'을 활용해 주위 '자연배경'을 디자인해준다.

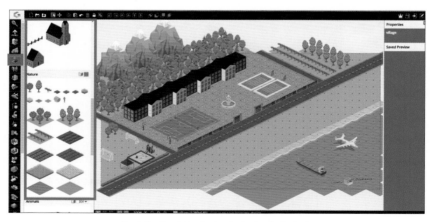

[그림34] 마을자연 디자인 완성하기

시티베이직 오브젝트에서 '건물'을 활용해 '마을'을 디자인해준다.

[그림35] 마을 디자인 완성하기

PPT의 '3차원 회전'을 활용해 '2.5D 문자'를 만들어준 후 '이미지(PNG)'로 저장한다.

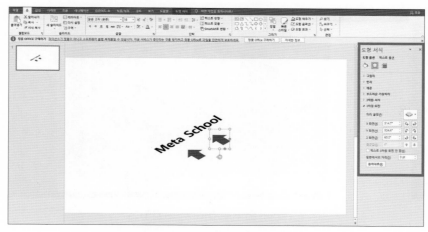

[그림36] PPT도형3차원효과 활용하기

2) 이미지 업로드 활용하기

아이코그램의 업로드를 클릭한 후 저장한 '이미지를 업로드' 해준다.

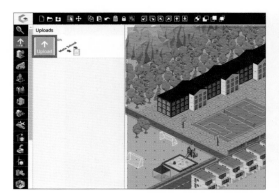 

[그림37] 도형이미지 업로드하기

업로드 한 이미지를 적당한 곳에 '배치'해 디자인해준다.

[그림38] 업로드 이미지 배치하기

3) 아이코그램 배경 이미지 다운로드하기

'내보내기' 아이콘을 클릭한 후 'PNG 파일'로 배경이미지를 다운로드 한다.

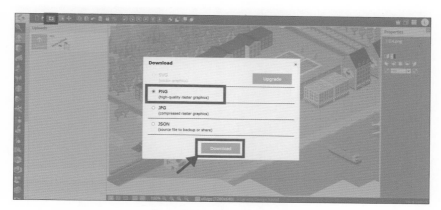

[그림39] 이미지 내보내기

4) 게더타운 2.5D 맵 제작하기

게더타운의 'Create space'를 클릭한 후 '템플릿' 선택 창을 클릭한다.

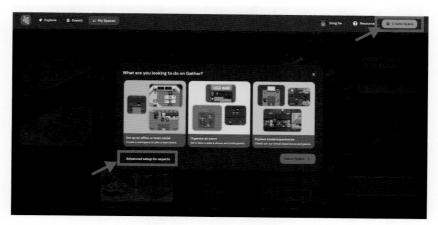

[그림40] 게더타운 배경 적용하기

'공백 템플릿'을 선택해 'Space name'을 작성해 준다. 공간의 '이름은 영문'으로만 가능하며 '사용용도'를 필수로 선택 한 후 맵을 생성해준다.

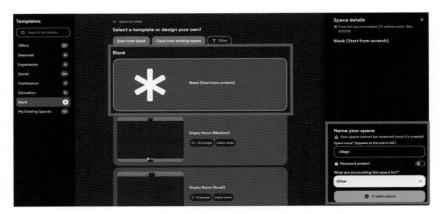

[그림41] 맵 만들기

메뉴 창을 클릭한 후 'Background& Foreground'를 선택 한 후 'Upload Background'를 클릭해준다.

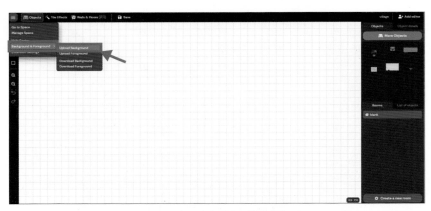

[그림42] 백그라운드 만들기

새로운 창이 뜨면 'Upload Background'를 클릭해 아이코그램 배경이미지 파일을 선택해 업로드 해준다.

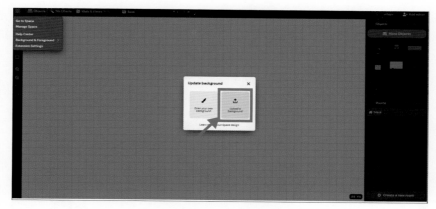

[그림43] 배경이미지 업로드하기

아이코그램의 배경이미지가 맵의 배경으로 업로드 되는 것을 확인할 수 있다.

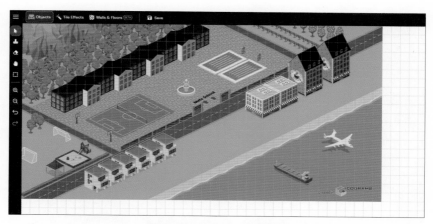

[그림44] 배경이미지 업로드완성

'타일 임팩트'를 활용해 맵 배경을 설정해준다. 타일 임팩트를 완성한 후 '저장' 버튼을 클릭해 준다.

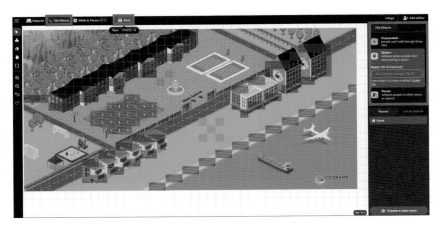

[그림45] 타일 임팩트 적용하기

저장된 맵이 잘 적용됐는지 나의 아바타를 활용해 테스트해본다.

[그림46] 게더타운 2.5D맵 구현완성

Epilogue

저자가 여러 가지 메타버스 플랫폼을 활용해 강의를 하다 보면 아직은 3D에 익숙하지 않아 3D 플랫폼을 어려워하는 분들을 많이 접했다. 그에 반해 게더타운은 누구나 처음부터 쉽게 배울 수 있는 2D 그래픽 플랫폼이다 보니 많은 분들이 쉽게 접근해 맵을 제작할 수 있었다. 저자와 함께 게더타운 맵 제작을 2.5D 그래픽으로 응용해 접한 후에는 더욱 흥미를 갖고 맵 제작에 도전하는 분들이 많았다.

저자의 '게더타운 2.5D맵 구현하기'로 인해 게더타운을 조금 더 입체적인 공간으로 느낄 수 있도록 차별화된 2.5D맵 구현에 많은 분들이 도전하여 활용하길 바란다.

ZEP 사용법 A에서 Z 까지

김윤희

Chapter
05

ZEP 사용법 A에서 Z 까지

〕 Prologue 〕

'ZEP(젭)'은 한국판 '게더타운(Gather.town)'으로 '바람의 나라 : 연'을 게임 개발한 '슈퍼캣'과 '제페토'의 운영사인 네이버 제트의 합작으로 만들어진 메타버스 플랫폼이다. 100일 동안의 베타 서비스를 마치고 2022년 3월 16일 정식 서비스로 출시됐다.

게더타운과 가장 유사한 2D공간 안에서 아바타가 이동하면서 상호작용 할 수 있는 메타버스 공간인데 여기에 NFT까지 장착을 해 메타버스 플랫폼으로 성장가능성이 높을 거라고 예상된다.

또한 네이버 '웨일 스페이스'와 연동해 학교에서도 선생님이 계정을 등록해주면 학생들도 젭을 통해 메타버스를 경험할 수 있게 돼 교육 분야 활용도가 커질 것으로 예상된다. 여러 단체와 기업에서 이미 ZEP을 활용해 대규모 행사를 진행하고 있다. 이렇게 행사에 인원수가 많을수록 비용은 게더타운은 25명만 무료이며 26명부터 유료로 2시간 2달러, 24시간 3달러, 한 달 7달러를 결제하며 동시접속 자는 최대 500명이다.

반면 젭은 500명 단위로 채널이 분리되며, 최대 100개의 채널까지 지원돼 5만 명까지 동시접속 할 수 있다. 대형 행사와 이벤트가 가능하며 현재까지 무료로 이용할 수 있다. 또한 한글로 더 쉽고 간편하게 나만의 공간을 제작 할 수 있고, 게다가 무료로 활용할 수 있는 젭을 더 다양하게 활용할 수 있기를 바라며 필자는 젭의 사용법을 A에서 Z까지 풀어 나가고자 한다.

❶ ZEP 계정 만들기

먼저 'ZEP'을 설치 해보자.

1) 검색하기

Google 검색 창에서 'ZEP'을 검색한다.

[그림1] CHROME에서 ZEP 검색하기

2) 홈페이지 선택

검색 후 'ZEP 홈페이지(https://zep.us)'를 클릭한다.

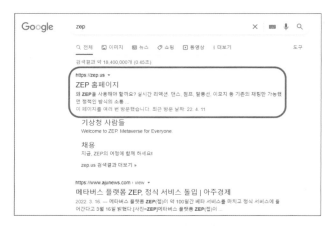

[그림2] Google에서 젭 홈페이지 찾기

3) 로그인

ZEP 화면 우측 상단에서 '로그인'을 클릭한다.

[그림3] ZEP 첫 화면 로그인 화면

(1) 구글로 로그인하기

'Google 계정'으로 로그인한 경우, 자동으로 로그인 된다. 다른 방법으로 로그인하는 것보다 간단하고 편리해 이것을 추천한다.

[그림4] 구글로 로그인

(2) 웨일스페이스로 로그인하기

'웨일스페이스'란 통합계정으로 수업도구, 공동작업, 학생 관리 등의 교육 서비스를 연결하는 교육 플랫폼이다(https://whalespace.io/features).

[그림5] Whalespace로 로그인하기

(4) 이메일로 로그인하기

'이메일'로 로그인 하면 이메일로 받은 '6자리 코드'를 입력한 후 로그인을 완료한다.

[그림6] 이메일로 로그인했을 시 6자리 코드 발송 입력하기

❷ 스페이스 공간 활용법

ZEP에 로그인을 했다면 스페이스 공간 안에서 알아두면 유용한 사용법을 이해해야 한다.

1) 키보드 방향키 사용법

(1) PC 활용 시

내 스페이스 메뉴에서 아바타가 이동하려면 먼저 조작키 사용법과 단축키를 알면 유용하다.

① W, A, S, D(위-왼쪽-아래-오른쪽)키를 이용해 이동
② 키보드에 있는 화살표 키를 이용해 이동
③ 마우스- 이동하고 싶은 곳에 마우스의 왼쪽 버튼을 더블클릭하면 바로 그 자리로 이동

[그림7] 키보드 방향키 이미지

[그림8] 마우스 왼쪽 클릭
이미지(출처 : 아이콘몬스터)

(2) 모바일폰 접속 시

① 조그셔틀로 위·아래 움직이며 이동한다.
② 점프 기능이다.

[그림9] 모바일 폰 접속 시 화면

2) 알아두면 좋은 유용한 단축키

① 단축키 : 0~5번에 해당하는 이모티콘이 내 캐릭터 머리 위로 나타남(0번=댄스)

② F키 : 오브젝트로 상호작용할 수 있는 키

③ Z키 : 주먹 모양의 이모티콘을 날릴 수 있는 기능

④ Space bar : 점프기능

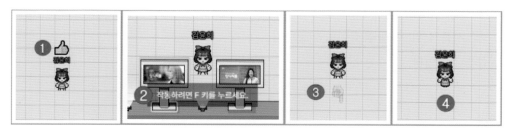

[그림10] 알아두면 유용한 키 이미지

3) 상대방 아바타와 소통하는 법

(1) 상대방 아바타 캐릭터 클릭

상대방과 소통하기 위해서 상대방 아바타 캐릭터를 바로 클릭하면 둘 사이의 소통이 가능하다.

(2) 상단의 참가자 클릭

오른쪽에 참가자 중에 이름을 왼쪽마우스로 클릭한다.

① 알림 주기
② 메시지 보내기
③ 옷 따라 입기(상대방 아바타 옷이 마음에 든다면 같은 옷으로 따라 입어보자.)
④ 따라가기(상대방이 있는 위치로 이동한다.)

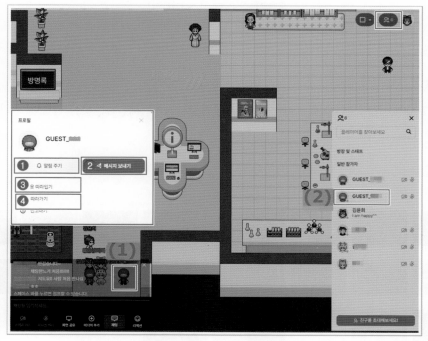

[그림11] 상대방 아바타와 소통하는 법

❸ 스페이스 만들기

이제 나만의 스페이스 만들기 시작해 볼까? 먼저 ZEP에 로그인 한 후, '+ 스페이스 만들기'를 클릭한다.

[그림12] 스페이스 만들기

1) 템플릿 고르기

10인~200인 사무실, O/X퀴즈, 해변, 파티/공연장까지 다양한 템플릿을 활용해 꾸미기 할 수 있다.

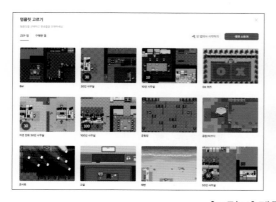

[그림13] 템플릿 고르기

2) 직접 만들기

템플릿 중 '빈 공간'을 선택해 나만의 스페이스를 꾸며보자.

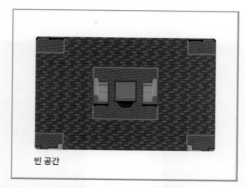

[그림14] 빈 공간화면

내 마음에 드는 템플릿(필자는 빈 공간 선택)을 골랐다면 이제 '스페이스 이름, 비밀번호, 오디오/비디오, 닉네임'을 설정한다.

(1) 스페이스 설정

스페이스 이름 입력 후 '비밀번호'를 설정(공개 또는 비공개) 할 수 있다. 변경은 화면 하단의 '더보기'에서 스페이스 설정을 눌러 언제든지 비밀번호 설정을 변경할 수 있다.

[그림15] 스페이스 설정하기

(2) 오디오/ 비디오 설정

왼쪽 상단에 '카메라/마이크 허용' or '차단'을 선택해 설정한다. 중앙 화면에 '오디오/비디오' 설정도 공개 or 비공개로 설정 가능하다.

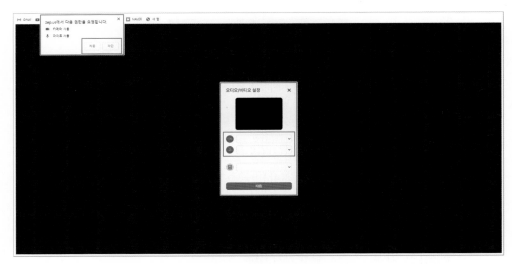

[그림16] 오디오/비디오 설정하기

(3) 닉네임 설정하기

'닉네임'으로 사용할 이름을 입력한 후 시작하기를 클릭한다.

[그림17] 닉네임 설정하기

3) 스페이스 메뉴 소개

자~그럼 이제 내 스페이스의 메뉴로 들어가 보자.

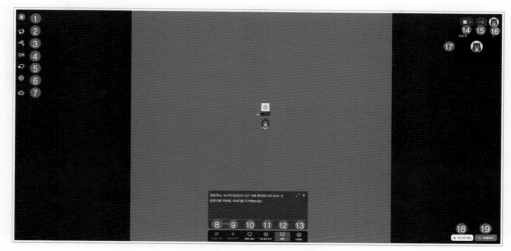

[그림18] 내 스페이스 메뉴

① 스페이스 나가기

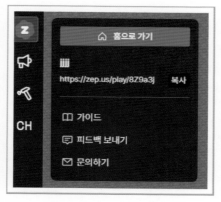

[그림19] 스페이스 나가기

② 공지 : 공지사항 직접 작성이 가능하다.

③ 맵 에디터

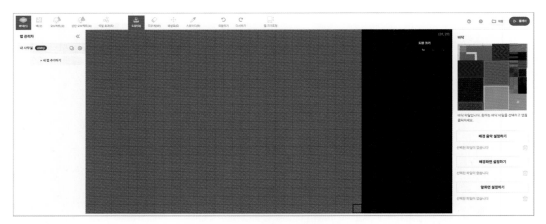

[그림20] 맵 에디터로 이동한 화면

④ 채널 리스트

⑤ 후원랭킹 : 상대방 아바타 클릭 또는 왼쪽 사이드바 [후원 랭킹]에서 현재 참가자에게 ZEM을 후원할 수 있다. ZEM이 아닌 암호 화폐로도 후원이 가능하다.

⑥ 스페이스 설정

[그림21] 스페이스 설정

⑦ 미니 게임

[그림22] 미니게임

⑧ 카메라 켜기/끄기 : 카메라, 마이크 허용(카메라와 마이크가 작동하지 않는 경우, Chrome 화면 상단의 자물쇠 버튼을 눌러 설정을 켜줘야 한다.)

⑨ 마이크 켜기/끄기

⑩ 화면 공유 : 화면/오디오 공유하기

⑪ 미디어 추가 : 유튜브, 이미지, 파일, 화이트보드, 포털, 미니게임, 스크린샷 공유

[그림23] 미디어 추가하기

• 유튜브

YouTube 링크를 붙여넣기 하면 유튜브 동영상이 연결되며, 키워드를 입력하면 관련 동영상 검색 결과를 검색할 수 있다. 시청이 끝나면 블록 위로 점프해 영상 링크를 제거할 수 있다.

• 이미지

하드 드라이브나 모바일 기기의 사진첩에서 이미지를 선택해 삽입하면 아바타가 있는 위치에 이미지 블록이 나타난다. 이미지 작업이 끝나면 블록 위로 점프해 이미지를 제거할 수 있다.

• 화이트보드

도형과 텍스트, 이미지를 삽입하고 그림도 직접 그릴 수 있는 빈 메모장이 나타난다. 화이트보드 기능을 이용해 다른 사람에게 아이디어를 공유하고 설명할 수 있다.

• 포털

스페이스와 다른 스페이스 간에 빠르게 이동할 수 있다. 포털을 클릭하면 스페이스 목록을 보여주는 팝업 메뉴가 표시된다. 스페이스를 선택하면 아바타가 위치한 곳에 포털이 나타난다. 아바타 이동 후 포털로 돌아오면 다시 이동할 수 있으며 맵으로 가기 버튼이 표시된다. 다른 참가자들도 포털을 이용해 순간이동 할 수 있다. 일정 시간이 지나면 포털은 사용유무와 관계없이 자동으로 사라진다.

• 미니게임

미니게임을 통해 제공되는 게임 중 하나를 선택해 참가자들과 다양한 게임을 할 수 있다. 클릭하면 게임 목록이 나타난다.

- 라이어 게임 : 술래 한 명은 정답을 모른다. 협업해 술래를 찾는다.
- 초성 퀴즈 : 주어진 자음으로 정답을 맞춘다.
- 똥 피하기 : 하늘에서 내리는 똥을 피해서 마지막 생존자가 돼보자.
- 좀비 게임 : 좀비로부터 도망치기. 잡히면 좀비 바이러스에 감염된다. 최후의 1인이 승리자가 된다.

(출처 : ZEP Guidebook 중 유용한 기능들)

⑫ 채팅

⑬ 리액션 : 단축키 0번~5번과 Z키 작동 시 [그림24]의 이미지 같은 화면이 보인다.

[그림24] 리액션 이미지

⑭ 레이아웃 : 화면을 위로 정렬, 우측 정렬, 그리드 보기, Hide 4가지 기능으로 볼 수 있다 (Hide=감추는 기능).

[그림25] 레이아웃

⑮ 참가자 : 현재 맵 안에 들어와 있는 플레이어들의 명단을 볼 수 있다.

⑯ 내 프로필 : 내가 원하는 아바타로 헤어/의류/피부/얼굴/NFT 설정 및 저장한다.

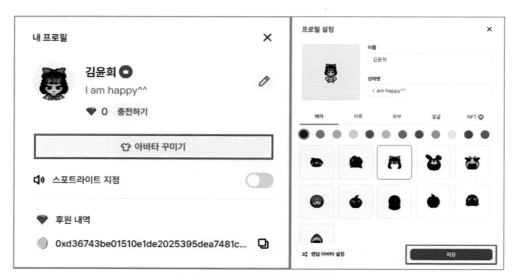

[그림26] 내 프로필 설정하기

⑰ 카메라

⑱ 호스트메뉴

가) 사용자 설정 – 오디오/비디오, 스페이스 배경음악 볼륨 조절 설정

나) 호스트 사용 – 맵 설정(비디오/오디오 기능 금지, 채팅 금지, 화면 공유 금지, 스태프 입장 시 스포트라이트 기능 설정, 유저의 임베드 기능 금지, 찌르기 알림 금지, 배경 음악 비활성화 설정)

다) 스페이스 보안 – 스페이스 비밀번호 설정

라) 유저 권한 관리 – 유저 초대 및 권한별 안내

마) 스페이스 세부 설정 – 스페이스 이름, 썸네일 설정 등의 세부 항목 설정

바) 후원 설정 – 스페이스 내부의 유저 후원 기능을 활성/비활성화 설정, 호스트 ZEM 수수료 설정(수수료는 0%가 기본이며, 최대 10%까지 설정할 수 있으며, 발생한 수수료는 내 후원내역에서 확인 가능)

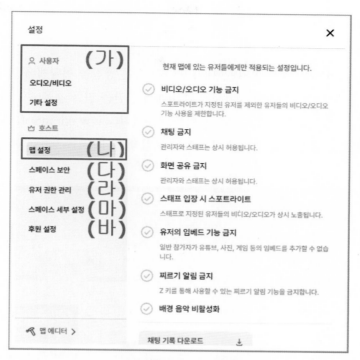

[그림27] 호스트 메뉴 화면

⑲ 초대하기 : 초대 링크 복사하기를 클릭해 친구를 자신의 스페이스에 초대 할 수 있으며 비밀번호 변경이 가능하다.

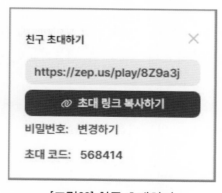

[그림28] 친구 초대하기

4) 공간 스케치하기

자~이제 메뉴를 익혔으니 내 스페이스 공간을 만들어보자.

머릿속에서 디자인 하는 것도 좋지만, 내가 만들고 싶은 공간을 어떻게 꾸밀 것인지 A4용지에 공간스케치를 하든 전문가라면 설계도를 준비해서 공간을 만들 것을 추천한다. 필자는 '이드로우맥스' 프로그램으로 간단한 평면도를 만들어 보았다(www.edrawsoft.com에서 드래그 한번으로 평면도를 손쉽게 만들 수 있으니 활용해 보길 바란다).

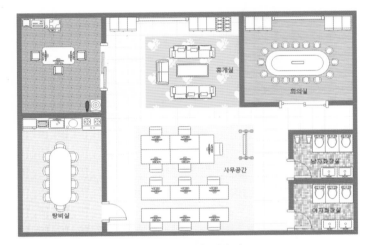

[그림29] 공간스케치

5) 맵 크기 조정하기

공간스케치가 끝났다면 이제는 스페이스 왼쪽 '망치모양(맵 에디터)' 또는 오른쪽 하단에 '관리자 메뉴'에서 '맵 에디터'를 클릭하고 내 스페이스를 만들어보자.

필자는 제일 기본인 '너비 32 × 높이 32'로 내 스페이스를 만들어 보고자 한다. 최대 타일 개수는 넓이와 높이 각각 512개가 넘지 않는 것을 권장한다.

다음은 간단한 맵 에디터 기본 조작법을 소개한다.

① 바닥(1) : 1번을 누르면 오른쪽에 원하는 바닥 타일을 선택할 수 있다.

② 벽(2) : 2번을 누르면 오른쪽에 원하는 벽타일을 선택할 수 있다.

③ 오브젝트(3) : 3번을 누르면 용도에 맞는 가구들과 소품 아이템들을 선택할 수 있다.

④ 상단 오브젝트(4) : 4번을 누르고 보유중인 아이템이 없는 경우, ZEP 에셋스토어에서 무료 아이템을 포함한 다양한 맵과 아이템을 다운 받아 더 풍성한 오브젝트들을 선택 할 수 있다.

⑤ 타일효과(5) : 통과 불가, 스폰, 포털, 지정 영역, 프라이빗 공간, 스포트라이트, 유튜브, 웹 링크, 배경음악을 설정할 수 있다.

⑥ 도장(Q) : 바닥, 벽, 오브젝트, 타일효과를 설치할 때는 꼭 도장(Q)을 누르고 진행한다.

⑦ 지우개(W) : 바닥, 벽, 오브젝트, 타일효과를 제거할 수 있다.

⑧ 화살표(E) : 마우스 왼쪽 키로 상하좌우로 이동할 수 있다.

⑨ 스포이드(R) : 오브젝트 설정에서 걸어놓은 유형과 똑같은 오브젝트가 복사되는 기능이다.

⑩ 되돌리기 : 직전에 한 행동을 되돌릴 수 있다. 또는 Ctrl+z 키를 통해 실행할 수 있다.

⑪ 다시하기 : 되돌리기 했던 행동을 다시 실행한다.

⑫ 맵 크기조정 : 맵의 너비와 높이를 입력하는 팝업창이 나타난다.

[그림30] 맵 크기 수정하기

6) 벽 만들기

우측에서 원하는 '벽타일'을 선택해 꾸며보자.

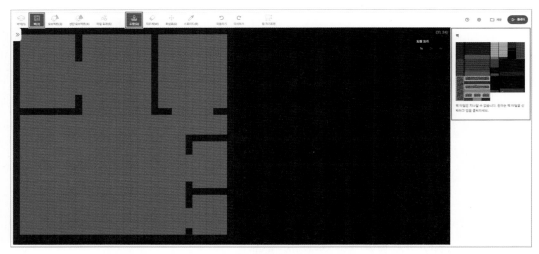

[그림31] 벽 만들기

7) 바닥 만들기

바닥 1개의 사이즈는 '32px*32px'이다.

(1) 배경음악 설정하기

내 컴퓨터에서 '음원 파일'을 선택해 배경음악으로 설정한다.

(2) 배경화면 설정하기

맵을 업로드 할 수 있다. 업로드 파일 형식은 JPG 형식이며, 최대 업로드 용량으로 10MB를 넘지 않도록 한다.

(3) 앞 화면 설정하기

'앞 화면을 설정'해 입체감을 줄 수 있다.

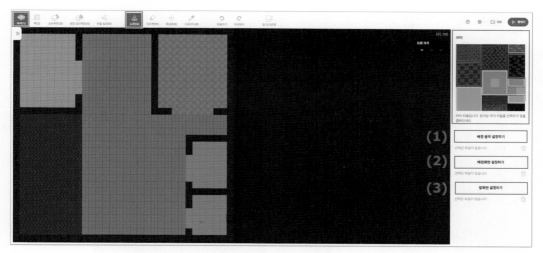

[그림32] 바닥 만들기

8) 오브젝트 배치하기

(1) 오브젝트 사용법

상단에 오브젝트(3), 상단 오브젝트(4)를 클릭해 원하는 오브젝트를 내가 원하는 스페이스에 배치한다.

① 에셋 스토어 : 에셋 스토어 접속하기이다.

② 텍스트 오브젝트 : 텍스트를 오브젝트로 입력할 수 있다.

③ 나의 오브젝트 : 자신이 만든 오브젝트를 업로드 할 수 있다. 오브젝트 역시 실제 이미지의 크기가 아닌 타일의 정배수(32px*32px)로 사이즈 맞추길 권장한다. 사이즈의 정배수가 아닌 경우 오브젝트 업로드를 제한할 수 있다(제한하는 경우 예시 : 32px*34px, 65px*65px. 파일 형식은 'PNG'로 업로드 해야 한다).

④ 내가 갖고 있는 오브젝트들이 표시된다.

⑤ 크기조절 : 오브젝트의 크기를 퍼센테이지(%)로 조절할 수 있다.

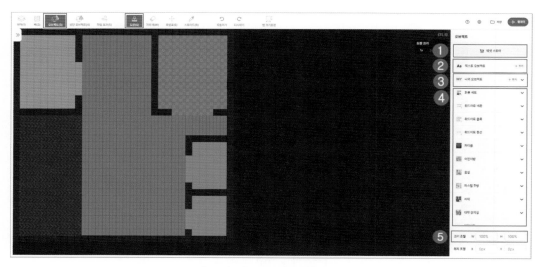

[그림33] 오브젝트 이미지

(2) 오브젝트 설정하기

오브젝트 → 도장(Q) → 원하는 오브젝트를 맵에 설치하면 오브젝트 설정 창이 뜬다.

① 오브젝트 이름 표시 : 오브젝트 상단에 이름이 노출된다.

② 말풍선 표시 : 텍스트 입력 시 말풍선 형태로 표시된다.

③ 새 탭으로 웹 사이트 열기 : URL 입력 후 지정한 앱 사이트를 새로운 탭으로 연다.

④ 팝업으로 웹 사이트 열기 : 오브젝트와 상호작용 시 웹 사이트를 맵에서 보여줄 수 있다.
   단, 유튜브 영상은 반드시 퍼가기 형태의 링크를 삽입해야 한다.

⑤ 텍스트 팝업 : 입력한 텍스트가 팝업으로 뜬다.

⑥ 이미지 팝업 : 이미지 파일을 선택 후 오브젝트와 상호작용 시 삽입한 이미지가 팝업으로
   뜬다.

⑦ 비밀번호 입력 팝업 : 비밀번호를 입력해 동작을 실행 할 수 있다.

⑧ API 호출(POST) : API CALL 시에 해당 URL로 다음과 같이 POST 요청을 보낸다.

 • Request param(Form data)

 • name : 유저의 이름

 • Response param (JSON)

 • text : text 파라메터가 내려올 경우, 채팅창에 텍스트 표시

• centerLabel : centerLabel 파라메터가 내려올 경우, 가운데 센터 라벨 표시

⑨ NFT door(ERC-721) : NFT 소유자만을 위한 프라이빗 한 공간으로 NFT를 일정수량 보유한 참가자만 입장할 수 있다.

* ERC-721(Ethereum Request for Comment 721) : 이더리움 블록체인에서 대체할 수 없거나 고유한 토큰을 발행하는 표준을 의미한다.

* NFT(Non Fungible Token : 대체 불가능한 토큰의 표준안이며, ERC-721 토큰은 하나하나의 토큰이 다른 것과 구별되는 이 세상에 단 하나뿐인 유일무이한 토큰이다.

⑩ FT door (ERC20) : FT 소유자만을 위한 프라이빗 한 공간으로 코인/토큰의 보유량에 따라 공간을 설정 할 수 있다. 마찬가지로 FT를 일정 수량 보유한 참가자만 입장할 수 있다.

* ERC-20(Ethereum Request for Comment 20) : 이더리움 블록체인에서 가장 대표적인 토큰 발행기준이다.

* ERC-20 토큰 : 발행된 개수에 제한이 없고 구별되는 기준이 같아서 대체 가능한 토큰 (FT-Fungible Token)이다.

⑪ ZEM Door: ZEM을 소모해야 통과 가능한 문을 설치한다. 유저들이 지불한 ZEM은 스페이스를 최초 생성한 계정에 귀속되며 나의 후원 내역에서 정산이 가능하다. Door ID를 설정해둔 ZEM Door에 ZEM을 지불하면, 같은 ID의 ZEM Door은 추가 ZEM 소모 없이 통과가 가능하다. 단, 호스트(관리자와 스태프) 권한 이상의 유저들은 ZEM 소모 없이 통과가 가능하다.

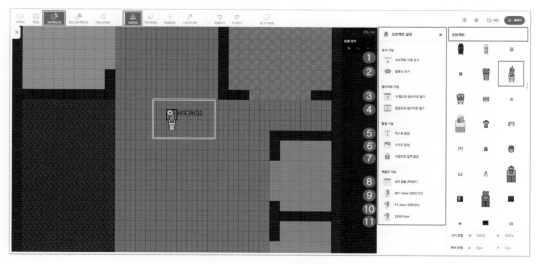

[그림34] 오브젝트 설정 유형화면

(3) 에셋 스토어 접속하기

처음 로그인 했을 시에는 오브젝트가 부족하므로, '에셋스토어'에 접속해 다양한 오브젝트와 맵을 살펴본다.

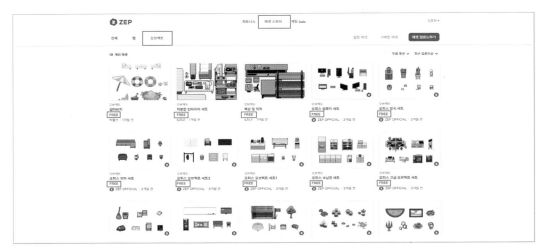

[그림35] 에셋스토어 화면

(4) 오브젝트 구매하기

오브젝트 중 마음에 드는 것을 모두 골라 구매 완료한다.

[그림36] 에셋스토어 구매하기

(5) 오브젝트로 꾸며보기

필자는 빈 공간에 내 사무실을 만들어 보기 위해 오브젝트 중 '오피스 고급 오브젝트 세트'와 '오피스 의자세트', '오피스 오브젝트 세트1'로 만들어 보았다.

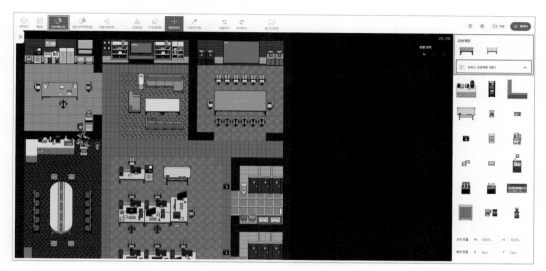

[그림37] 오브젝트로 내 사무실 만들기

4 타일 효과로 다양한 효과 목록 추가하기

타일 효과로 다양한 효과를 설정하는 방법을 알아보자.

1) 통과불가

'통과불가' 즉 아바타가 지나갈 수 없는 타일을 설정한다. 설정하는 순서는 타일효과 → 도장 → 통과불가 → 통과할 수 없는 공간을 선택해 설정한다.

2) 스 폰

스폰은 '아바타가 처음 생성되는 포인트'를 지정한다. 참가자들이 많을 경우 스폰이 1개면 들어오는 입구에 사람들이 겹쳐져 쏠림현상이 생기므로 스폰 타일을 여러 곳으로 나눠 3개 이상 지정해 주고 랜덤한 스폰 지점 만들기를 추천한다.

3) 포 털

스페이스 내에 텔레포트를 만든다.(스페이스 내 다른 맵으로 이동, 맵 내 지정 영역으로 이동, 외부 스페이스로 이동)

① 이동할 맵 : 내가 만든 스페이스 내 연결할 다른 맵을 선택한다.

② 지정영역 (선택사항) : '위치 이름'이 정해져 있는 타일로 아바타를 이동시킬 수 있다. 단 반드시 '맵 로케이션' 타일 효과와 해당 타일의 '위치 이름'이 사전에 지정돼 있어야 한다.

③ 표시 이름 : 플레이 화면에서 표시되는 포털의 이름이다.

④ 이동 방법 : F키를 눌러 이동, F키 없이 바로 이동하게 만들 수 있다.

⑤ 포털 오브젝트 숨기기 : 플레이 화면에서 포털을 숨긴 채 효과만 유지해 비밀공간을 만들 거나 오브젝트의 비밀번호 기능과 함께 사용해 패스워드 도어를 만들 수 있다.

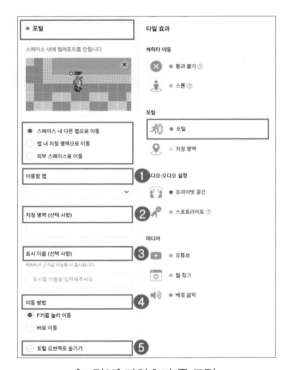

[그림38] 타일효과 중 포털

4) 지정영역

Zep 스크립트로 동작하는 특수한 영역을 지정할 수 있다.

5) 프라이빗 공간

'프라이빗 공간'은 비공개로 토론이 가능한 영역을 지정한다. 해당 효과를 통해서 회의실 또는 카페의 좌석 공간 등을 구현할 수 있다. 같은 ID 번호끼리 음성 및 비디오가 공유된다.

6) 스포트라이트

'스포트라이트' 지역을 지정한다. 스포트라이트 지역에 아바타가 올라갈 경우, 맵 전체 지역에 자신의 영상/화상/채팅이 공개된다. 단, 스포트라이트 지역을 너무 많은 사람들이 지정해 사용할 경우, 스페이스에 지체 현상이 걸릴 수 있으므로 30개 이하로 설정한다.

7) 유튜브

연결할 유튜브 URL/너비/높이 입력 후에 재생 방법을 선택 한 후 맵에 배치한다.

8) 웹 링크

타일에 웹 사이트가 열리는 포털을 설치한다.

9) 배경음악

내 PC에서 음향파일을 선택해 타일에 '배경음악'을 삽입한다.

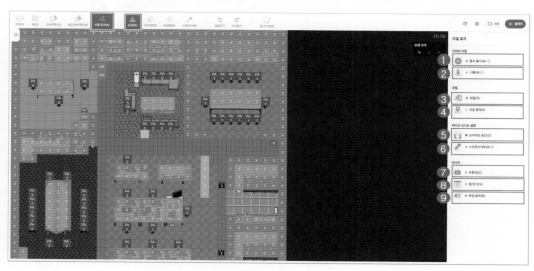

[그림39] 타일효과

⑤ 포털 연결하기

1) 새 맵 추가하기

'포털'이란 스페이스와 스페이스 간의 순간이동을 말한다. 우리는 지금 처음 만들어 봤기에 스페이스 공간이 하나밖에 없어 포털 연결이 되지 않는다. 포털 기능을 활용하기 위해서는 상단의 왼쪽에 맵 에디터를 클릭해 맵 관리자의 새 맵 추가하기를 클릭해 새 맵을 만들어줘야 한다.

새 맵 추가하기 순서는 맵 상단의 맵 에디터→ 맵 관리자 → 새 맵 추가하기 → 템플릿 고르기 (필자는 운동장을 선택했다.)

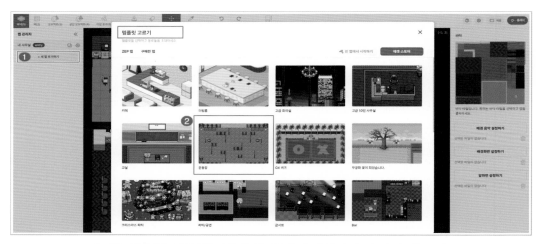

[그림40] 포털 연결하는 방법 중 새 맵 추가하기 순서 이미지(1~2)

맵 만들기 팝업창이 뜨면 '이름'을 적고 '만들기'를 누른다.

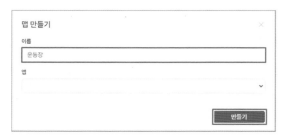

[그림41] 새 맵 이름 정하기

2) 포털 연결하기

(1) 포털 연결하기 순서

새 맵을 만들었다면 이제 순서대로 포털을 연결한다.

① 타일효과 ② 포털 ③ 스페이스 내 다른 맵으로 이동/앱 내 지정 영역으로 이동/외부 스페이스로 이동 중 택일 ④ 이동할 맵 선택 ⑤ 화면에서 보일 표시 이름 작성 ⑥ 이동 방법(F키 눌러 이동할지 방법 유무/포털 오브젝트 숨기기 택일) ⑦ 원하는 곳에 포털 설치하면 'P'자로 표시됨 ⑧ 저장 ⑨ 플레이

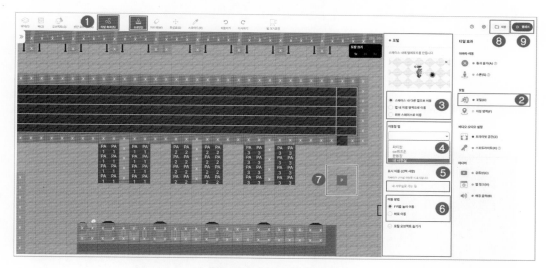

[그림42] 포털 연결하기 순서

플레이 후에 완성된 맵에서 보이는 포털의 이미지는 [그림43]과 같다.

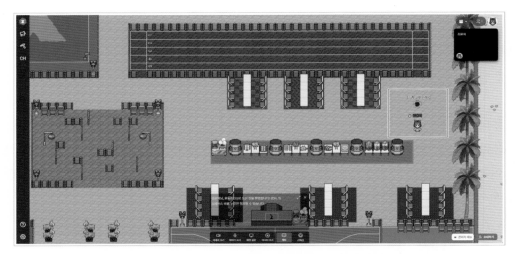

[그림43] 플레이 후 완성된 맵에서 포털 이미지

[그림43]에서 포털의 이동방법을 클릭하면 지정해 놓은 장소로 아바타가 이동한다.

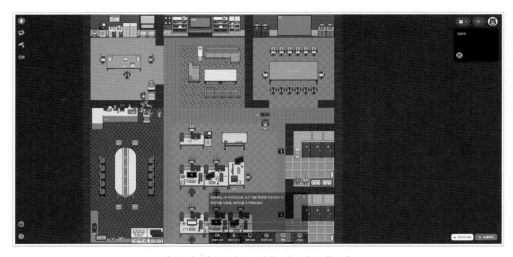

[그림44] 포털로 이동 후 새로운 맵

(2) 스페이스 내 다른 맵으로 포털 재설치 하기

이제는 내 사무실에서 다시 운동장으로 포털을 재 설치해서 이동해보자. 앞에서 배웠듯이 다시 순서대로 포털을 연결한다.

① 타일효과 ② 포털 ③ 스페이스 내 다른 맵으로 이동/ 앱 내 지정 영역으로 이동/ 외부 스페이스로 이동 중 택일 ④ 이동할 맵 선택(필자는 운동장으로 선택) ⑤ 화면에서 볼 수 있는 이름 작성 ⑥ 이동 방법(F키 눌러 이동할지 방법 유무/ 포털 오브젝트 숨기기 택일) ⑦ 원하는 곳에 포털 설치하면 'P' 자로 표시 됨 ⑧ 저장 ⑨ 플레이

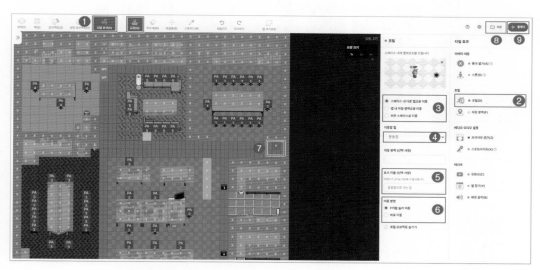

[그림45] 스페이스 내 다른 맵으로 포털 재설치하기 순서

⑥ 나만의 공간 활용하기

1) 배경 화면 설정하기

(1) 빈 공간 활용하기

ZEP에 있는 템플릿이 아닌 나만의 특별한 공간을 만들고 싶을 때 '빈 공간'을 활용해 보자.

스페이스 → 오른쪽 하단의 호스트 메뉴 중 맵 에디터 → 왼쪽 상단의 맵 관리자 → 새 맵 추가하기 → 빈 공간 → 맵 만들기(맵 이름 설정) → 맵 크기 조정 → 맵 초기화하기 후 저장 → 검은색으로 모두 제거 됨 → 오른쪽 하단에 배경화면 설정하기이다.

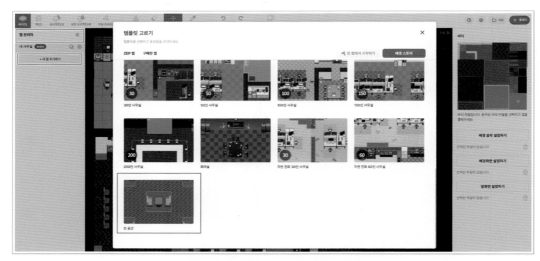

[그림46] 새 맵 추가하기 → 빈 공간 활용

(2) 맵 만들기

원하는 '맵 이름'을 정한다.

[그림47] 맵 이름 만들기

(3) 맵 크기 조정

기존의 내 사무실은 맵 크기 제일 기본인 '너비 32 × 높이 32'로 했지만, 이번에는 '너비 400 ×높이 400'으로 만들어 보려고 한다. 필자는 400으로 했지만, 최대 타일 개수는 너비와 높이 각 각 512개가 넘지 않는 선에서 자유롭게 조정하길 바란다. 마지막으로 맵 초기화하기를 클릭하 고 저장한다.

[그림48] 맵 크기 수정하기

(4) 배경화면 설정하기

맵 초기화하기를 클릭하고 저장하면 화면이 [그림49]와 같이 검게 변해 있다. 하지만 당황하지 말자. 오른쪽 '배경화면 설정하기'를 클릭해 새롭게 나만의 배경화면을 만들어 보고자 한다.

[그림49] 맵 초기화로 화면이 검게 나온 화면

(5) 내 PC에서 이미지 다운 받기

배경화면 설정하기를 클릭하면 내 PC 팝업창이 뜬다. 내 PC 화면에서 다운로드 받아 놓은 공간 이미지나 사진을 검색해 보라. 필자는 예당호에 가서 직접 찍은 사진을 선택해 열기 버튼을 클릭했다.

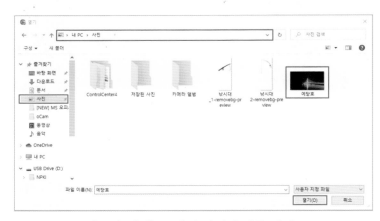

[그림50] 내 PC에서 이미지 다운 받기

맵 초기화로 검게 변했던 화면이 내가 선택한 멋진 사진으로 나만의 멋진 '배경화면'으로 재탄생됐다.

[그림51] 내가 찍은 나만의 사진으로 스페이스가 바뀐 화면

(6) 오브젝트 꾸미기

이 곳에 필자는 캠핑과 낚시도 하고 싶어 오브젝트 중 RID캠핑 용품 세트로 꾸며 보았다.

[그림52] 오브젝트로 캠핑장과 낚시터로 꾸미기

(7) 타일효과 주기

앞에서도 배웠듯이 타일효과 중에 통과불가, 스폰, 포털은 기본적으로 설정해야 한다. 그 외 지정영역, 프라이빗 공간, 스포트라이트, 유튜브, 웹 링크, 배경음악은 원하는 곳에 타일을 찍고, 플레이를 클릭해 부족한 부분은 없는지 계속 체크해 보며 맵을 만들어 보자.

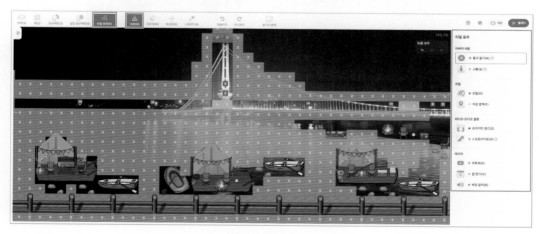

[그림53] 타일효과 주기

[그림54] 완성된 예당호 스페이스

2) 나만의 오브젝트 만드는 법

필자는 이 곳에서 낚시와 캠핑도 하고 싶은 마음에 해당되는 오브젝트를 찾아봤지만 아직 많은 오브젝트가 있지 않아서 보트와 낚시대를 만들어 넣어 보았다.

[그림55] 나만의 오브젝트로 꾸미기

(1) 픽사베이

① 검색하기 : 구글에서 픽사베이 또는 https://pixabay.com(영어 버전), https://pixabay.com/ko/(한국어 버전)로 검색한다.

② 검색어 입력하기 : 필자는 검색어를 '보트'로 입력하고 일러스트로 이미지를 다운로드 받는다.

[그림56] 픽사베이에서 검색어 입력하기

③ 이미지 무료 다운로드 : 이미지나 일러스트 중 무료 이미지나 유료 이미지가 있으나 무료 다운로드 이미지에 상업적 용도로 사용 가능하고 출처는 안 밝혀도 된다고 써 있는 문구를 보고 선택한다.

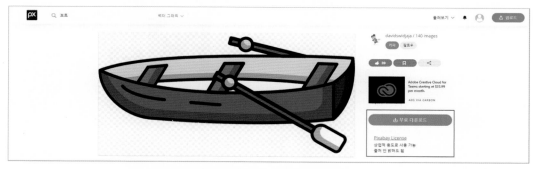

[그림57] 보트 이미지 무료 다운로드하기

④ 다운로드 시 사이즈 규격 이미지 : 다운로드 시 1280*640 PNG 238KB를 다운로드 받기
를 추천한다. 또한 아래 하단에 무료로 제공해주는 디자이너에게 고마운 마음을 전하는 코
멘트 한 줄을 남겨주는 것도 추천 드린다.

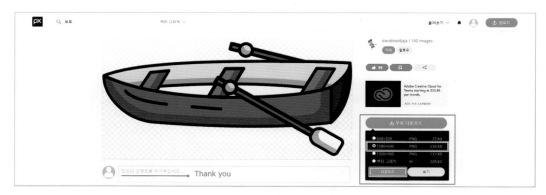

[그림58] 다운로드 시 사이즈 규격 이미지

(2) 미리캔버스

- **검색하기 :** 구글에서 미리캔버스 또는 https://www.miricanvas.com 로 검색한다.
- **바로 시작하기 :** 가입하기 → 로그인 → 바로 시작하기 순서로 진행한다.

[그림59] 미리 캔버스 바로 시작하기

- **사용 순서 :** 필자는 낚시대가 필요해서 낚시를 검색했다. 이와 같은 순서대로 진행해 보길
바란다.

① 사이즈에 맞게 크기를 조절할 수 있다. 직접 입력란도 있으니 원하는 크기로 입력하기(1칸이 32px*32px). ZEP은 사이즈 조절이 가능해 필자는 크기를 조절하지 않고 그냥 가지고 왔음을 참고하길 바란다.

② 템플릿 메뉴 중 요소를 선택한다.

③ 원하는 이미지 이름을 넣어서 검색한다.

④ 일러스트에서 낚시대를 선택한다.

⑤ 저작권 보호를 위해 1개의 요소만 존재하는 페이지는 다운로드가 불가능해 2개를 선택한다.

⑥ 다운로드 클릭한다.

⑦ PNG 파일형식으로 다운로드 한다.

⑧ 투명한 배경으로 설정한다.

⑨ 고해상도 다운로드 클릭한다.

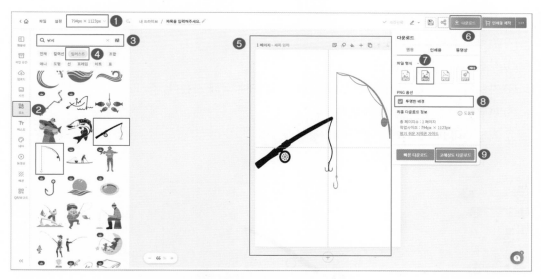

[그림60] 미리캔버스 작업 순서

(3) 포토스케이프

- **검색하기** : 구글에서 포토스케이프 또는 https://www.photoscape.co.kr 로 검색한다.
- **PC에 맞는 무료 다운로드 받기** : 사이트에 들어가서 상단에 '무료 다운로드'를 클릭하고, 자신의 PC에 맞는 버전을 설치한다. 윈도우 98, Me사용자는 포토스케이프 3.4 버전을, 윈도우 10, 애플 맥(Mac) 사용자는 포토스케이프 X를 다운로드 받는다.

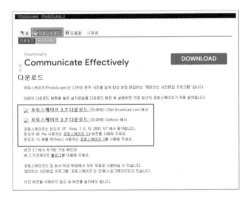

[그림61] 포토스케이프 무료 다운로드 받기

• 포토 스케이프에서 사진 편집하기 순서

① 사진편집을 클릭한다.

② 원하는 폴더를 선택한다.

③ 사진 중 편집할 사진 클릭한다.

④ 자르기 : 자르는 영역을 마우스로 선택하고 드래그 해 자른다.

⑤ 편집할 사진 중 선택해 자르기이다.

⑥ 저장 : 내 PC에 원하는 폴더에 저장한다.

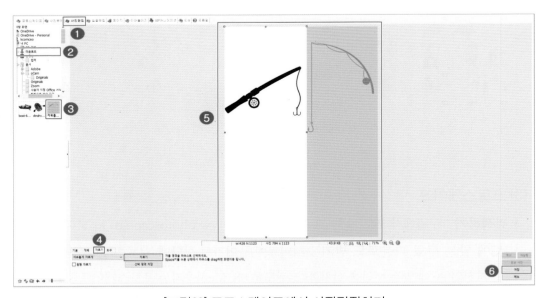

[그림62] 포토스케이프에서 사진편집하기

(4) 리무브

- **검색하기** : 구글에서 리무브 또는 https://www.remove.bg(영어 버전), https://www.remove.bg/ko(한국어 버전)로 검색한다.

- **배경 제거하는 순서**

① 로그인/사용자 등록

② 배경제거

③ 이미지 업로드 하기 : 내 PC에서 이미지 선택해 열기 버튼을 눌러준다.

[그림63] 리무브에서 배경 제거하는 순서

- **다운로드** : 제거된 배경을 다운로드 받는다.

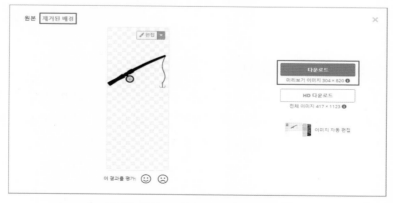

[그림64] 리무브에서 제거된 배경 이미지

3) 나의 오브젝트 추가하기

(1) 나의 오브젝트 추가하기 순서

이제 다 만들어진 나의 오브젝트를 추가해보자.

① 나의 오브젝트 추가 클릭하기
② 내 PC에서 저장한 폴더 찾기
③ 작업한 사진 선택하기
④ 열기

[그림65] 나의 오브젝트 추가하기

(2) 나의 오브젝트 추가된 이미지

나의 오브젝트가 추가되면 오른쪽 오브젝트에 자동으로 업로드 되며, 제일 앞에 위치한다. ZEP은 오른쪽 하단에 오브젝트 크기조절이 가능하므로, 내가 만든 오브젝트를 상황에 맞게 크기 조절해 나만의 오브젝트를 적극 활용해 멋진 스페이스 공간을 만들어 보자.

[그림66] 오브젝트 업로드 된 이미지

❼ 맵 관리자

이제 맵 관리자 사용법을 알아보자. 맵 관리자는 맵 에디터 화면 좌측 상단에 '》'을 클릭하면 맵 관리자를 통해 내 스페이스에 있는 여러 개의 맵을 관리할 수 있다. 맵과 맵의 연결은 포털을 통해 연결된다.

① 맵 관리자 상단 우측 화살표(〈〈)를 클릭하면 나의 전체 맵 목록을 볼 수 있다.
② 맵 복사 : 맵이 그대로 복사된다.
③ 맵 설정 : 각 맵의 우측 끝에 있는 맵설정 버튼을 누르면 [그림67]과 같은 맵 설정창이 나타난다.

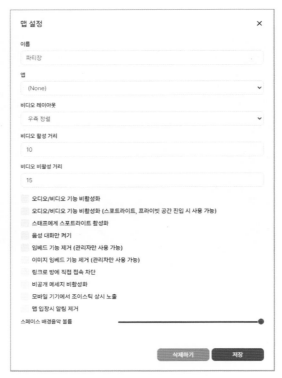

[그림67] 맵 수정하기

④ 삭제하기 : [그림67]에 수정하기 창에 삭제하기 클릭하면 상단에 'Are you sure you want to delete map?(지도를 삭제하시겠습니까?)'라는 확인 팝업창이 나타난다. 확인 후 삭제한다. 단, 기본 레이어가 되는 맵은 삭제할 수 없다.

⑤ 맵 이름 우측에 있는 'entry' 버튼이 보이는 맵은 스페이스의 가장 기본이 되는 맵이며, 삭제 되지 않는다.

⑥ 새 맵 추가하기

[그림68] 맵 관리자 화면

⑧ 친구 초대하기

ZEP에서 내 스페이스가 다 만들어졌으면 이제는 친구들을 내 스페이스로 초대해 보자.

1) 초대하기

우측 하단에 초대하기 → 초대 링크 복사하기 → 링크가 복사된다.

2) 공유하기

복사된 링크를 카카오톡 또는 이메일로 붙여넣기 해 공유한다.

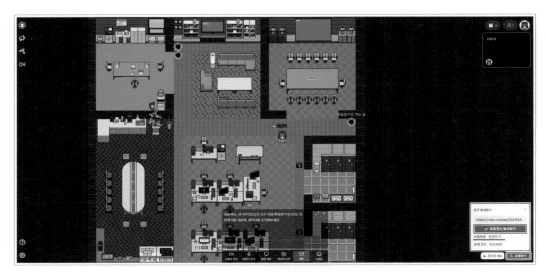
[그림69] 초대 링크 복사하기

3) 비밀번호 변경하기

비밀번호 변경하기 클릭해 비밀번호를 설정한다.

[그림70] 비밀번호 변경하기

9 행사 진행 가이드 (ZEP Guidebook 출처)

지금껏 배운 대로 이제는 친구도 초대해보며 모든 행사를 즐겁고 특별하게 직접 진행해보자. 기업과 단체에서 행사를 진행할 경우 다음과 같이 하나하나 체크해보며 준비해보자.

1) 스페이스 설정하기

플레이 → 호스트 메뉴 → 스페이스 세부 설정

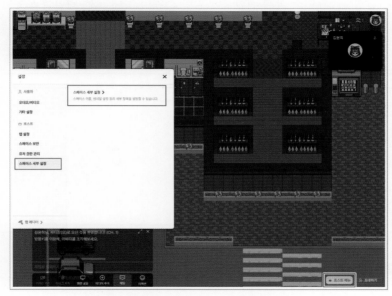

[그림71] 플레이에서 스페이스 설정하기

(1) 비밀번호 설정

비밀번호를 설정하면, 전달받은 비밀번호를 입력해야 행사장에 입장할 수 있다.

(2) 첫 방문 맵 설정

참가자가 접속 시 첫 방문할 맵을 설정해줘야 한다.

(3) 플레이어 초대하기

다음과 같이 각자의 권한에 따라 플레이어를 미리 설정해줘야 한다.

① 멤버로 설정 : 채팅 커맨드나 스페이스 설정, 맵 에디터에 대한 수정 권한이 없다.
② 에디터로 설정 : 스페이스의 맵을 편집할 수 있지만 설정을 변경하거나 채팅 커맨드를 사용할 수 없다.
③ 스태프로 설정 : 맵과 스페이스 설정을 변경하고 채팅 커맨드를 사용할 수 있다. 신규 플레이어 초대 및 플레이어 역할 부여는 가능하지만 스페이스 삭제는 불가하다.
④ 관리자로 설정 : 스페이스 삭제 권한을 포함한 스페이스 내 모든 권한을 보유한다.

[그림72] 스페이스 설정하기

2) 맵 설정하기

(1) 맵 설정하기 순서

플레이 → 오른쪽 하단의 호스트 메뉴 → 맵 에디터 → 좌측 상단 맵 관리자 → 맵 설정하기

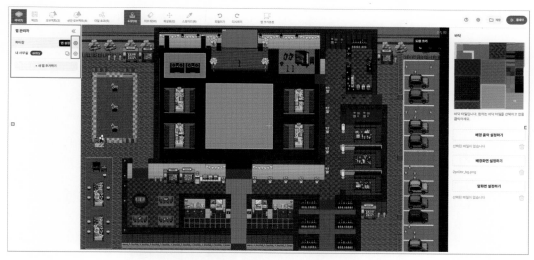

[그림73] 맵 에디터에서 맵 설정하기

(2) 맵 설정하기 기능 설명

① 비디오 레이아웃 Hide 설정 : 모바일 환경에서 접속하는 참가자가 많고, 비디오 레이아웃이 콘텐츠를 가릴 경우, Hide 기능을 선택하면 비디오 레이아웃이 감춰진다. PC의 경우 참가자들이 재설정 할 수 있으나, 모바일에서는 재설정이 어려우니 주의해야 한다.

② 스태프에게 스포트라이트 활성화 : 사전에 설정한 관리자와 스태프의 비디오, 음성, 화면 공유를 맵 전체에 송출할 수 있다.

③ 음성대화만 켜기 : 스포트라이트로 설정된 참가자를 제외하고 음성만 사용하는 행사를 진행할 수 있다. 300명 이상의 참여자들이 같은 네트워크 환경에서 접속할 경우 권장한다.

④ 임베드 기능 제거하기(관리자만 사용 가능) : 다른 참가자가 유튜브나 이미지 등을 임베드해 행사를 방해하는 경우를 방지하기 위해서 필수로 설정해줘야 한다.

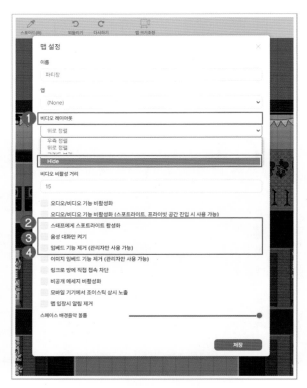

[그림74] 맵 수정하기 이미지

3) 스포트라이트 기능 활용하기

(1) 스포트라이트 기능

특정 참가자의 비디오, 음성, 화면 공유를 맵 전체에서 송출할 수 있다.

(2) 사용 방법

① 참가자 버튼 → 마우스 좌 클릭 → 스포트라이트 지정/해제한다.

② 캐릭터 → 마우스 좌 클릭 → 스포트라이트 지정/해제한다.

③ 채팅창 → !spotlight 닉네임을 지정한다.

(3) 스포트라이트 지정된 참가자

스포트라이트 지정된 참가자의 경우, 카메라 영상의 닉네임이 연두색으로 변경되며 캐릭터의 닉네임에 녹색의 스피커 모양이 나타난다. 다른 맵으로 이동하는 경우 스포트라이트 기능이 자동으로 비활성화되며, 진행자는 다시 스포트라이트를 활성화해야 한다.

① 참가자 버튼 → 마우스 좌 클릭 → 스포트라이트 지정/해제한다.
② 캐릭터 → 마우스 좌 클릭 → 스포트라이트 지정/해제한다.
③ 스포트라이트 지정된 참가자의 경우, 카메라 영상의 닉네임이 연두색으로 변경된다.

[그림75] 스포트라이트 기능

4) ZEP의 Command(명령어)

행사 기획 및 진행자는 행사운영에 관한 모든 사항을 작성해 긴급한 문제 발생 시 신속하게 대처할 수 있는 운영 매뉴얼을 만들어야 한다. 성공적인 행사 진행을 위해 ZEP의 명령어를 미리 익혀 두자.

(1) ZEP의 Command(명령어) 알아보기

!help : 사용할 수 있는 모든 커맨드 목록을 보여준다.
!destroy : 모든 플레이어를 내쫓고 방을 파괴한다.
!kick NAME : 해당 플레이어를 방에서 내쫓는다. 강퇴 당한 플레이어는 24시간 동안 해당

스페이스에 접속하지 못한다.

　!clear : 모든 대화 내용을 삭제한다.

　!muteall : 맵에 있는 모든 사람의 음성을 소거한다.

　!unmuteall : 맵에 있는 모든 사람의 음소거 상태를 해제한다.

　!spotlight NAME : 해당 플레이어에게 스포트라이트 권한을 토글한다(같은 플레이어를 대
상으로 한 번 더 입력 시 스포트라이트 권한 토글이 취소된다).

　!spawn NAME : 해당 유저를 현재 위치로 소환한다.

　!chatinterval SECONDS : 채팅 슬로우 모드를 적용한다(N초 마다 채팅이 가능해 도배 방
지).

(2) 채팅창에 !help를 입력하기

채팅창에 !help를 입력하면 명령어를 볼 수 있다.

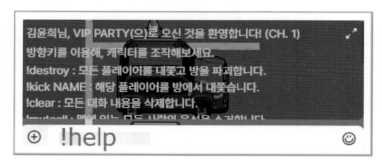

[그림76] ZEP의 Command(명령어)

5) 게임 진행해 보기

어느 맵이든 미니게임을 진행할 수 있지만 필자는 OX 퀴즈 새 맵을 추가해 진행해 보았다.

(1) 미니 게임하기 사용법

우측 하단의 호스트 메뉴 → 맵 에디터 → 맵 관리자 → 새 맵 추가하기 → OX 퀴즈 → 맵 만
들기 이름 입력 → 오른쪽 상단의 플레이 → 내 스페이스 화면 → 오른쪽 하단의 초대하기 → 초
대 링크 복사하기 → 공유(카카오톡이나 이메일로 공유해서 친구 초대하기) → 참석자들 입장
완료시 → 하단 중앙의 미디어 추가 → 미니게임 클릭

[그림77] 미니 게임 하기

[그림78] 미니게임 중 OX Quiz 선택

(1) OX Quiz 게임

진행자가 문제를 내고 참석자들의 정답여부에 따라 OX 자리로 가서 퀴즈를 맞추는 게임이다.

OX Quiz를 선택하면 다음과 같은 진행 팝업창이 뜬다. OX Quiz 문제는 행사 진행자가 행사 성격에 맞게 즉흥적으로 질문을 만들어 보길 바란다.

[그림79] OX Quiz 진행 팝업창 이미지

참가자들이 문제를 듣고 정답여부에 따라 O, X 자리로 가서 퀴즈를 맞추는 진행 장면이다.

[그림80] OX Quiz 진행 이미지

정답을 맞추지 못한 참가자는 자동으로 Fail location 지정 영역으로 이동된다(타일효과 중 지정영역 참고 : ZEP 스크립트로 동작하는 특수한 영역으로 지정한 곳). 이제 그만 OX Quiz를 마치고 싶다면 Finish Game을 누르고, 반드시 점프 기능(스페이스바)으로 게임 박스를 없애줘야 한다. Finish Game을 누르면 참가자들이 모두 Fail Location으로 자동으로 이동하게 된다.

[그림81] Fail Location 영역으로 이동

(2) 똥 피하기 게임

떨어지는 똥을 피하는 게임이다. 시간이 지날수록 똥이 내려오는 시간이 빨라지고 양도 많아지며, 똥을 맞으면 묘비로 바뀌지며 게임에서 지게 된다. 떨어지는 똥을 피해 최후의 생존자 1인이 돼 보자.

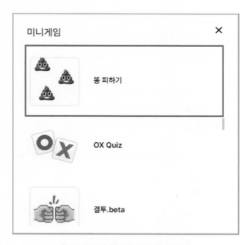

[그림82] 똥 피하기 게임

[그림83] 똥 피하기 게임 화면

(3) 페인트 맨

한국식으로 소위 '땅따먹기' 게임이라고 할 수 있다. 90초 안에 가장 많은 땅을 먹은 팀이 승리하는 게임이다. 다른 팀원을 치면 1초간 멈춘다. 빨간색과 파랑색으로 나눠져 있으니 나의 페인트 색으로 열심히 칠해보자.

[그림84] 미니게임 중 페인트 맨

[그림85] 페인트 맨 게임 화면

(4) 좀비 게임

좀비가 돼 사람을 감염시키는 게임이다. 좀비로부터 감염이 되지 않도록 최선을 다해 도망쳐서 최후의 생존자가 돼 보자.

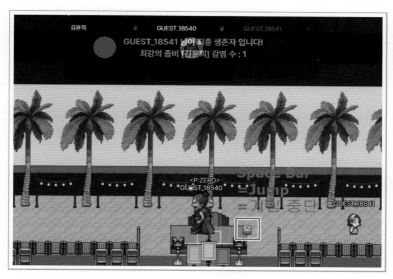

[그림86] 좀비게임 화면

미니 게임 도중 게임을 중단 하고 싶을 때는 반드시 점프 기능(스페이스바)으로 게임박스를 없애 줘야 게임이 중단된다.

6) 행사 진행시 체크 리스트

모든 행사계획이 확정되면 시나리오를 작성해 시나리오에 따라 예행연습을 미리 해보며 성공적인 행사가 되기를 바란다.

(1) 오디오/영상/마이크

오디오/영상/마이크 송출 체크한다.

(2) Chrome 브라우저 이용

모바일 참가자는 일부 기능에 제한이 있으니, 원활한 사용을 위해 Chrome 브라우저 이용을 권장한다.

(3) 화면 공유

행사 진행자 또는 발표자의 '화면 공유'가 필요할 경우 반드시 '스포트라이트'가 돼 있는지 확인한다.

(4) 화면/오디오 공유 시

화면/오디오 공유 시 반드시 '시스템 오디오 공유'를 체크한다.

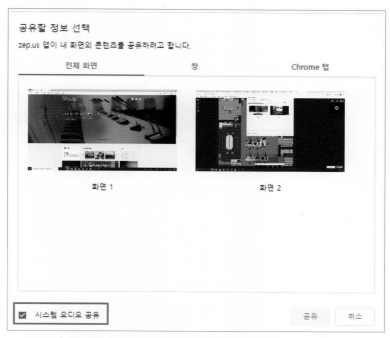

[그림87] 화면/오디오 공유 시 시스템 오디오 공유

(5) 맵 오류 시

맵에 오류가 있어서 '새로 고침'이 필요한 경우 관리자가 채팅창에 '!destroy'를 입력하면 관리자 포함 모든 참가자들이 맵에 재접속된다.

(6) 인터넷 장비 체크하기

ZEP은 스페이스 기준, 500명 단위로 채널이 분리되며, 최대 100개의 채널까지 지원돼 5만 명까지 행사를 치를 수 있다. 같은 인터넷 망을 사용할 경우 인터넷 속도가 한 명당 최소 사양 2Mbps, 권장 사양 5Mbps가 필요하다. 즉, 100명이 같은 인터넷 망을 사용할 경우 최소 200Mbps, 권장 500Mbps 스펙의 장비가 필요하다.

[Epilogue]

　지금까지 ZEP 맵 제작하는 사용법을 통해 내 스페이스 공간을 만들어 보았다. 맵을 제작해 언제 어디서든 소통할 수 있는 나만의 창구가 또 하나 생긴 것이다. 여러 공공기관이나 기업, 학교에서도 ZEP을 활용해 ZEP 공간에서 업무를 보거나 여러 형태로 행사를 진행 하고 있다.

　메타버스가 이미 우리 생활의 일부가 되고 사용범위도 점차 확대돼 가고 있는 요즘, 우리는 메타버스를 활용한 플랫폼으로 우리가 속해 있는 어느 곳에든 나만의 스페이스를 제작해 차별화된 공간제작을 하길 바란다.

　또한 행사를 기획하고 있다면 행사진행시 체크 할 리스트를 통해 하나하나 체크하며 행사를 기획하고 진행하길 바라며 또한 우리들만의 놀이터로 적극 활용해보길 바란다. 마지막으로 현실에서 꿈꾸는 모든 것들을 메타버스 안에서도 똑같이 구현해 활용하길 바란다.

제페토 빌드잇 만들기

임 영 주

제페토 빌드잇 만들기

Prologue

'ZEPETO build it(빌드잇)'은 2019년 12월에 오픈한 제페토 내 샌드박스 오픈 월드 서비스 플랫폼이다. 빌드잇(build it) 명칭 그대로 유저들이 직접 꾸밀 수 있는 크리에이터 맵 서비스를 운영하는 플랫폼이다.

속도, 점프 레벨 조정 및 하늘, 지형 크기까지 조절해 나만의 가상세계를 구축해낼 수 있다. 또한 블록(block) 오브젝트로부터 교실, 도시, 공원 등 다양한 템플릿까지 준비돼 있어 내가 원하는 월드를 손쉽게 꾸밀 수 있다.

자, 이제 나만의 멋진 빌드잇 월드를 설치해 볼까?

1 제페토 빌드잇 설치하기

먼저 네이버 검색 창에서 '빌드잇'을 검색한다.

[그림1] 빌드잇 검색

제페토 빌드잇을 마우스 좌측 클릭으로 선택한다.

[그림2] 빌드잇 선택

제페토 스튜디오 홈페이지에 간다(https://studio.zepeto.me/kr).

[그림3] 제페토 스튜디오 메인 화면

상단 메뉴 콘텐츠 클릭 후 '빌드잇'을 클릭한다.

[그림4] 빌드잇 선택하기

PC OS에 맞게 다운로드 해야 된다. 다운로드 하기 전에 'check it'–권장사양을 먼저 확인 해 보겠다. 사양이 맞지 않으면 연결이 잘 안 된다.

[그림5] 빌드잇 메인 화면

[그림6]은 빌드잇의 '권장사항'이다. 권장사양은 빌드잇을 하면서 맵을 쾌적하게 꾸밀 수 있는 사양이다.

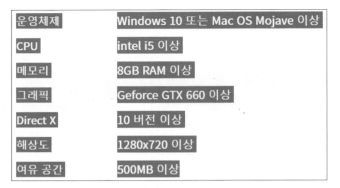

운영체제	Windows 10 또는 Mac OS Mojave 이상
CPU	intel i5 이상
메모리	8GB RAM 이상
그래픽	Geforce GTX 660 이상
Direct X	10 버전 이상
해상도	1280x720 이상
여유 공간	500MB 이상

[그림6] 빌드잇 권장사양

확인 후 각자 PC의 OS 환경에 맞게 클릭하면 빌드잇을 다운로드 받는다.

[그림7] 윈도우 혹은 Mac OS 다운받기

Windows 설치 과정을 알아 본 뒤, Mac OS 설치도 알아보도록 하겠다.

1) Windows 설치

다운로드 된 파일을 열어 '다음(Next)' 버튼을 클릭한다.

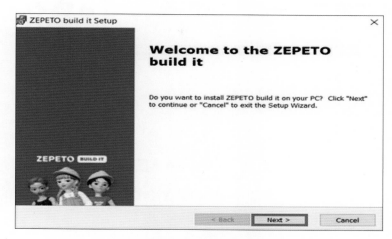

[그림8] 빌드잇 설치화면

설치 폴더를 선택하고 '다음' 버튼을 클릭한다.

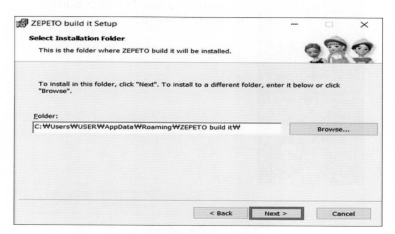

[그림9] 설치폴더 찾기

이제 빌드잇 설치 준비가 됐다. '설치(Install)' 버튼을 클릭한다.

[그림10] 설치파일 실행하기

'마침' 버튼을 클릭한다. 그리고 빌드잇(build it)을 시작해보라!

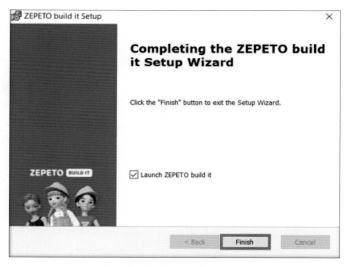

[그림11] 빌드잇 설치 완료

윈도우 설치가 끝났다.

[그림12] 빌드잇 시작하기

2) Mac OS

다운로드 된 파일을 열어 '계속' 버튼을 클릭한다.

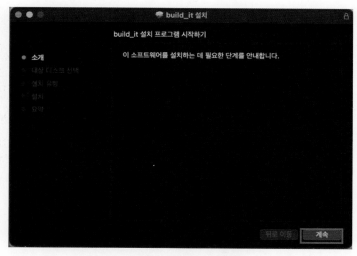

[그림13] 맥 설치화면

설치 경로 확인 후 '계속' 버튼을 클릭 한다.

[그림14] 설치 위치 확인

빌드잇 설치 중이다.

[그림15] 설치 경로 확인 중

성공적으로 설치 됐으면 하단의 닫기를 클릭한다.

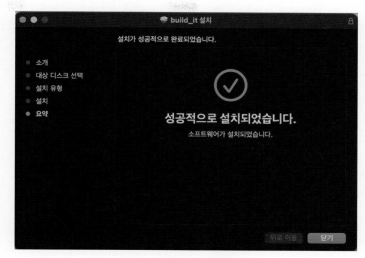

[그림16] 설치 끝

Mac OS 설치도 끝났다.

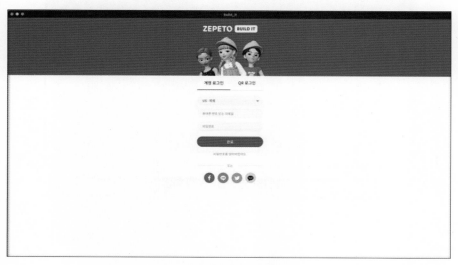

[그림17] 빌드잇 시작하기

2 제페토 빌드잇 실행하기

Windows, Mac에서 설치 완료 했고, 바탕화면에 설치 된 'ZEPETO build it' 바로가기를 더블 클릭 해주자.

[그림18] 빌드잇 바로가기

빌드잇을 실행하게 되면 '계정로그인'과 'QR로그인'을 하면 된다. 휴대폰으로 제페토 어플을 다운받은 후 로그인한다.

[그림19] 빌드잇 시작화면

[그림20] QR코드 리딩화면

제페토 어플을 열어서 'QR코드'로 로그인 하면 편리하게 이용할 수 있다.

[그림21] 제페토 앱에서 QR코드 스캐너로 로그인 하기

❸ 제페토 빌드잇 시작하기

로그인 되면 메인 화면에서 몇 가지 '템플릿 월드'가 나온다.

[그림22] 빌드잇 홈 화면

순서대로 바닥만 있는 Plain, 도시를 표현한 Town, 나만의 공간 House, 차 한 잔의 여유 Cafe, 학생들의 공간 School, 도시를 표현한 City, 결혼식장을 구성한 Wedding으로 구성 돼 있다. 이 중 몇 가지를 둘러보고 맘에 드는 맵으로 월드를 꾸미면 된다.

직접 월드를 생성하는 'Plain' 맵에 대해 소개하겠다. 'Plain' 맵을 클릭 한다.

[그림23] Plain 맵 선택

'Plain 맵'을 클릭 하면 하나의 거대한 '월드'가 생성 된다. 여기서부터 원하는 대로 여러분의 월드를 만들 수 있다.

1) 월드의 크기 조정

좌측 텝 메뉴에서 '익스플로러'를 클릭 후, 월드 텝에 있는 '지형'을 누른 후, '지형크기 조절'에 있는 버튼을 누르면 월드 크기 조정이 가능하다. 여기에 '+' 표시와 '-' 표시를 클릭해 월드의 크기를 조절 할 수 있다. 기본 크기에서 +2열 -2열의 크기 조정이 가능하다.

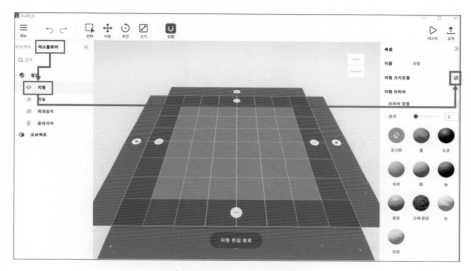

[그림24] 월드 크기조절

2) 월드 테스트

본격적으로 월드를 만들기 전 내가 만든 월드를 아바타를 갖고 돌아다녀 볼 수 있는 기능을 알아보자. 우측 상단에 화살표 모양의 '테스트' 버튼을 누른다.

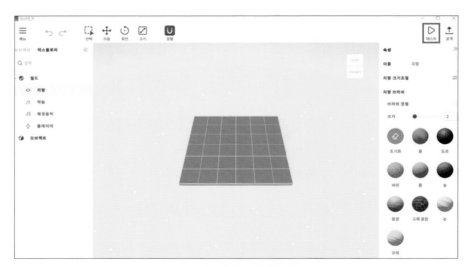

[그림25] 테스트하기

'테스트' 버튼을 누르면 약간의 로딩이 생기며 자신의 아바타가 월드 안으로 생성된다. 이 테스트 기능을 통해 월드와 생성한 건물들의 크기를 확인 할 수 있다. 여러 것들을 만들어보고 이 테스트 기능을 통해 자신이 만들 월드의 크기나 구조물의 질감 등을 확인 할 수 있다.

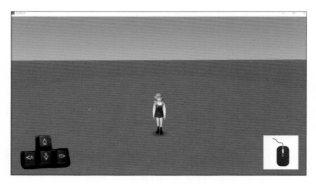

[그림26] 빌드잇 월드 안으로 들어간 나의 아바타 모습

테스트 기능을 통해 생성된 아바타는 키보드의 'W, A, S, D키'를 통해 이동하고, 마우스를 통해 시선을 변경 할 수 있다. '스페이스 바(Space bar)'를 누르면 아바타가 '점프'를 한다. PC 게임의 캐릭터 조종 방법과 유사하다. 다른 점은 'Q' 키는 월드를 위로, 'E' 키는 월드를 아래로 움직이는 기능이 있다. 맵 제작할 때 아주 많이 사용하는 키들이므로 미리 숙지해두면 맵 제작에 아주 큰 도움이 된다.

3) 월드 제작하기

오브젝트 좌측 '오브젝트' 텝 메뉴를 클릭한다. 오브젝트 메뉴를 클릭하면 화면 좌측의 맵 위에 올려놓을 수 있는 여러 오브젝트들이 나타난다. 이 오브젝트를 사용 해 건물이나 정원 등 을 건설할 수 있다. 월드에 설치 할 수 있는 모든 오브젝트를 확인할 수 있다.

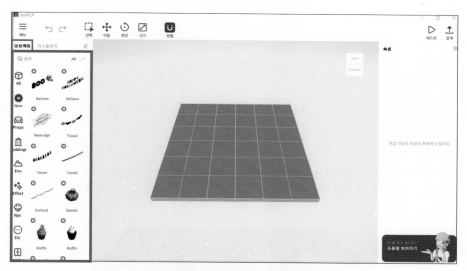

[그림27] 오브젝트 선택하기

월드에 올려놓을 수 있는 오브젝트 종류 별로 따로 모아 놓은 카테고리이다. 좌측에 오브젝트를 클릭해서 맵 위에 설치하면 맵 위에 선택한 구조물이 나타난다.

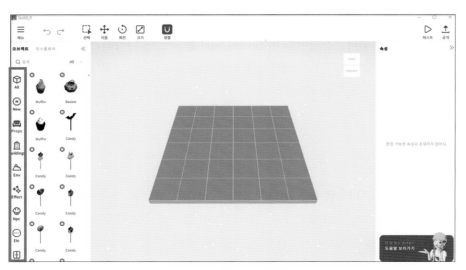
[그림28] 오브젝트 카테고리

(1) 건물 오브젝트

여러 가지 벽을 조합해 새로운 형태의 구조물을 만들 수도 있고, 미리 만들어 놓은 구조물을
배치 할 수 있다.

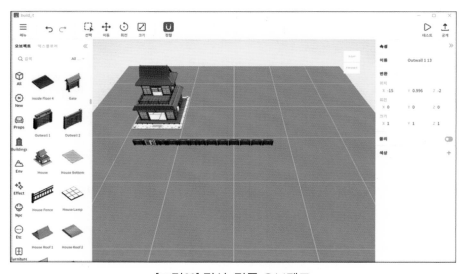
[그림29] 건설, 건물 오브젝트

맵 위에 끌어다 놓은 오브젝트는 클릭하면 나오는 메뉴를 통해 '이동하고, 회전하고, 크기를 조절' 할 수 있다. 우측에 나오는 메뉴를 통해 '색상'을 변경하고, '고정'하고 '정렬'할 수도 있다. 구조물 (ex)벽을 '그룹화(마우스 드래그)' 해 한 번에 이동하거나 색을 변경하고 크기를 조절 할 수 있다.

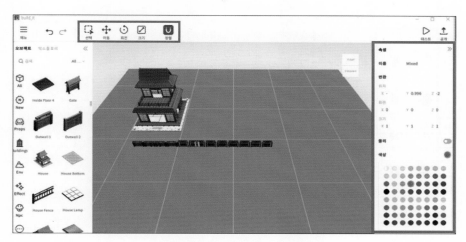

[그림30] 오브젝트 색상 바꾸기

(2) 가구 오브젝트

건물 안에 들어가는 여러 가지 '가구 및 소품' 등을 배치 할 수 있다. 가구와 소품을 통해 예쁘게 꾸며보자.

[그림31] 가구 오브젝트 카테고리

(3) 자연 오브젝트

월드 안에 '자연'과 관련된 구조물을 제작 할 수 있다. 자유롭게 배치해보자.

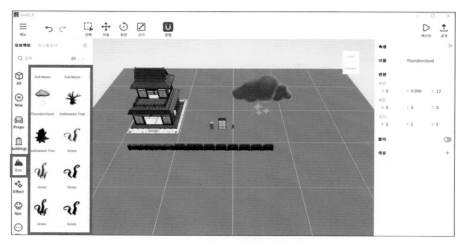

[그림32] 자연 오브젝트 카테고리

(4) 이팩트 오브젝트

월드에 폭죽 등 여러 '이팩트'를 추가할 수 있다. 이팩트는 월드에 아바타가 들어왔을 때 자동으로 생성된다.

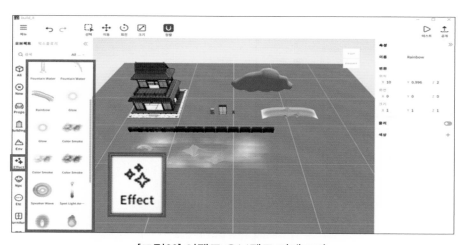

[그림33] 이팩트 오브젝트 카테고리

(5) NPC 오브젝트

월드 안에 NPC를 배치 할 수 있는 메뉴이다.

[그림34] NPC 오브젝트 카테고리

(6) 기타 오브젝트

기타 다양한 오브젝트를 배치할 수 있다.

[그림35] 기타 다양한 오브젝트 카테고리

그 외 교통수단부터 여러 가지 블록, 계단, 조명 등을 설치 할 수 있다. 다양한 오브젝트를 여러분의 월드에 배치해보라.

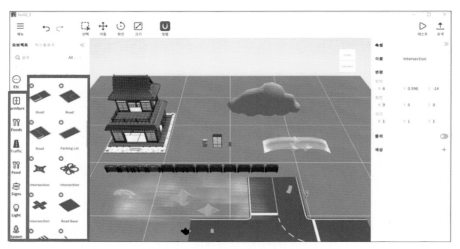

[그림36] 교통수단, 도로, 표지판, 가로등 등 오브젝트 카테고리

(7) Custom 오브젝트

월드 제작에서 가장 중요한 '커스텀(Custom)' 기능이다. 여러분이 제작한 월드는 기본 배포한 템플릿으로 인해 거의 비슷한 월드의 모양 속에서, 여러분의 월드 특성을 나타 낼 수 있는 커스텀 기능이다. 여러 가지 모양과 크기의 커스텀 광고판을 월드에 배치해보자.

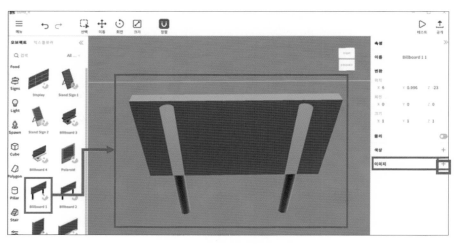

[그림37] 커스텀 오브젝트 카테고리

월드 위에 배치한 '커스텀 오브젝트'를 클릭하면 우측에 이미지 메뉴가 표시된다. 이미지 메뉴를 클릭하면 화면과 같이 이미지를 업로드 할 수 있는 메뉴가 표시된다. 미리 제작된 이미지를 '+(플러스) 아이콘'을 눌러 커스텀 오브젝트에 업로드 할 수 있다. 하나의 월드에서 이미지는 20개까지 사용할 수 있다.

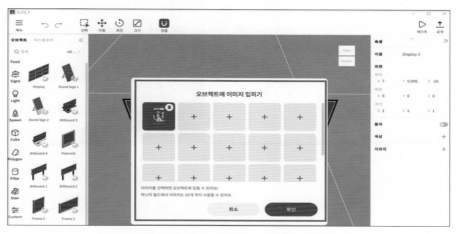

[그림38] 커스텀 오브젝트에 사진 넣기

(8) 텍스트 오브젝트

텍스트 메뉴에는 영문과 숫자 등의 오브젝트가 놓여 있다. 색상 변경을 통해 여러분 월드 간판을 제작할 수 있다.

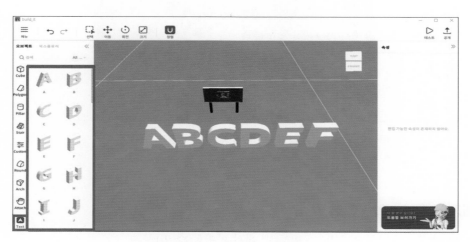

[그림39] Text는 영어만 넣을 수 있다

월드 제작 시 월드 내에서 이동과 Zoom in, Zoom out 등도 키보드 W, S, A, D, Q, E 키로 진행해 컨트롤 할 수 있다. 이 단축키들은 미리 숙지해두고 손에 익혀두면 맵 제작에 큰 도움이 된다.

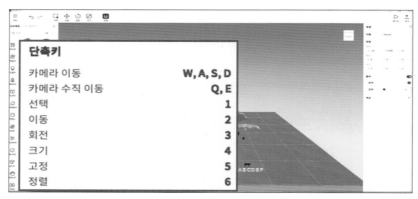

[그림40] 단축키

4) 제페토 빌드잇 저장하기

월드 제작이 완료 되면 메뉴에서 '저장' 버튼을 눌러서 꼭 저장해 주도록 하자.

[그림41] 빌드잇 저장하기

5) 내가 만든 맵 확인하기

저장된 월드는 메인화면 중 '내가 만든 맵'에서 확인할 수 있다.

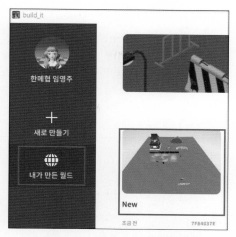

[그림42] 내가 만든 월드 확인하기

6) 제페토 빌드잇 맵 공개하기

'맵 공개하기(공개 선택 후 제페토 월드에 맵 공개하기 작성)'는 월드 맵 완료 후, 제페토 월드에 맵 공개하기를 진행해야 된다.

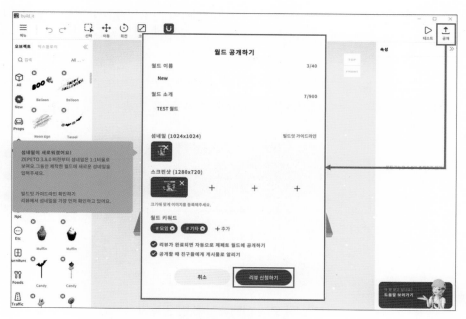

[그림43] 월드 공개하기

④ 월드 만들기 심화과정

익스플로러에서 '지형'과 '물'을 선택해 바다를 만든다. 강과 호수도 만들 수 있다. 응용은 무한하다.

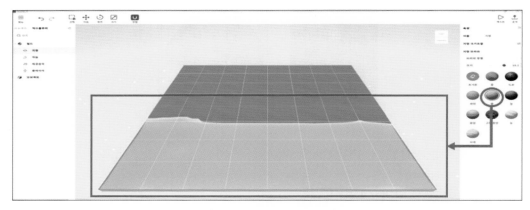

[그림44] 지형에서 물 선택하기

바다는 해변이 있어야 보기 좋다. '모래'를 선택해서 해변 가도 만들어 준다. '지형 브러시'는 0.5에서 20까지 크기 조절이 가능하다.

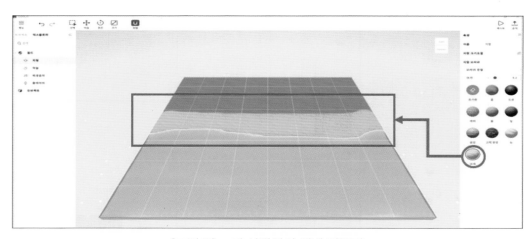

[그림45] 모래 선택해서 해변 만들기

해변 가는 노을이 지는 해변이 세상에서 가장 아름답다고 생각하기에 하늘 색상은 노을이 지는 하늘로 만들어 준다.

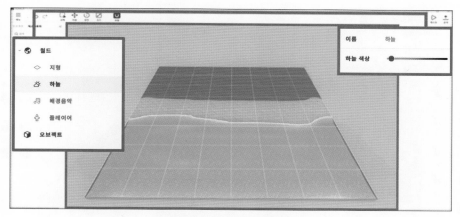

[그림46] 하늘 색상 변경하기

'음악'도 넣을 수 있다. 두 개밖에 보이지 않지만 마우스 휠을 내리면 더 많은 음악들이 나온다. 음악까지 넣어서 더 풍요로운 월드를 제작 해 보도록 하자.

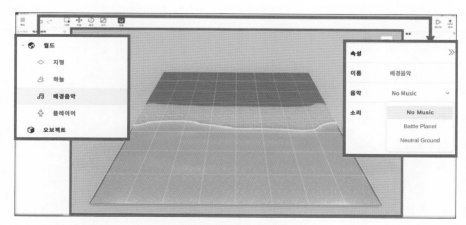

[그림47] 음악 선택하기

수시로 '저장'을 해줘야 한다. 컴퓨터 사양이 맞지 않으면 잦은 다운으로 힘들게 작업한 것이 모두 날아가게 된다.

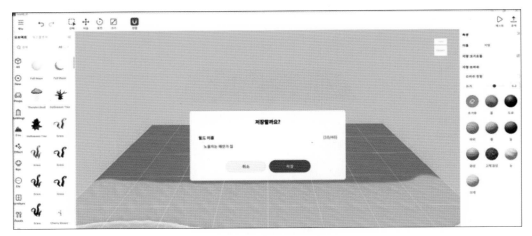

[그림48] 자주 저장해 주기

바닷가 뒤로 '산'을 만들어 보도록 하자. 오브젝트에는 산이 없기 때문에 만들어야 된다. 작은 '바위 오브젝트'를 선택한다.

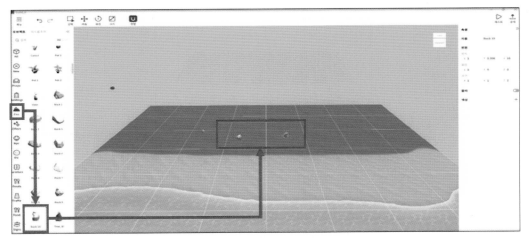

[그림49] 바위 선택하기

바위 오브젝트를 크게 키우고, 색을 입혀서 '푸른 산'을 만들어 보도록 하자.

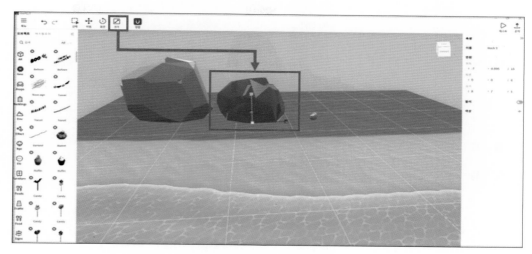

[그림50] 바위 크기 키우기

이런 식으로 바위를 다 크게 만들고, 각각 색을 입혀서 산의 기본 베이스를 만든다. 너무 옆으로 펼쳐지지 않게 회전 각도를 조절해서 산이 안아주는 형식으로 보자.

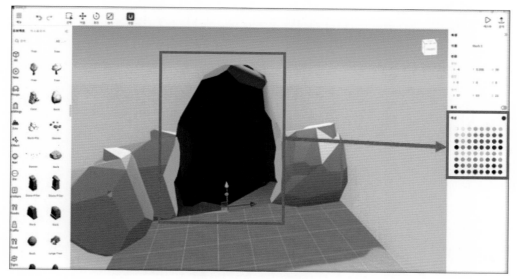

[그림51] 바위 색깔 바꾸기

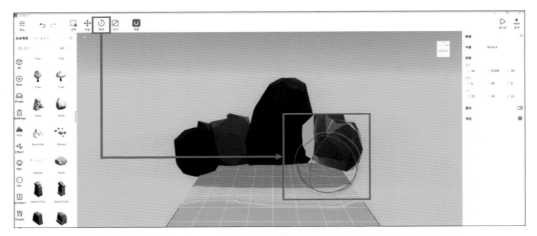

[그림52] 산 위치 잡기

　중간 중간 저장을 꼭 하고, 사물이 너무 크면 크기를 줄여야 하기 때문에 꼭 '테스트'를 하면서 진행한다. 바다와 산이 만들어졌으니 '집터'를 만들어 보자.

　오브젝트 'All'에 두고 검색 창에 'base'를 검색해서 '베이스 큐브'를 선택한다. 오브젝트는 영어로만 검색되므로, 자주 사용하는 것은 미리 숙지 해두면 편리하게 맵을 제작할 수 있다. '정렬' 팁을 잘 활용하면 아주 용이하다. 정렬이 켜져 있으면 오브젝트들이 적당한 거리를 두고 가지런히 위치를 잘 잡게 된다. 정렬이 켜지면 월드에 '격자무늬'가 생긴다.

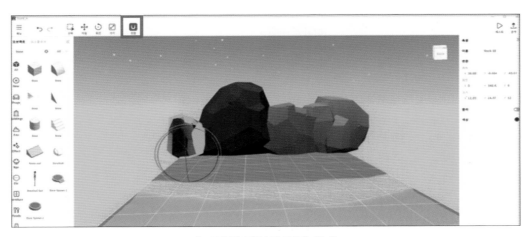

[그림53] 정렬이 켜진 상태

[그림54] 정렬이 꺼진 상태

건물을 지으려면 넓게 터를 잡아야 된다. 베이스 큐브로 산을 키웠던 것처럼 숫자 4번 키 혹은 상단에 크기 탭을 클릭해 크기를 키워준다. 색상도 변경해 준다.

[그림55] 집 터 만들기

집을 지으려면 '벽돌'이 있어야 한다. 좌측 오브젝트 툴에 'Cube'로 들어가면 갖가지 큐브들과 벽돌 등이 있다. 다양한 건물을 만들 수 있다. 적당한 큐브를 선택해서 크기를 조절한다.

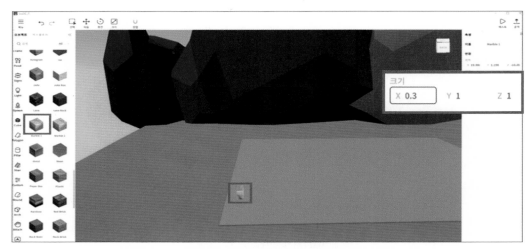

[그림56] 벽돌 선택해서 크기 조절하기

하나씩 쌓다보면 튀어 나오는 것도 있고, 들어가는 것도 있기 때문에 '정렬'을 켜두고 3개 정도 쌓은 다음 'ctrl+D'를 눌러 '복제'해서 원하는 곳으로 이동시켜서 쌓아준다. 획일적인 작업을 할 땐 정렬을 켜 놓는 게 용이하다.

복제해야 되는데 바닥이 같이 잡혀서 작업이 방해가 된다. 그럴 땐 '익스플로러'로 들어가서 '베이스'를 잠가 준다. 그럼 다른 작업할 때 방해 없이 진행할 수 있다.

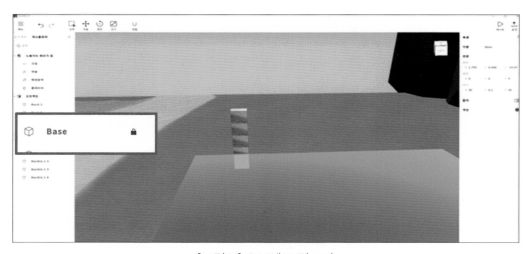

[그림57] 오브젝트 잠그기

벽돌을 복사해서 집 틀을 만들어야 되는데, 뒤쪽 산도 잡힐 거 같아서 더 이상 산을 이동하거나 수정이 필요 없으면 잠가가면서 작업하면 편리하게 진행할 수 있다. 이제 방해되는 오브젝트들이 잠겨서 거침없이 작업 할 수 있을 거 같다.

여러분들도 작업할 때 내가 원하는 것이 아닌 다른 오브젝트들이 잡히면 적절히 잠가가면서 작업하면 시간도, 효율도 좋게 작업할 수 있다.

[그림58] 오브젝트 묶어서 잠그기

너무 많은 오브젝트들이 있어서 어떤 게 어떤 건지 헷갈린다면 '이름'을 지정해 놓을 수도 있다. 예를 들어 '쇼파 1, 2, 3, 4' 등과 같이 번거롭지만 이름 지정해놓으면 잠갔다가 다시 작업이 필요할 때 용이하게 작업할 수 있다.

1) 오브젝트 이름 변경

이름 변경은 잠겨있지 않는 오브젝트를 클릭하고, 오른쪽 마우스 버튼을 누르면 '이름 변경' 창이 뜬다. 적절하게 이름을 변경해서 사용하면 편리하게 작업을 진행할 수 있을 것이다. '그룹 설정'도 가능하니 한 번에 이동하거나 지정해야 할 땐, 그룹으로 묶어서 이름을 지정해도 편리하다.

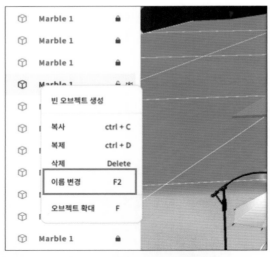

[그림59] 오브젝트 이름변경

2) 벽 만들기

3개 정도 벽돌을 쌓은 뒤 'ctrl+D'로 복제를 누르고, 방향키로 이동시켜서 붙여 준다. 같은 방법으로 반복해 원하는 곳에 붙여준다.

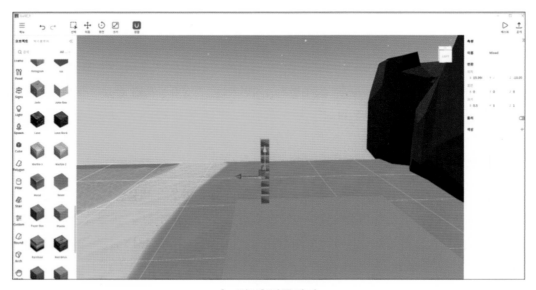

[그림60] 벽돌쌓기

반복해서 벽을 만들어 준다. 어느 정도 만들어지면 모두 지정해 'ctrl+D'로 하면 순식간에 벽이 만들어진다. 한쪽 벽을 만들면 그 벽 전체를 'ctrl+D' 해 반대편 벽도 만들어 준다.

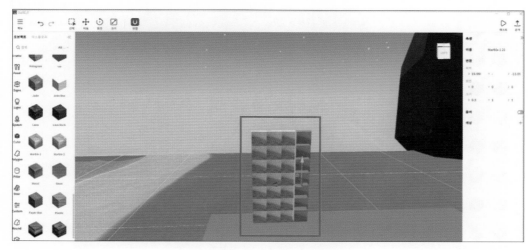

[그림61] 벽돌 복제하기

처음엔 손에 익지 않겠지만, 모든 일이 그러듯이 익숙해지면 가장 쉬운 일이 된다. 대리석 느낌이 나는 벽돌이 너무 좁은 거 같아 크기를 늘려줬다. 여러분은 원하는 대로 자유롭게 만들면 된다.

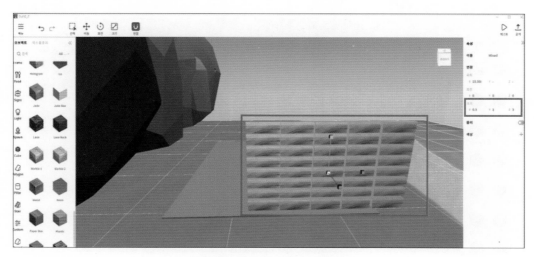

[그림62] 벽돌 크기 늘려주기

'ctrl+D'를 눌러서 반대쪽으로 이동시켜 벽을 만든다.

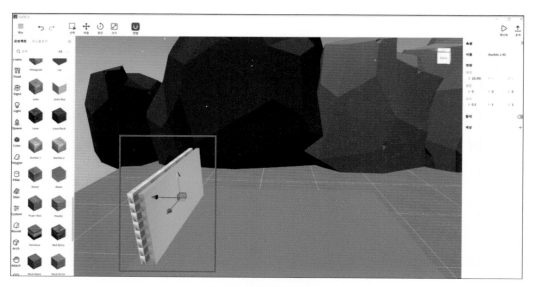

[그림63] 벽 복제하기

뒤쪽 벽도 만들어 준다. 뒤쪽 벽은 'ctrl+D'로 복제해서 '회전'을 시켜줄 것이다. 회전할 때 처음엔 꼭 '정렬'을 켜주고 회전시켜준다.

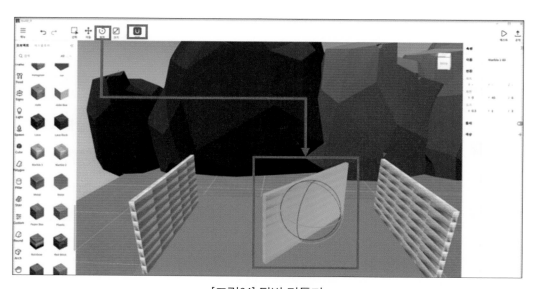

[그림64] 뒷벽 만들기

3) 창문 만들기

벽을 만들고 나서 개방감 있게 '창문'을 크게 만든다. 벽을 만든 곳을 클릭해서 오른쪽 마우스로 '삭제' 혹은 'Delete' 키를 누르면 삭제된다. 여러 구역도 드래그해서 삭제할 수 있다.

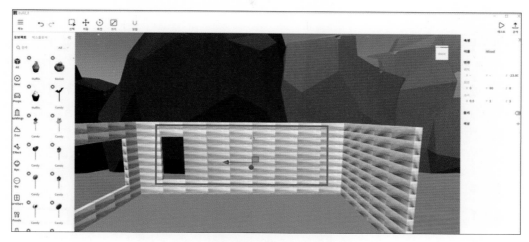

[그림65] 창문 만들기

벽들은 타일과 창틀 작업할 때 방해가 되지 않도록 잠가 둔다.

[그림66] 설치된 오브젝트 잠그기

4) 바닥 타일 깔기

타일은 한 개를 크게 늘릴 수도 있지만 그러면 아바타가 들어갔을 굉장히 이질감이 느껴지기 때문에 최대한 현실감 있게 하나하나 붙여준다. 검색하기 전에 항상 'All'에 두는 걸 잊지 않도록 하자. 검색 창에 'tile'을 검색해서 원하는 타일을 '바닥'에 붙여준다.

이제부터는 3D 작업의 최대관건이다. 공중에 뜨는지, 옆으로 틀어졌는지 끊임없이 앞, 뒤, 상, 하, 좌, 우에서 확인해가면서 작업해야 한다. 자칫 놓치면 가구가 공중에 떠 있고, 나무가 하늘에 떠 있기도 한다. 앞뒤, 상하, 좌우 다 확인해서 맞는 위치에 놓을 수 있도록 연습해야 한다.

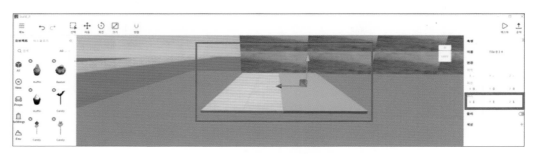

[그림67] 타일 잘 맞춰서 붙이기

자 이제 '타일'을 깔아보자. 2~3개 붙여서 'ctrl+D', 높이와 타일 사이가 잘 붙었는지 꼭 확인해가면서 붙여준다.

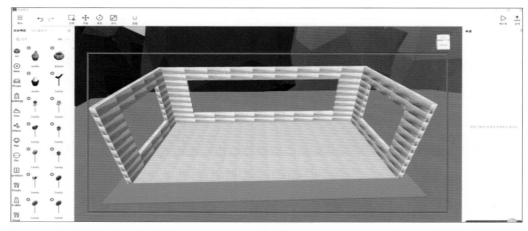

[그림68] 전제 타일 깔기

5) 창틀 만들기

'창틀'을 만들어 보자. 베이스 큐브에 검정색으로 색상을 변경해서 진행하도록 한다. 흰색보다는 색상이 들어가 있는 것이 보기 쉬워 맞추기도 쉽다. 벽에 맞게 크기를 조절하고 얇게 펼쳐서 창틀을 만들어 준다.

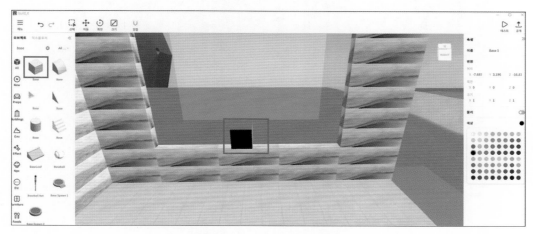

[그림69] 창틀 만들 Base 오브젝트 놓기

이렇게 창틀을 만들고 'ctrl+D'로 복제해서 그대로 끌어다가 위쪽에도 붙여준다.

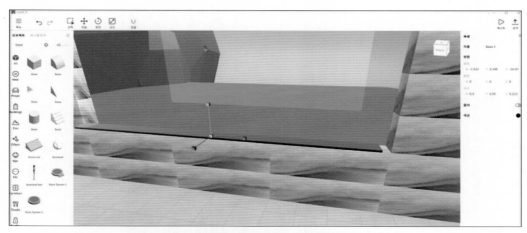

[그림70] 벽돌 크기에 맞게 크기 조절하기

뜨는데 없는지, 위아래, 좌우 확인해서 튀어나온데 있는지 잘 확인해가며 딱 맞게 붙여준다. 창틀은 위아래, 양옆도 다 붙여준다. 만들어 놓은 창틀은 정렬을 켜 놓은 상태로 복제하고, 회전도 켜고, 크기도 조절해서 붙여주면 된다.

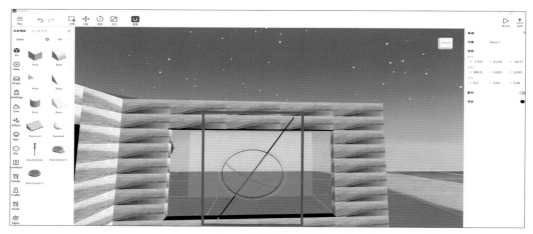

[그림71] 복제한 창틀 회전으로 세우기

6) 유리창 만들기

창틀에 '유리'를 끼워 보자. 검색 창에 'Glass'를 치면 유리제품들이 나온다. 유리 큐브를 선택해서 창틀에 올려준다. 원하는 두께로 크기를 조절하셔서 유리창을 만들고, 위아래, 양옆도 잘 확인해서 꼭 맞게 크기도 조절해가면서 창틀에 끼워준다. 처음에는 힘들지만 하다 보면 익숙해진다. 같은 방법으로 모든 창에 창문을 만들어 준다.

[그림72] 유리창 만들기

7) 폴딩 도어 만들기

창이 시원하게 열리도록 '폴딩 도어'를 만들어보자. 창틀 만든 방법으로 틀을 만들어서 유리에 딱 맞게 끼우고, 크기를 조절해서 유리창을 만든 뒤, 정렬을 켠 상태에서 각도를 살짝 틀어 맞물리게 잘 붙여주면 된다. 무언가를 붙일 때 앞뒤, 상하, 좌우를 확인하면서 떨어지거나, 어긋난 곳은 없는지 잘 확인하면서 작업을 진행한다.

[그림73] 폴딩 도어 만들기

두 개만 만들어서 'ctrl+D'로 복제해서 붙여주면 간단하다. 다양한 오브젝트들이 있으므로 원하는 곳에 예쁘게 배치해가면서 꾸밀 수 있다.

8) 나무 심기

산인데 나무가 하나도 없으니 허전하고 심심해서 산에 '나무'도 심어보자.

[그림74] 산에 나무 심기

다양한 나무들 심어서 산이 풍성해 보이도록 한다. 공중에 뜬 나무들이 있는지 앞뒤, 상하, 좌우를 확인하면서 땅에 잘 붙여 준다.

[그림75] 나무 심은 모습

[그림76] 나무 튀어나온 것이 있으면 이동시켜서 산에 잘 심어준다.

나무들이 너무 부자연스러워 보여 살짝 회전을 줘서 나뭇잎만 산 밖으로 보이게 산에 깊이 심어줬더니 훨씬 보기 자연스러워졌다.

[그림77] 나무를 회전으로 틀어서 자연스러운 산 만들기

산은 이렇게 꾸며주고 이젠 '바다'를 풍성하게 꾸며보자. 바다는 'Summer Party 테마' 오브젝트로 들어가면 바다느낌 물씬 나는 오브젝트들이 모여 있다.

[그림78] Summer Party 오브젝트

9) 산호초 만들기

'산호초'들은 물속에서 자라는 수생식물이므로 물 아래로 끌어내려 준다. 간혹 너무 많이 내려와서 위치 Y값의 '-수'가 커지면, 월드 아래까지 내려간 것이므로 위치를 잘 확인하며 배치해 준다.

[그림79] 사라진 오브젝트 찾기

월드 밑으로 내려 가 버려서 사라진 오브젝트들이다. 이것을 모르면 만들었는데 계속 사라진다고 계속 만들다가 월드가 지저분해질 수 있다. 위치를 잘 맞췄다고 생각했는데 지면 높이에서 보니 다 떠있다. 이렇게 오브젝트 놓을 때 신경을 많이 써야 완성도 높은 월드가 만들어 진다.

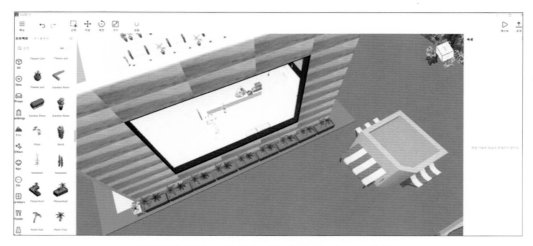

[그림80] 위에서 봤을 때 잘 맞아 보이는 오브젝트

[그림81] 지면 높이에서 봤을 때 땅에서 떠 있는 오브젝트의 위치

10) 상호작용 오브젝트

톱니바퀴 같은 '설정' 키가 붙어 있는 오브젝트가 상호작용이 가능하다.

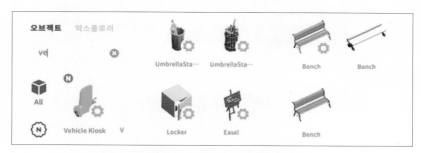

[그림82] 상호작용 가능한 오브젝트들

자동차를 탈 수 있는 'vehicle kiosk', 앉을 수 있는 'Bench', 여러 가지 사물들이 나오는 'Locker', 풍선이 나오는 'Easel', 우산을 쓸 수 있는 'UmbrellaStand' 등이 있다.

[그림83] Vehicle kiosk 상호작용하는 모습

가까이 가서 '+'를 클릭하면 상호작용 된다. 오브젝트 많이 보고, 많이 만들어 보는 사람이 가장 멋진 맵을 만들 수 있을 것이다.

[그림84] 완성된 맵

Epilogue

　우연히 만난 메타버스의 세상은 참으로 신비롭고 흥미진진했으며 또 다른 세상이 있다는 것을 보여주는 계기가 됐다. 이런 세상을 잘 활용 해야겠지만 시작을 못해서, 어떻게 해야 될지를 몰라서, 무엇부터 시작해야 될지 몰라서 망설였던 분들에게 이 책이 조금이라도 도움이 됐으면 하는 바람으로 책을 내게 됐다.

　더불어 책을 쓰면서 내가 더 성장하는 계기가 된듯하다. 여러분들도 망설일 시간에 무엇이든 도전하기를 추천한다. 움직이는 자만이 쟁취할 수 있다.